Nostalgisk tillbakablick på en annan tid

KULT

Om II B-generationen som var både före och efter

★

En bok av Janne Sundling

Med gästskribenterna Lars Nylin, Anders Jonsson, Per Wikström, Niklas Lindstedt och Kalle Holmberg

Nostalgisk tillbakablick på en annan tid

KULT

Om II B-generationen som var både före och efter

Grafisk form och produktion: Stafett Reklambyrå AB, Skövde

Tryck och repro: Rolf Tryckeri, Skövde

Foto: Där annat ej anges; Thomas Harrysson, Skövde. Se bildförteckning sidan 190.

Utgiven av Stenberg-Schentz Förlag, Skövde i oktober 2007

www.stenberg-schentz.se

ISBN 13: 978-91-975230-8-0

ISBN 10: 91-975230-8-9

6 Förord 8 1965 10 The soundtrack of my life 34 1966 36 Biggles, brunrockar och bockskägg 48 1967 50 Tillfälligheternas spel 68 1968 70 Hur såg vi ut egentligen? 78 1969 80 Framtiden fanns i en frysdisk på EPA 104 1970 106 Källarstudier i svartvitt sex 116 1971 118 Från Andy Pandy till en död papegoja 128 1972 130 Förutsägbara bilar utan ett baklyselyft 152 1973 154 Att komma efter rekordgenerationen 176 1974 178 En skymt av världen 186 1975

Berättelser från en mellangeneration

Nostalgin leder inte till någonting, skriver Bob Dylan i första delen av sina memoarer. Ska han säga. Det gjorde väl inte den där resan han gjorde på motorcykel heller.

Livet är att ständig jaga efter sitt ursprung, har någon annan sagt. Och ju äldre man blir desto mer sant kanske det blir.

Den här boken handlar om det som hände när vår generation växte upp. Hur ungdomen såg ut och vad som präglade oss.

Och det är inte vilken generation som helst, det är Efter-Rekordgenerationen det handlar om. Vi kom efter proppen, ”jätteproppen Orvar”. I ett bakvatten efter en fyrtiotalistgeneration som tog och fortfarande tar stor plats. För stor, menar många.

Vi är en inträngd generation, för sena för mycket, för tidiga för mycket. Prepunk och postrevolt är ett sätt att uttrycka det på. När vi var redo för protest hade demonstrationstågen slutat gå, och när Thåström steg upp på den obefintliga scenen i Rågsved var vi för gamla.

En mellangeneration som tidigt fick ta i allt vad vi orkade för att visa dem, för att få de där dumdryga fyrtiotalisterna att hålla käften en stund. Se bara på Björn, Ingemar, Thomas, Frank och Linda. Jo, det krävdes blod, svett och tårar ibland...

Vi har kallat denna vår generation för II B-generationen. De väsentliga åren under vår barndom och ungdom råkade sammanfalla med mellanölets tid i Sverige (1965-1977).

Kanske inte bara råkade, förresten. Vi var som generation en testbana för en rad nyheter. Det ansågs att vi borde prova på allt möjligt, skolans nya matematik, floursköljningen, nya märkliga syntetiska maträtter, nya droger eller kläder som inte hade minsta lilla samband med fåren i Elsa Beskows ”Olles nya kläder” utan mer med ett oljeraffinaderi. En testgeneration kom efter en tesgeneration.

Vi är som generation uppfödda på O´boy, Djungelpinnen, Dixi-kolor, vi tog vår första biltur i baksätet på en trehjulig BMW Isetta eller en DKW. Vi fostrades lika mycket av samlarserierna från Williams förlag och B Wahlströms böcker som skolböckerna.

Vi kom direkt efter ”Rekordgenerationen”, eller Baby boomers som de kallas i USA.

Vi gjorde inga större revolter, men vi fick Rekordgenerationens revoltörer som lärarvikarier. Hur skulle någon kunna hämta sig från en sådan upplevelse?

Vi var den första riktiga tv-generationen och reklamgenerationen. Tv blev ett naturligt tillstånd för oss, från Andy Pandy och framåt och reklamen blev en lika viktig subkultur under de unga åren som rockmusiken: Vi gick över till Prince redan när vi smygrökte och våra cyklar var knökfulla av varumärkesbyggande bensinreklam.

Sammanflätningen av konsumtion, reklam och den nyväckta insikten hos företagen att även unga hade pengar skapade en skräpkultur som definitivt tog (och kanske tar) stor plats i vårt arv.

Och när vi blev lite äldre var det självklart att vi skulle skaffa en av de där första generationens japanska 70-talsbilarna som rostade bort fortare än avbetalningarna.

Vi kom före Generation X.

Vi hann inte bli cyniska, däremot rätt kemiska, att döma av de innehållsdeklarationer (som så småningom kom) på godis och annat vi åt.

Vi kunde tågluffa. Som mest i en månad. I Europa.

Nu ska de vara backpackers ett helt år. I Asien och Australien och lite till.

Nu ska de hitta sig själva, vi försökte hitta Youth hostels på tyska bakgator.

Vi tillhörde inte ”jätteproppen Orvar”, men när Orvar själv insåg att pensionssystemet måste ändras gjorde han det genom att förändra villkoren till det sämre. För vilka? Jo, försämringarna gäller från och med oss – II B-generationen.

Som 70-åringar kommer vi förmodligen få slita dagarna i ända med att ta hand om åttioåringen Orvar. Och när vi själva blir 80 kommer det att dyka upp ironiska Per Hagman-kopior och flina brett åt oss.

Uppsåtet med denna bok var både allvar och underhållning. Att både fundera över varför vi blev som vi blev, och vad som präglade oss.

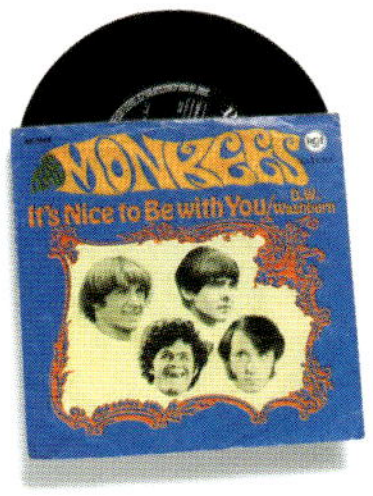

Men också att blicka tillbaka och jämföra med i dag. Att stanna upp en stund inför ett fornfynd av ett gammalt seriehäfte med Kapten Miki eller ett tetrapak med pyramidform.

För vi vill nog komma ihåg det som formade oss oavsett om det var de honungsindränkta Kalaspuffarna, Vietnamrörelsen, att samla Merry-kapsyler eller miljonprogrammet.

Och jo, det är en ”pojkbok”. Med grön rygg. För när vi växte upp var det väldigt tydligt, det var grönt eller rött. Pojkar och flickor, gossar och töser, tjejer och killar, två världar som aldrig mötte varandra. Och när vi väl mötte varandra var det unisex som gällde, att vara så lika som möjligt. Förvirrande! Men en genusstudie på denna bok kommer att kantra redan om några sidor.

Vår ambition med boken var inte att förändra vår nutid. Fast vi hoppas att vi genom att belysa vår dåtid också kan sprida ljus över vår samtid.

Och för dem som inte delar våra uppfattningar är det naturligtvis fritt fram att ägna sig åt något helt annat. För det här är Fritt valt arbete på riktigt.

Så vad han än säger har han fel, Bob. Dylan alltså. Visst leder nostalgin någonstans. Hit, till exempel. Till dessa boksidor.

Janne Sundling

Det är alltid kul med reaktioner. Så hör av dig: janne.sundling@gazetta.nu

1965

JANUARI

01 Det svenska polisväsendet förstatligas
12 Omsen höjs i statsbudgeten från sex till åtta procent
18 STIM begär hos regeringen att det ska införas någon form av avgift på bandinspelningar
20 The Byrds spelar in Mr Tambourine man
24 Winston Churchill avlider 91 år gammal
28 SJ presenterar förslag till överbyggnad med två spår ovanpå Stockholms central
29 Svenska myndigheter avser köpa in en datamaskin som blir den största i Europa, till en kostnad av 35 miljoner.

FEBRUARI

01 Martin Luther King och 800 protestanter arresteras vid en medborgarättsdemonstration i Selma, Alabama
11 Johnny Cash säljer guld i USA med Ring of fire
11 Ringo Starr gifter sig med Maureen Cox
12 Hans Nestius, redaktör för Liberal Ungdom, hotas av åtal efter att ha publicerat adresser till polska kliniker som utför abort
21 Malcolm X skjuts till döds i New York

MARS

01 Spencer Davis Group med en 16-årig Steve Winwood spelar för första gången på Marquee i London
13 Sovjet vinner ishockey-VM
18 The Rolling Stones urinerar mot en garagevägg och arresteras för förargelseväckande beteende
21 Medborgarrättsrörelsens femdagarsmarsch mellan Selma och Montgomery inleds
26 25 000 människor demonstrerar i Montgomery, Alabama

APRIL

01 Rolling Stones spelar i Sverige
07 Riksdagen fattar beslut om det som blir miljonprogrammet. Under 1965 ska 90 000 bostäder byggas och därefter runt 100 000 per år
28 USA landsätter trupper i Dominikanska republiken

MAJ

02 Världens första kommunikationssatellit, Early Bird, tas i bruk.
03 Röda fjäderninsamlingen till förmån för handikappade inbringar 12 miljoner kronor. Den avslutas under Hylands hörna.
07 Ian Smiths rasistiska Rhodesian Front Party tar makten efter valet i Rhodesia
15 Polisen i Stockholm griper två unga män som demonstrerar med skyltar med texten: "USA ni mördar kvinnor och barn. Sluta döda i Vietnam"
21 Riksdagen fattar beslut om att mellanöl får säljas i livsmedelsbutiker från 1 oktober
26 Cassius Clay besegrar Sonny Liston i matchen om världsmästerskapet i tungviktsboxning

JUNI

01 Yngve Holmberg blir ny högerledare
03 Tre demonstranter grips under en Vietnamprotest på Hötorget i Stockholm
14 Beatles spelar in Yesterday

JULI

12 Asea får ordern att bygga kränkraftverket i Oskarhamn
16 En värnpliktig åtalas efter att ha tagit en extraportion smör vid en frukost
20 Dödsstraffet avskaffas i Storbritannien
25 Bob Dylan uppträder på en folkrockfestival i Newport, och blir utbuad när han använder elektrisk gitarr
28 USAs president Lyndon B Johnson tillkännager att ytterligare 50 000 soldater ska skickas till Vietnam
30 Olof Palme riktar i ett tal i Gävle skarp kritik mot USA:s krigföring i Vietnam

AUGUSTI

06 Svarta amerikaner får rösträtt genom förslaget till ny rösträttslag
11 SAS avviserar att de tänker införa tax free-butiker även från nordiska flygplatser
15 Största konserten någonsin när 56 000 ser Beatles i New York
28 Hötorgskravallerna. Ridande polis sätts in mot ungdomar som samlats.

SEPTEMBER

13 Två dödas då en tvåvåningsbuss i Stockholm kör på en balk
15 LO kräver 40-timmarsvecka senast 1970
17 Neurosedynmålet inleds genom att advokat Henning Sjöström som ombud inlämnar en stämning mot Astra

OKTOBER

25 En stor grupp jugoslaver anländer till Sverige för att söka jobb
26 The Beatles mottar den brittiska Empireorden

NOVEMBER

03 Volvo inviger fabrik i Gent, Belgien.
09 Efter ett ras under tunnelbanebygget i Stockholm sitter två män instängda i fem dagar
22 Bob Dylan gifter sig med Sara Lowndes

DECEMBER

03 Beatles Rubber Soul släpps
18 Gemini 7 med astronauter Borman och Lowell återkommer till jorden efter 14 dygn i rymden
18 USA uppskattar sina förluster i Vietnam sedan 1961 till 1 300 dödade och 6 100 skadade

Nyheter 1965:

- Den första fyrkantiga tetraförpackningen kommer ut i handeln
- IKEA öppnar sitt stora varuhus i Kungens kurva
- Ordet hippie används för första gången i en artikel om unga människor i San Francisco
- Uttrycket flower power myntas i samband med Vietnamdemonstrationer
- Nya bilmodeller: Renault 16, Skoda 1000

Vad vi lyssnade på:

Beach Boys "Little Honda"
Honeycombs "That´s the way"
The Beatles "Rock´n´roll music"
Hep Stars "Cadillac"
Hep Stars "Farmer John"
Animals "Bring it on home to me"

Nya ord 1965:

■ Affärskedja, agentfilm, alkis, arbetstidsförkortning, auktoritetsbunden, avstressad, beslutsfattare, beslutsprocess, beställningsverk, blixtbesök, bodystocking, brevbomb, buffertlager, buskörning, cyklamat, dagcentral, dra igång, deppig, dygnetrunt, elorgel, ergonomisk, eskalera, extraknäck, fartfylld, fjomperi, flambera, fokus, formkurva, fotokopiera, framtidsvision, fritidsby, frontmatad, fräckis, fulsnygg, försäkringsbedrägeri, gatukök, genomskärare, go, graviditetstest, grupprum, heroinist, hispig, höjdare, ID-kort, inkännande, inlärningsstudio, kaffeautomat, kds-are, kollektivfil, kommunikatör, kontaktlim, kuturrevolution, kåkstad, köpkort, köttmur, leasing, loafers, lyckopiller, låginkomsttagare, långhelg, läppglans, marknadskrafter, max, mecka, moms, motivera, målstyrning, nakenscen, narkotikahaj, nedringd, noja, nyetablera, olönsam, opkonst, orationell, pep talk, placeboeffekt, planerare, playa, poppig, porr, radarpar, release, returglas, riksplanering, riskgrupp, roll-on, samhällstillvänd, samkörning, sangria, snabbval, snedrekrytering, snökanon, squash, stalltips, studiemedel, tajma, testuggare, tuner, tönt, ufo, underground, vajsing, våtservett, zombie, överpröva.

Vad vi såg på bio och tv:

■ Tv-serier:
Don Juan
Farlig kurs
Den stora dalen (amerikansk västernserie)
Familjen Addams

■ Barn- och ungdom:
Farbror Pekkas handelsbod
Farbror Storm
Modiga mindre män

■ Tv-teatern gav:
Aftonstjärnan
Den bergtagna
Blodsbröllop
Bödeln
Nattkafé
Gustav Vasa
Hans nåds testamente
Maskeradbalen

■ Film:
Att angöra en brygga (Svenska Ord)
Hej du glada sommar!!!
Här börjar äventyret
Jag – en kvinna
Kärlek 65
Morianerna
Ett sommaräventyr
Tjorven och Skrållan
Åsa-Nisse slår till

Tjorven o Båtsman "Vi på Saltkråkan"

■ Utländsk film:
The Sound of Music (Robert Wise)
Doctor Zhivago (David Lean)
Repulsion (Roman Polanski)
Help! (The Beatles) (Richard Lester)

The soundtrack of my life

STAND BY ME

Favoritlåten för den som ska lära sig spela bastuba (introt!). Den placerade sig på USA:s Top Ten både 1961 och 1986. En av världens mest spelade låtar, och kanske den mesta coverlåten: "Stand By Me".

Ben E King, som tidigare varit med i Drifters, stod för den ursprungliga inspelningen 1961, och var kompositör tillsammans med Jerry Leiber och Mike Stoller.

Ben E King hade tidigare samma år haft en solohit med "Spanish Harlem". Men med "Stand By Me" lossnade det riktigt ordentligt.

Låten har sedan dess spelats in i ett otal versioner. Bland de mest namnkunniga uttolkarna finns: John Lennon, T Rex, The Kingsmen, Willy DeVille, Jimi Hendrix, Engelbert Humperdinck, The Jam, BB King, Demis Roussos, The Searchers, Sonny & Cher, Ike & Tina Turner, The Walker Brothers och Otis Redding.

Men också Cassius Clay/Muhammad Ali! 1964 hade tungviktsboxaren en mindre hit med sin inspelning av "Stand By Me".

Elva år senare stod låten på nytt i fokus då John Lennon gjorde den på sin LP "Rock´n´roll".

En förklaring till att låten återupptäcktes på 80-talet var naturligtvis filmen med samma namn, där Ben E Kings skapelse lyftes fram. Den har också använts i Levisreklam.

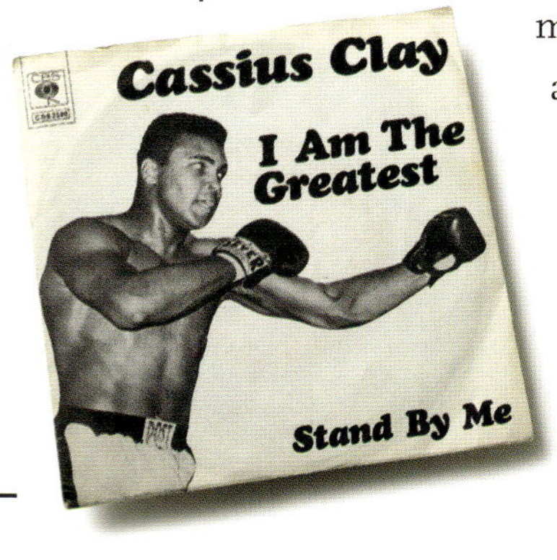

”Well, shake it up, baby, now, (shake it up, baby)
Twist and shout. (twist and shout)
C'mon c'mon, c'mon, c'mon, baby, now, (come on baby)
Come on and work it on out. (work it on out) oooo!”

Den gamla Radiolan gav ifrån sig musik som inte hörts förr. Och det handlade inte bara om ljuden, musiken. Ett titt på omslaget visade att det också handlade om attityder, frisyrer, mode, uppträdande, ja, en hel kultur.

Omslaget till ”Twist and shout” visade John, Paul, George och Ringo hoppandes i luften på något slags rivningstomt. Jag studerade den bilden noga och lyssnade.

Mitt i vardagsrummet stod en Radiola. En säkert fantastisk apparat för sin tid, den var bland det modernaste som kunde åstadskommas till fotbolls-VM 1958. Radiolan innehöll tv, radio och skivspelare i samma möbel.

Också skivspelaren var säkert modern för sin tid. Den hade den tekniska finessen att man kunde lägga på flera skivor samtidigt, när en var färdigspelade petade en arm ned nästa skiva.

Nu var inte det speciellt nödvändigt, för vår skivsamling var ganska begränsad, och innehöll inte fler skivor än armen kunde klara av.

Det var ”Lasse i backen” med Owe Thörnqvist, en operaskiva: Ökensången, en operettskiva: Czardasfrustinnan, en talskiva: Fridolf Rhudin och så en julskiva med Lasse Lönndahl och Towa Carsson. Min äldre bror hade sett till att det fanns några nytillskott: "Violetta" med Ray Adams och ”Speedy Gonzales” med Pat Boone. Och sedan några månader tillbaka ”I've got a lovely buch of cocoanuts” med norska saxofongruppen The Sunbeams. I röd vinyl.

Men 1963 skulle allt förändras för evigt. Det började med ”Twist and shout”.

For The Benifit Of Mr. Blake

200 pund, i den tidens penningvärde någonstans runt motsvarande 3 000 kronor. Det är var Peter Blake och hans dåvarande fru fick betalt för designen av omslaget till The Beatles Sgt Pepperalbum.

Visst, det är en betalning som även då motsvarade vad ett mindre känt rockband kunde ta för en spelning på en pub någonstans på landsbygden.

– Ända sedan dess har jag utkämpat en mild kamp för något slags rättvisa, sade Peter Blake till The Guardian 2004.

Han har blivit Sir Peter Blake, men några ytterligare pengar för omslagsdesignen har inte tickats in sedan skivan gavs ut.

Sir Peter Blake fick ursprungligen kontakt med The Beatles via en gemensam bekant. Denne hade föreslagit att gruppen skulle anlita en erkänd konstnär för att göra omslaget. Och Blake hade flera diskussioner med gruppen om omslaget. De fastnade för idén där de just ska ha genomfört en spelning i en park och samlar en rad prominenta personer runt sig.

Sgt Pepper brukar placera sig överst eller i topp på en rad listningar av de bästa albumen någonsin. Inte sällan framhålls just omslagsdesignen.

Den ringa uppskattning Blake gavs fick honom att säga att han önskat han gjort omslaget till en annan klassisk skiva i stället – Beach Boys Pet Sounds.

Det ledde i alla fall till att Brian Wilson långt senare bad honom göra omslaget till Wilsons album Gettin' In Over My Head.

Sgt Peppersomslagets fotocollage innehåller en rad kända historiska personer som Edgar Allen Poe, Karl Marx, Sigmund Freud, kända artister som Fred Astaire och Marilyn Monroe. Men det finns en tydlig Liverpoolreferens i bilden. Strax bakom Marlene Dietrich står Albert Stubbins som var Liverpool FCs målfarlige center i slutet av 40-talet. Han slutade med fotbollen 1953, och inledde en karriär som sportjournalist. Han avled 2002.

Dörren öppnades till en ny värld, och med den nya värderingar.

Min frisör var tysk och ganska kort. Han hade just släppt ned mig från plankan, den där gröna plankan man som liten var tvungen att sitta på för att frisören skulle få en ergonomiskt riktig arbetsställning. Kanske trodde han att det var ett trauma bakom detta som gjorde att jag storgrät när jag var tvungen att klippa mig? Jag som just började få antydan till Beatles-frisyr.

Under tiden gick ”Twist and shout” varm därhemma. Min bror gjorde sitt bästa för att undanhålla mig musiken, men gjorde det mindre framgångsrikt.

Fast jag insåg att jag var tvungen att kontra för att återställa maktbalansen. Och jag gjorde det hårt: överst på önskelistan stod EP´n med The Rolling Stones med ”Time is on my side”, ”Tell me”, ”Congratulations” och ”Route 66”. När den kom i min hand var brodern förkrossad i mer än en vecka.

Skivan har jag kvar, men seriehäftet om Rolling Stones som kom ungefär samtidigt, försvann tidigt. Hade varit värt en förmögenhet på eBay i dag.

Hagströms musikhandel i Skövde ordnade gitarrkurser. Alla skulle dit. De fyllde en hel källare med ungar som ville lära sig spela, och som inom kort tänkte bli upptäckta, som ett den tidens pojkband. Kunde danska Lollipops skulle väl vi kunna. På gitarrkursen sattes vi att spela – Fia Jansson. En förolämpning som vi aldrig hämtade oss ifrån. Här hade vi i veckor övat på öppningsackorden i Beatles ”I feel fine” (tumnageln mot gitarrsträngen ger det utdragna ljudet) och fick i stället spela schlagers! ▶

Steppvargar och en blå svensk

Från början dominerade USA och Storbritannien stor i poppens värld. Och gör det väl på många sätt fortfarande. Men riktigt alla av de tidiga stjärnorna och banden kom inte från US eller UK.

AC/DC – Australien
BeeGees – Australien
The Easybeats – Australien
The Seekers – Australien
Peter Thorup i CCS (Collective Consciousness Society) – Danmark
The Lollipops – Danmark
Gasolin – Danmark
Van Morrison – Irland
Thin Lizzy – Irland
Rory Gallagher – Irland
Ester & Abi Ofarim – Israel/Palestina
Georgio Moroder – Italien
Bob Marley – Jamaica
Shocking Blue – Holland
Mouth & MacNeal – Holland
Focus – Holland
Ekseption – Holland
Leonard Cohen – Kanada
Neil Young – Kanada
Joni Mitchell – Kanada
Bryan Adams – Kanada
Paul Anka – Kanada
Bachman-Turner Overdrive – Kanada
Steppenwolf – Kanada
Bruce Cockburn – Kanada
Robbie Robertson (The Band) – Kanada
Rush – Kanada
Carlos Sanata – Mexiko
Herb Albert – Inte alls Mexiko, utan född i Los Angeles men av en ungersk mor och en rysk far
Nico (i Velvet Underground) – Tyskland (hette egentligen Christa Päffgen)
Tangerine Dream – Tyskland
Kraftwerk – Tyskland

De tidiga svenskarna:

Blue Swede – Björn Skifs och Blåblus (hade en hit med Hooked on a Feeling i USA 1974).
Peter Holm – Monia (en hit på 60-talet i Frankrike). Gifte sig senare med Jackie Collins.
Georg Wadenius – med i Blood, Sweat & Tears 1972-75.
Mikael Rickfors – med i The Hollies 1971-73.

Underliga bandnamn

Ibland har fantasin inte räckt till. Ibland har den varit fullständigt hämningslös. Man undrar vad de gick på som kom på följande namn?

The Bonzo Dog Doo Dah Band
1910 Fruitgum Company
Pinkertons Assorted Colours
Dave, Dee, Dozy, Beaky, Mick & Tich
Strawberry Alarm Clock
? and the Mysterians
Napoleon XIV
Big Brother & The Holding Company
Butthole Surfers
Chocolate Watch Band
It´s a beutiful day
Perls Before Swine
Dr West´s Medicine Show & Jug Band
The Hedgehoppers Anonymus

Fast den sex år äldre brodern hade just startat popband. Instrumenten förvarades i källaren hemma hos en i bandet. Hans yngre bror gick i samma klass som mig. Att man som yngre hade kortare skoldagar än äldre gjorde att vi kunde härja runt med instrumenten ända tills de äldre bröderna kom hem och körde bort oss.

Berättar man för dagens ungdom att det fanns nedladdning och fildelning även då, fast mer primitiv, utgår de säkert från att man ljuger.

Men när man väl lyckats övertyga föräldrarna om att ett inköp av en rullbandspelare var nödvändigt (men en Tandberg var alldeles för dyr, tyckte farsan) kunde man ansluta den till transistorradion med en DIN-kontakt och allt vad som spelades i radio kunde spelas in. Det var nedladdning det.

Fildelning åstadskoms genom att man lånade skivor av kompisar. Rullbandspelarens mikrofon ställdes framför skivspelarens högtalare. Inspelningen gav knappast hifi eller stereo precis, men förutsatt att inte morsan kom in och berättade att maten var klar, kunde det bli en hyfsad inspelning.

Skivsamlingen växte under tiden; Manfred Mann ”Sha la la”, ännu mer med Beatles ”I should have know´n better” och ”Long Tall Sally”, The Kinks och ”Sunny Afternoon”, några med Hollies och Mike Wallace & The Caretakers ”The end of the world”.

Varje veckas inköp av Bild-Journalen började också ge tillskott till skivsamlingen. Till att börja med presenterades de tre låtarna på den medföljande plastskivan av – Pekka Langer.

Vid min mycket begränsade ålder ansågs jag dock ”to young to rock´n´roll” på riktigt. Besöka konserter och ungdomsgårdar var inte att tänka på. Fast när The Shanes spelade

Gomm´n´gone

I början av 70-talet tillhörde han Brinsley Schwarz. När bandet lade av flyttade Ian Gomm och frugan till Wales. Därifrån har han jobbat med egna låtar, men också samarbetet med The Stranglers, Alexis Korner och Peter Hammill. Raf Ravenscroft som gör saxofonsolot på 'Baker Street' medverkade på hans första soloskiva. Numera har han hittat en nisch i att skriva låtar och medverka på olika fotbollsklubbars CD-skivor. Till dem hör Manchester United supportersklubbs CD där han framträder som Red Deville!

Men det är för det här omslaget Ian Gomm främst blir ihågkommen. Rock´n´roll? Nej, knappast. En riktigt mesig bil parkerad utanför förortsvillan. Man undrar om det var Ians stora önskan att visa upp sin nya bil och hus som drev honom till detta omslag. Det ser mer ut som porträttbild till en förening för revisorer än som ett rockomslag.

Lägg särskilt märke till att Ian bär skotskrutiga innetofflor på omslaget!

Den felande länken mellan pop, rock, soul, punk – och country

Den som är född 1949, samma år som Göran Persson, Lars Leijonborg, Gudrun Schyman och Carl Bildt, borde rimligen inte ha något med punkens tillkomst att göra. 1977 var Nick Lowe 28 år och hade knappast så mycket gemensamt med de arga unga som anförde new wave och punken. Men Lowe har på något sätt varit för musiken det cross-overköket är för maten. En gränsöverskridare som hittar nya kombinationer.

Nick föddes i Walton-On-Thames i Surrey som son till en Royal Air Forceofficer. En del av ungdomen tillbringade han i Mellanöstern där fadern var placerad. Tillbaka i England började Lowe intressera sig för musiken, och tillsammans med kompisen Brinsley Schwarz bildade han gitarrpopbandet Kippington Lodge, som fick ett skivkontrakt med Parlophone 1966. Det blev några singlar, men knappast någon större uppmärksamhet.

I skiftet mellan 60- och 70-tal begravdes mycket av rockens enkla ursprung. Allt utvecklades till något stort och pompöst. Symfonirocken och glamrocken började erövra scenerna. Men Nick Lowe stod naturligtvis emot, och i september 1970 bildades bandet Brinsley Schwarz, pubrockens främsta utpost.

En bra låt skulle vara i tre minuter, och bottna i rock´n roll eller country. Inte i aldrig så fyndiga melodislingor med konstiga instrument eller spektakulära kostymer.

Brinsley Schwarz existerade i fem år, och lyckades under den tiden skaffa sig en kultstatus. Därefter prövade Lowe lyckan på egen hand, både som låtskrivare och producent. Flera av de gamla bandmedlemmarna började spela med Graham Parker, och Lowe blev dennes producent, liksom för Dr Feelgoods "Malpratice".

Karriären som soloartist gick det sämre med. Lowe hade kontrakt med United Artists, men kom inte överens med dem. Han trodde sig kunna komma ur kontraktet genom att spela in några singlar som i hans tycke var vedervärdiga skapelser. Först ut var "Bay City Rollers We Love You", en i hög grad ironisk hyllning av ett av tidens stora tonårsband, enligt konvolutet skapad av "Tartan Horde".

Bekymrad kunde Lowe studera hur singeln blev en jättehit i Japan. Skivbolaget började till och med prata om ett helt album.

Uppföljaren "Let's Go to the Disco" löste dock kontraktsbanden.

När skivbolaget Stiff växte fram anlitades Lowe som producent till de första skivorna med bland annat Damned, Elvis Costello och The Pretenders.

Och de unga arga hade faktiskt lyssnat på pubrockarna och såg dem som något av en motkraft till det pompösa. Gamlingen Nick Lowe platsade också som soloartist på de samlingsskivor som började dyka upp från Stiff Records, även om han inte direkt hörde hemma i punken.

De kommande åren kom soloalbum som "Jesus of Cool" och "Labour of Lust".

Nu började han åter samarbeta med en av Brinsley Schwarz medlemmar, Dave Edmunds, genom konstellationen Rockpile. När jag såg dem i konserthuset i Göteborg 1980 satt en då ännu oupptäckt Peter LeMarc några bänkrader framför. Rockpiles enda skiva "Seconds Of Pleasure", förmedlade bara bråkdelen av den spelglädje de två pubrockarna visade, men är ändå ett höjdaralbum. Speciellt den version som innehåller en bonussingel med covers på Everly Brothers-låtar. Fast bara några månader efter att albumet släppts splittrades gruppen.

Nu fick countrymusiken en annan betydelse i hans liv. Han gifte sig med Carlene Carter, Johnny Cash styvdotter, och producerade hennes kommande album.

Äktenskapet höll i fem år. Men Nick Lowe närmar sig med raska steg 60-årsdagen men håller fast vid sin ursprungsidé om rak, enkel rock. 2001 kom han med "The Convincer", en mogen mans betraktelser över livet.

När supergrupper blev inne bildade Lowe Little Village tillsammans med John Hiatt, Ry Cooder, and Jim Keltner. På 80-talet fick han också en skärv av rockens miljoner. Den gamla Brinsley Schwarzkompositionen "(What's So Funny 'Bout) Peace, Love and Understanding" (som också Elvis Costello spelat in) fanns med på soundtracket till Whitney Houstons film "The Bodyguard". Albumet blev det bäst säljande soundtracket någonsin och Lowe blev miljonär på royalties.

Nick Lowe har aldrig tillhört storsäljarna, om man undantar Tartan Hordes överraskande succé i Japan. Och även om han på sitt sätt varit gränsöverskridande beskriver han en ovanligt rak väg genom decenniers rockmusik.

Just like Heinz

Otur, dålig timing eller bara helt enkelt dömt att misslyckas? Nej, det blev aldrig någon riktig fart på Heinz Burts rockkarriär. Nu är det heller inte speciellt många tyskar som lyckats på den brittiska rockscenen. Men den viktigaste förklaringen kan nog stavas: The Beatles.

I den musikaliska tidslinjen inföll Heinz period just innan Beatles genombrott. Otur, kanske.

Denne tyskfödde man var 19 år gammal och jobbade som charkuterist i Southampton när han kom med som basist i bandet The Tornados. Tornados fick en jättehit med den instrumentala låten Telstar, som sålde runt fem miljoner som singel. De blev den första brittiska gruppen som hade en listetta i USA.

Bandet var i hög grad en skapelse av skivproducenten Joe Meeks, som drev en oberoende studio i sitt hem på Holloway Road i norra London. Han låg också bakom succén med The Honeycombs "Have I The Right" .

Meeks var en rätt märklig och olycklig figur. Han var homosexuell vilket inte var helt okomplicerad i det tidiga 60-talets London. Att han blev kär i Heinz och ville göra honom till stjärna gjorde inte saken bättre.

Heinz fick spela in en singel som floppade rejält. Trots det skickades han ut på brittisk turné tillsammans med Gene Vincent och Jerry Lee Lewis.

Då gick det desto bättre med den andra singeln. Det blev Heinz första och enda hit: Just like Eddie. En hyllning till Eddie Cochran.

Just like Eddie letade sig in på den engelska topp 20-listan, och såg ut att klättra. Men nästa vecka var det en ny låt som drog till sig desto mer uppmärksamhet: "She loves you" med The Beatles.

Hysterin blev total, och efter några veckor var Heinz i stort sett bortglömd. Han återgick till vanliga kneg, förutom någon tillfällig spelning med gamla 60-talsband.

Heniz Burt dog den 7 april 2000 i en stroke, 57 år gammal. Han var skild två gånger, och efterlämnade en son.

Fast Joe Meeks öde blev ännu mer tragiskt. Den 3 februari 1967, exakt åtta år efter Meeks idol Buddy Hollys död i en flygplansolycka, sköt han sig själv och sin hyresvärdinna i lägenheten på Holloway Road. En säregen "Tribute to Buddy Holly". Jo, just den som Meeks såg till att Mike Berry & The Outlaws fick en hit med, och som också Hep Stars hade en svensk hit med.

Ytterligare en förgrening i musikhistorien är att The Outlaws hade en duktig gitarrist: Ritchie Blackmore, senare i Deep Purple.

Och Heinz insåg kanske vad som skulle komma: "Beneath the stars, you play your gitars, Just like Eddie…"

HEP STARS
BENNY ANDERSSON
20, orgel, en av de mera finurliga popkompositörerna och något av stilbildare. Spelar även piano, nästan bättre än orgel.
SVEN HEDLUND
21, sångare, av musiker ansedd som en av Sveriges bästa. Hjälper Benny med komponerandet. Sveriges popkille nummer ett – alltid vänlig mot sina fans.
JAN FRISK
22, sologitarr. Sjunger även. Är restaurangägare i Torremolinos, Spanien. Tokig i bilar och österländsk mat.
LENNART HEGLAND
23, basgitarr. Affärsägare, modebutik och skivaffär i Stockholm. Ekonomisk utan att vara snål. Fågelintresserad, har en papegoja, kallad "Karo".
24, trummor.
humorist och
på scen. Kan
timmar och
länge om han
fri, får alla att
C-E ERIKSSON REKLAMSTUDIO AB / UTFORMNING BERNDT EHN

Popbanden blev så populära att de till och med blev omslag till skolböckerna.

Brittiskt Sect-band störst – i Sverige

De fyllde Isstadion i Stockholm med 10 000 människor, de hade en listetta på tio-i-topp och fick uppträda i svensk tv´s enda popprogram Drop In. Brittiska Downliners Sect var onekligen stora – i Sverige vill säga.

Uppgifterna går isär om varför Downliners Sect slog just i Sverige. En går ut på att en av bandets skivor spelades ganska flitigt på piratradiostationen Radio Syd som sände från en båt i Öresund utanför Malmö. En annan att en svensk skivbolagsdirektörs dotter fattade tycke för gruppen och fick fadern att lansera dem på bred front i Sverige.

Men lika stora lyckades de inte bli i Storbritannien. Fast så var det väl heller ingen direkt genial strategi att låta gruppens andra album fyllas med countrymusik just i mitten av 60-talet.

Det hela tog sin början i Londonförorten Twickenham 1962, där ett gäng grabbar bildade The Downliners. Namnet tog de från en Jerry Lee Lewis-låt; "Down the line". Bandet brakade ihop redan året senare efter en katastrofal konsertturné. Men det återuppstod under namnet Downliners Sect och bandmedlemmarna samlade ihop pengar för att själva bekosta en EP. Live-EPn gavs bara ut i 400 exemplar, men lyckades ge gruppen en viss uppmärksamhet. Både Rod Stewart och Steve Marriott sägs ha närmat sig bandet med en önskan om att få vara med. Men utan framgång.

1964 fick Downliners Sect rent av ett skivkontrakt med Columbia och fick spela in sitt första album "The Sect". Nu började hjulen snurra i Sects väg – i Sverige. Deras cover på The Coasters Little Egypt tog sig in på tio-i-topp våren 1965, och svenska nöjesarrangörer ville ha hit bandet. Nu hölls Isstadionkonserten i Stockholm, och den 11 september kommer de tillbaka för att spela några av sina låtar i tv-programmet Drop In.

Upplevelserna i Sverige betecknades av bandet som själva höjdpunkten på deras karriär. Och vad gör de? Jo, ett countryalbum – "The Country Sect". Inte direkt vad publiken ropade efter just då. Fast de var ju britter så också "I Got Mine" tog sig upp till en tätposition på svenska topplistan.

Sedan gick det bara utför. På nästa album "The Sect Sing Sick Songs", hade de bland annat en låt om en flicka som omkommer i en trafikolycka på väg hem från en Downliners Sect-konsert!

Nu händer också andra märkliga saker. Bandets organist försvinner spårlöst när han visar sig vara efterspanad av polisen. Inte heller ersättaren stannade så länge i bandet. Matthew Fisher gick i stället vidare till Procul Harum som fick en megahit med pophistoriens största orgelhit (jämsides med Green onion): "A Whiter Shade of Pale".

1967 splittrades bandet, men det dök upp igen tio år senare. Downliners Sect tycktes då ha uppnått en viss kultstatus bland de framväxande punkbanden. Och så har det hållit på, Downliners Sect har då och då kommit ut med en skiva och gett sig ut på turné. Bandmedlemmar har kommit och gått, men Downliners Sect bestått. Fast de har naturligtvis aldrig blivit så stora igen som de var i Sverige 1965.

OK att gilla

Det finns band och låtar som förståsigpåarna alltid ser ner på, men som många gillar. Men i musikvärlden pågår en ständig utvärdering och omprövning, och det som var helt fel igår kan åtminstone vara OK i dag.

Brittiska musikmagasinet Q har presenterat listan på "ten guilty pleasures", deras listning av låtar som det trots allt är rätt OK att gilla. Toppar gör Jeff Lynnes stråkfyllda Electric Light Orchestraskapelse Livin´thing.

	Artist	Titel
1.	ELO	Livin´thing
2.	Boston	More than a feeling
3.	S Club 7	Don´t stop movin´
4.	10cc	I´m not in love
5.	Gary Glitter	Rock´n´roll part 2
6.	Foreigner	Cold as ice
7.	Billy Idol	Rebel Yell
8.	Status Quo	Whatever you want
9.	Gerry Rafferty	Baker street
10.	Gloria Gaynor	I will survive

på taket när varuhuset Commerce i Skövde skulle invigas var alla där. Att ABBA många år senare ägde samma byggnad blir en logisk fotnot i den privata rockhistorien.

Tiden gick, men sommaren 1967 inte tillräckligt fort. Alla gick och väntade. Det fanns något nästan nervöst i stämningen på andra våning i GePe´s fotohandel. Det var där man kunde lyssna på skivor i ett slags telefonlur.

Och så kom den, någon gång under sommaren 1967, Sgt. Pepper's Lonely Hearts Club Band. Beatles åttonde album och ännu en dörr som öppnades.

Märkligt nog fick jag tag på den första dagen på Domus, för hiskeliga 30 kronor.

DIN-kontakterna gick varma de kommande dagarna i form av fildening à la 60-tal.

Inte för att vi fattade det då, men redan här kunde man höra att även i en skara på fyra personer var de på väg åt väldigt olika håll. George Harrison som gjorde experimentella djupdykningar i "Within You Without You", Paul McCartney som verkade längta efter Wings redan med "When I´m 64", och John Lennon mer filosofiska "A Day in the Life".

Men fortfarande befann sig alla under samma tak. Pop var ett begrepp som kunde samla allt och alla. De flesta tyckte samma sak, såg rätt lika ut och gillade samma saker. Men redan Sgt. Pepper's kunde visa att allt fler hade hittat var sin utgång från det gemensamma utrymmet.

Två år senare kunde popens död deklareras. Orsaken var både teknisk och psykologisk. Teknisk eftersom diskoteken snabbt ersatte livespelningarna och konserterna. I stället för att krångla med ett band för allt dyrare pengar kunde en DJ hyras in som spelade skivor. Spelställena för popbanden försvann i rask takt, några överlevde på att spela in skivor, andra skolade om sig till traditionella dansband. En del lämnade popvärlden helt.

Det psykologiska satt naturligtvis djupare. Revolutionsåret ´68 hade satt spår, för en del blev kampen viktigare än allt annat. ”Vad är ert budskap?” kunde ett osnutet tonårsband få som fråga. Klarade de inte testet var deras framtid förbi. Men också andra ville tydligare sticka ut från mängden.

Popen sprack helt enkelt. Från att alla hade samlats under samma tak spreds nu alla åt olika håll, och motsättningarna dem emellan bara växte. Från en bred och allmän ▶

Grocer Jack och tonårsoperan som försvann

”Grocer Jack, Grocer Jack, get off your back,
go into town, don't let them down, oh no, no”

De flesta känner igen refrängen med barnkören som sjunger om den gamle specerihandlaren Jack. Färre kommer ihåg titeln eller artisten. Till slut brukar någon kunna upplysa: låten heter ”Excerpts from the Teenage Opera” och framfördes av Keith West (som egentligen hette Keith Hopkins).

Låttiteln antyder att denna var en av många, fast riktigt så är det nu inte. Ännu en låt - ”Sam” - presenterades som hemmahörande i samma tonårsopera, men blev inte alls lika framgångsrik.

”Excerpts from the Teenage Opera” är ett exempel på ett klassiskt stuprör – en hitsingel och sedan inget mer. Men en jättehit var den verkligen 1967.

Bakom projektet med en tonårsopera stod producenten Mark Wirtz, och tanken var att skapa en berättelse om en stad och dess invånare. En flicka och en pojke skulle ledsaga i berättelsen.

Wirtz lär ha sammanställt en del av de sånger som blev resultatet av hans funderingar på en CD under 90-talet, men någon riktig tonårsopera blev det inte.

Keith West liksom Steve Howe (senare i Yes) gick vidare i psykedeliska Tomorrow, som ibland nämns i samma andetag som Pink Floyd och Soft Machine.

Två år efter – 1969 – kom i alla fall en ”riktig” tonårsopera i form av The Who´s Tommy. Men Wirtz lät vänta på sig:

”Grocer Jack, Grocer Jack, is it true what Mummy said, you won't come back. oh no, no.”

Det finns bara en Eno

En rockens Pimpernel Smith, som alltid har en avgörande betydelse men som ingen vet var och när han ska dyka upp härnäst. Så kan man kanske beskriva Brian Eno. Han föddes i engelska Suffolk 1948 och hade från början inte alls ambitionen att bli musiker. I stället gick han konstskola (i likhet med till exempel John Lennon och Kinks Ray Davis). Men under tiden på skolan kom han i kontakt med avantgardegrupper som blandade konstnärliga och musikaliska uttryck.

Till Roxy Music kom Brian Eno 1971. Från början tänkt som ”teknisk rådgivare”, kom han att sätta en mycket starkare prägel på både gruppens musik och framträdande än någon hade tänkt. Men kombinationen Eno och Bryan Ferry blev minst en ledargestalt för mycket och sommaren 1973 lämnade Eno Roxy Music.

I stället tog en experimentell solokarriär vid. Eno utforskade alla musikstilar lika mycket som tystnaden mellan tonerna.

Han gav sig också in i tillfälliga konstellationer. Gänget som uppträdde på Rainbow Theater i London 1 juni 1974 är en svårslagen kombination: Eno, John Cale, Kevin Ayers, Nico, Robert Wyatt och Mike Oldfield!

När David Bowie sökte en ny roll efter perioden med Ziggy Stardust och The Thin White Duke fanns naturligtvis Brian Eno där. Bowies tre album Low, Heroes och Lodger blev resultatet av deras samarbete

Men Eno fortsatte också med de egna soloprojekten, som Another Green World från 1975 och Before And After Science som kom 1977.

Nästa avgörande samarbete blev med Talking Heads med albumen More Songs About Buildings and Food, Fear of Music och Remain In Light. Hur U2 låtit utan samarbetet med Eno får vi aldrig veta. Och tur är kanske det. Från The Unforgettable Fire till Zooropa höll Eno och U2 ihop.

Ultravox och Devo är andra band han samarbetat med.

Jo, Brian Peter George St Baptiste de la Salle Eno har satt sina spår.

Storsäljare

Artister och grupper som sålt mer än 250 miljoner skivor:

ABBA	Sverige	70-80-tal
Alla Pugatjova	Ryssland	70-80-tal
The Beatles	Storbritannien	60-70-tal
Bing Crosby	USA	40-70-tal
Chubby Checker	USA	60-90-tal
Cliff Richard	Storbritannien	50-90-tal
Elton John	Storbritannien	70-00-tal
Elvis Presley	USA	50-00-tal
Frank Sinatra	USA	40-90-tal
Julio Iglesias	Spanien	70-00-tal
Lata Mangeshkar	Indien	50-00-tal
Led Zeppelin	Storbritannien	60-80-tal
Madonna	USA	80-00-tal
Michael Jackson	USA	60-00-tal
Nana Mouskori	Grekland	60-00-tal
Queen	Storbritannien	70-00-tal
Tino Rossi	Frankrike	40-80-tal

ungdomkultur där "pop" var ett sammansvetsande kitt nischade sig olika grupper åt var sitt håll.

Det var disco, funk, soul, hårdrock, symfoni, electro, glam och de begynnande stegen mot reggae, synt, punk eller retronissarnas rockabilly. Allt som var lika blev med ens väldigt olika.

Redan 1974 var det gemensamma taket helt väck, och det fanns till och med plats för rockens egen nostalgi. Som i Mott the Hooples "Golden age of rock´n ´roll". Som singel hade den ironiskt nog en baksida med titeln "Rest in Peace".

"The show's gotta move, everybody groove
There ain't no trouble on the streets now.
So if the going gets rough,
Don't you blame us
You ninety-six decible freaks
Ohhh, Ohhh, Ohhh
(Its good for body, its good for your soul)
Ohhh, Ohhh, Whoooa
(It's the golden age of rock and roll)" ■

Janne Sundling

Essex, drugs and rock´n´roll

**"Good evening. I'm from Essex
in case you couldn't tell.
My given name is Dickie,
I come from Billericay
and I'm doing very well"**
Billericay-Dickie

Ian Dury själv trodde inte han hade varit i Billericay någon gång, möjligen med undantag för en scoutfest. Men från Upminster, Essex var han.

The book of rock´n´roll har många udda karraktärer. Ian Dury var en av dem. Inte musikaliskt direkt, men som person.

Med rötterna i 50-talets rock haltade denne från födseln polioskadade man fram till en position som punkikon.

Alla vet inte vem Ian var. Men de flesta känner igen hans mest berömda låt: "Sex, Drugs and Rock´n´Roll".

Ian (född 1942) växte upp i Essex, men lämnade den vanliga skolan tidigt, och sökte sig till en konstskola och fick så småningom plats på Royal College of Art. Han lyssnade en hel del på jazz, men den stora favoriten var Gene Vincent.

Gene Vincents död 1971 inspirerade honom att bilda ett eget band – Kilburn and the High Roads. Inte heller nu hade Dury något speciellt förhållande till Kilburn, han tyckte bara att namnet lät kul.

De hade en hel del pubspelningar, och var faktiskt förband till The Who på en Englandsturné. Men någon större uppmärksamhet fick aldrig bandet som splittrades 1975. När Ian Dury träffade gitarristen Chaz Jankel i en musikaffär började de tala om att göra något ihop. Ihop med andra musiker spelade de in ett album som dock inte fann nåd hos något av de stora skivbolagen.

Men strax intill deras managers kontor fanns en nyöppnat skivbolag – Stiff Records. "Sex, Drugs and Rock´nr´Roll" gjorde succé som singel, och strax följde albumet "New boots and panties" med bandet som nu kallades Ian Dury And The Blockheads.

Albumet blev Durys verkliga höjdpunkt och låg 90 veckor på topplistan.

Uppföljaren "Do it yourself" nådde aldrig samma framgång. Albumet är mer ihågkommet för dess udda design. Det gjordes i ett dussintal varianter där bakgrunderna hämtades från olika tapetmönster. Chaz Jankel slutade i gruppen 1980 och ersattes av Dr Feelgood-gitarristen Wilko Johnson.

När gruppen gick skilda vägar 1981 fortsatte Dury på egen hand. Bland annat med singeln "Spasticus autisticus":

"Hello to you out there in Normal Land
You may not comprehend my tale or understand
As I crawl past your window give me lucky looks
You can be my body but you'll never read my books
I'm spasticus, I'm spasticus
I'm spasticus autisticus"

På 80-talet trappade han ner, och ägnade sig mer åt att skriva musik åt film och teater.

1998 kom Ian Dury and the Blockheads med det första albumet på 17 år, "Mr Love Pants". Kritikerna hyllade skivan och förklarade att det vara deras bästa sedan "New boots...". Ian Dury såg ut att gå mot en ny framgångsrik period, men året efter kom beskedet att han hade cancer, och han avled den 27 mars 2000.

**"Why bother at all about Blockheads?
Why should you care what they do?
Cos after all is said and done
You're a Blockhead too"**
Blockheads

Vem är det?

Ett minst sagt klassiskt omslag till en klassisk skiva. Men när skivan kommer fram börjar också funderingarna om vilka som är med i bildcollaget. Här är Seargent Peppers Vem är det?

1. **Stuart Sutcliffe**, tidigare Beatlesmedlem (1940-1962)
2. **Aubrey Beardsley**, brittisk illustratör och författare (1872-1898)
3. **Sri Yukteswar Giri**, guru (1855-1936)
4. **Anonym docka**
5. **Sir Robert Peel**, brittisk premiärminister (1788-1850)
6. **Aleister Crowley**, skribent i frågor om ockultism, droger och sex (1875-1947)
7. **Mae West**, amerikansk skådespelare (1893-1980)
8. **Aldous Huxley**, engelsk författare och poet (1894-1963)
9. **Lenny Bruce**, amerikansk komiker (1925-66)
10. **Dylan Thomas**, walesisk poet (1914-53)
11. **Terry Southern**, amerikansk författare (1924-95)
12. **Karlheinz Stockhausen**, tysk kompisitör (1928-)
13. **WC Field**, amerikansk skådespelare (1880-1946)
14. **Tony Curtis**, amerikansk skådespelare (1925-)
15. **Wallace Berman**, amerikansk konstnär (1926-1976)
16. **Carl Gustav Jung**, schweizisk psykolog (1875-1961)
17. **Tommy Handley**, brittisk komiker (1892-1949)
18. **Edgar Alle Poe**, brittisk poet och författare (1809-1849)
19. **Marilyn Monroe**, amerikansk skådespelerska (1926-1962)
20. **William Burroughs**, amerikansk författare (1914-1997)
21. **Fred Astaire**, amerikansk dansare och skådespelare (1899-1987)
22. **Sri Mahavatar Babaji**, hinduiskt helgon och yogi (1855-1936)
23. **Richard Merkin**, amerikansk konstnär (1938-)
24. **Stan Laurel (Halvan)**, amerikansk skådespelare (1890-1965)
25. **Richard Lindner**, tysk-amerikansk målare (1901-1978)
26. **Pinupflicka**, målad av Alberto Vargas (1896-1982)
27. **Oliver Hardy (Helan)**, amerikansk skådespelare (1892-1957)
28. **Karl Marx**, tysk politisk filosof och ekonom (1818-1883)
29. **Huntz Hall**, amerikansk skådespelare (1919-1999)
30. **HG Wells**, engelsk författare (1866-1946)
31. **Sri Paramahansa Yogananda**, indisk yogi och guru (1893-1952)
32. **Simon Rodia**, italiensk-amerikansk arkitekt som skapade Watts towers i LA (1879-1965)
33. **Bob Dylan** (1941-)
34. **Anonym docka**
35. **TE Lawrence**, soldat, Lawrence of Arabia (1888-1935)
36. **Lewis Carrol**, engelsk författare och matematiker (skrev Alice i Underlandet) (1832-1898)
37. **Sri Lahiri Mahasaya**, indisk yogi och guru (1828-1895)
38. **Marlene Dietrich**, tysk-amerikansk skådespelerska (1901-1992)
39. **Albert Stubbins**, fortbollsspelare i Newcastle och Liverpool (1920-2002)
40. **Bobby Breen**, kanadensisk sångare (1927-)
41. **HC Westermann**, amerikansk skulptör (1922-1981)
42. **George Bernhard Shaw**, engelsk författare (1856-1950)
43. **George Harrison** (1943-2001)
44. **Issy Bonn**, engelsk komiker (1893-1977)
45. **Stephen Crane**, amerikansk journalist och författare (1871-1900)
46. **Paul McCartney** (1942-)
47. **Johnny Weissmuller**, amerikansk simmare och skådespelare (1904-1984)
48. **Ringo Starr** (1940-)
49. **Dr David Livingston**, missionär och upptäcksresande (1813-1873)
50. **Larry Bell**, amerikansk konstnär (1939-)
51. **John Lennon** (1940-1980)
52. **Tyrone Power**, amerikansk skådespelare (1914-1958)
53. **Oscar Wilde**, irländsk poet och författare (1854-1900)
54. **Dion di Mucci**, amerikansk sångartist (1939-)
55. **Tom Mix**, amerikansk westernhjälte (1880-1940)
56. **Paul McCartney** som vaxdocka
57. **Ringo Starr** som vaxdocka
58. **Marlon Brando**, amerikansk skådespelare (1924-2004)
59. **Pinupflicka** målad av George Petty (1894-1975)
60. **Shirley Temple**, amerikansk barnskådespelerska och senare politiker (1928-)
61. **John Lennon** som vaxdocka
62. **Max Miller**, engelsk musichallunderhållare (1894-1963)
63. **George Harrison** som vaxdocka
64. **Pinupflicka** målad av George Petty (1894-1975)
65. **Sonny Liston**, amerikansk boxare (1932-1970)
66. **Staty** tagen från John Lennons hus
67. **Shirley Temple**, amerikansk barnskådespelerska och senare politiker (1928-)
68. **Diana Dors**, engelsk skådespelerska (1931-84)
69. **Anonym legionär**

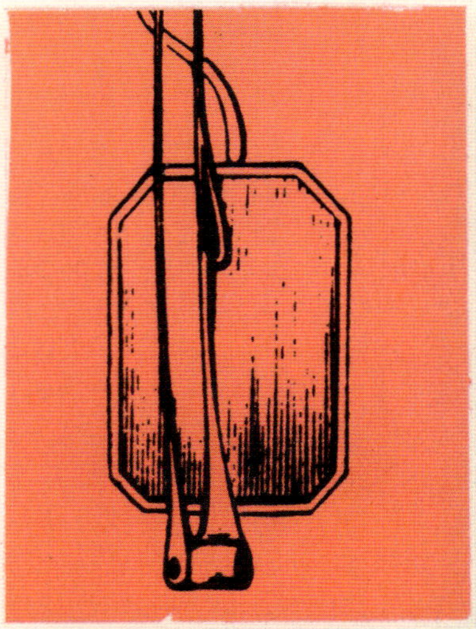

OLA HÅKANSSON,

21, sångare har i olika sammanhang korats till "bästa sångare". Han är den som drar upp planerna för gruppens karriär.

JOHNTE OLSSON,

21, lirar orgel och hjälper ibland Clabbe med komponerandet. En av Sveriges bästa organister. Är också bandets tekniker.

ÅKE ELDSÄTER

22, bas. Sköter bandets finanser, kallas därför av de övriga för Sven Sedel.

CLAES af GEIJERSTAM,

21, spelar gitarr och bijou. Skriver gruppens låtar. Dessutom är han mannen bakom alla eldfängda idéer såsom bengaliska eldar, raketer m.m

LEIF JOHANSSON,

22, trummor. Bandets djurvän, född och i viss mån uppvuxen i Norrland i motsats till de andra som kommer från Sollentuna utanför Stockholm.

OLA & JANGLERS

Tillhör också den svenska poptoppen. Är något av veteraner. Bildades redan 1963. Men det dröjde något år innan de första gången återfanns på listorna. Grabbarna satt först och plinkade i en källare innan de vågade sig ut på ungdomsgårdarna. Men sedan tog det fart. Efter "She's not there" 1965 har gruppen haft alla låtarna på Tio-i-topp. Den skarpaste profilen i bandet har Claes af Geijerstam, även kallad "Clabbe". Han har bl.a. skrivit musik till ett par filmer, i någon har hela bandet medverkat. Ola & the Janglers mest framgångsrika låtar: "Alex is the man" och "Bird's eye view of you".

C-E ERIKSSON REKLAMSTUDIO AB / UTFORMNING BERNDT ENN

Den prefabricerade popgruppen

Den 12 september 1966 hade ett nytt ungdomsprogram premiär på NBC. Det handlade om fyra unga män som ständigt tycktes lockade till olika upptåg och äventyr samt – att brista ut i sång. Även om programmet hela tiden omgavs av rykten – de kan inte spela, de kan inte sjunga – var det en succé från start. The Monkees blev det första prefabricerade popbandet.

För NBC var det förmodligen Beatles framgångar som inspirerade till tv-serien. Filmen "A Hard Days Night" hade blivit en lika stor biosuccé som gruppens skivor, och tv-bolaget ville ha något liknande.

NBC hade efter en casting med 437 personer hittat fyra passande bandmedlemmar i Micky Dolenz, Mike Nesmith, Peter Tork och David Jones.

Britten David Jones hade varit professionell jockey och haft en del roller på Londonteatrar. Peter Tork hade varit musiker i New York. Michael Nesmith kom från Texas och hade spelat country och folkmusik. Micky Dolenz var redan van vid Hollywoodmiljön från tiden som barnskådespelare.

Även om alla fyra hade en musikalisk bakgrund, svarade de bara för sången själva i första delen av serien och på första skivorna.

I tv-serien var det andra kompositörer som skrivit låtarna. Ofta fint folk som Neil Diamond, Gerry Goffin & Carole King, Barry Mann & Cynthia Weil, Harry Nilsson, Tommy Boyce & Bobby Hart och Jeff Barry.

Deras första album "The Monkees", släpptes inför serien, och "Last Train To Clarksville" hann bli en hit redan innan den haft tv-premiär.

Den stora succén födde krav på en turné, och efter att de fyra övat ihop gav de sig i december 1966 ut på en USA-turné.

Till sitt tredje album, "Headquarters", hade de själva skaffat sig större kontroll över musiken och stod mer på egna ben.

Mellan september 1966 och december 1967 hade gruppen tre amerikanska listettor; "Last Train To Clarksville," "I'm A Believer," och "Daydream Believer".

De sålde 16 miljoner album och 7,5 miljoner singlar på två och ett halvt år. De spelade faktiskt också en viss roll för att lansera Jimi Hendrix till den bredare publiken, Jimi Hendrix Experience var förband på några av deras konserter sommaren 1967.

Ryktet att de själva inte kunde spela fick de leva med. När de turnerade i England skrev till exempel tidningarna om "The Pre-Fab Four".

Framgångarna var enorma, Monkees utklassade både Beatles och Elvis Presley i USA. Men framåt revolutionsåret 1968 gick det lite tyngre, Monkees anklagades för att vara de mest kommersiella av alla. Och visst fanns det för tiden rätt nya säljtrick i tv-serien. De färdades omkring i en "Monkeemobile", i första utförandet en Pontiac 1966 GTO, vilket satte rejäl fart på försäljningen av General Motors Pontiacbilar. Och det ena gav det andra – Monkees och Monkeemobilen lanserades hårt på Kelloggspaketen. I Kelloggstävlingarna kunde man vinna både Pontiacs liksom en liten biroll i tv-serien.

Totalt sändes 58 avsnitt med The Monkees. Efter två säsonger hade de fått nog och gick vidare genom att bland annat spela in en film "Head", som blev en flopp. Peter Tork slutade i gruppen i december 1968, och Mike Nesmith följde samma väg i början av 1970. Dolenz och Jones försökte ett tag hålla liv i Monkees på egen hand.

1986 återförenades tre av fyra i the Monkees, och gjorde ett album och en turné ihop. Mike Nesmith, som hade haft den mest lyckade solokarriären av de fyra, ville inte vara med den gången.

Vid nästa tillfälle anslöt han sig däremot till Monkees igen och på albumet "Justus" från 1996 var de fyra förenade igen. Men undantaget några framträdanden ville han inte turnera med bandet som de andra.

Mike Nesmith var heller inte lika ekonomiskt beroende av en återförening som de tre andra. Han var nu ganska tät efter att ha ärvt sin mor, som hade uppfunnit Tipp-ex och gjort sig en förmögenhet på korrektionsvätskan.

2001 återförenades de igen, men när frågan kommit upp de senaste åren har intresset varit svalt från bandmedlemmarna för att inte säga avvisande.

– Det kommer inte att hända ens om mitt liv skulle hänga på det, förklarade Davy Jones under 2006.

De tecknade sockerpojkarna

En av drivkrafterna bakom the Monkees, producenten Don Kirshner, gav inte upp sin dröm om den producentkontrollerade popgruppen. Mot slutet av Monkeeseran hade det uppstått rätt rejäla slitningar mellan honom och gruppen. Kirshner ville att gruppen skulle hålla sig till den utstakade vägen.

Med tv-serien om The Archies riskerade han definitivt inte samma konflikter. The Archie Show var en tecknad tv-serie och för musiken svarade ett gäng studiomusiker som aldrig syntes utåt.

"Gruppen" fick 1969 en jättehit med "Sugar, sugar". Ytterligare en låt, "Jingle Jangle" letade sig in på Top 10-listan i USA. Ron Dante, som svarade för The Archies sång, inledde senare ett samarbete med en ung man vid namn Barry Manilow. Första uppdragen var att göra reklamjinglar för Coca-Cola, Pepsi och Dr. Pepper. Med jättehiten "Mandy" behövde Manilow inte göra reklam längre.

Don Kirshner, som för övrigt hade studerat i Uppsala, hade redan före the Monkees en framgångsrik musikkarriär. Bland annat hade han upptäckt och lanserat Bobby Darin, liksom Neil Diamond, som skrev Monkees "I´m a believer".

Efter äventyren med Monkees och Archies fick Don så småningom en egen tv-show "Don Kirshner's Rock Concert", som gick på amerikansk tv 1973-82. Men när MTV lanserades lades programmet ned.

Ron Dante från the Archies fortsatte som producent, och jobbade bland annat med Cher, Irene Cara, Pat Benatar och John Denver.

Edlers elektroniska och eviga Elvisar

En nostalgitripp i sann 60-talsanda! Så brukar de ofta inledas, Hans Edlers annonser.

Han är mannen som i över 40 år placerat 60-talsmusiken i något slags kuvös och släpper fram den med jämna mellanrum.

Ibland är det några engelska band, som Swinging Blue Jeans, The Animals, The Tremelous eller Herman's Hermits. Ibland är det svenska 60-talsband som Fabulous Four, The Spotnicks eller The Lee Kings. Ibland är det en Elvisgala med femton Elvisar.

Inte alltid med originaluppsättningarna – men ändå.

Hans Edler, född 1945, dök själv upp på popscenen i Sverige 1963-64 med Mike Doughan and his Ghost Riders, som gav ut några singlar. Det fortsatte med We4 som rent av hade en tio-i-topphit med "Remember".

1978 började han med nostalgiska popgalor och han lär nog aldrig sluta.

Men Edler ligger bakom så mycket annat. På sunkit.com kallas han "En herde för tusen tokiga skivprojekt.

De flesta brukar uppmärksamma hans elektroniska "Elektron kukeso" från 1971, till och med återutgiven på CD. Men det finns andra, tja, höjdpunkter. En sådan är "The Jungle Discotec" från 1972. Där finns oförglömliga låtar som "Tarzans Jungle Melody", "Let´s fly", "Schalla la" och "Let´s have a swim". Tarzanljudet lär vara taget direkt från Johnny Weissmüllers Tarzanfilmer.

Marillas Danspartaj från 1976 markerar att dansbandseran drabbat även Hans Edler. Edler står för text och musik till samtliga låtar på skivan, även om olika band spelar. Som Pelles från Mariestad som framför "He´s a rocking moviestar".

Sångaren i Pelles lät i alla fall höra tals om sig. Han dök två år senare upp som sångare i ett band som kallas Vikingarna. Christer Sjögren heter han.

Hansson & Karlssons kultklassiker före kanalen

Glöm "Göta Kanal", glöm "Göta Kanal 2". Janne "Loffe" Carlssons mest minnesvärda insats är inte den framför kamerorna utan den bakom trummorna.

Långt innan Janne Carlsson slagit igenom som skådis hade han en karriär som musiker. Duon "Hansson & Karlsson" framförde lätt experimentell musik i gränslandet mellan rock och jazz.

Bara sättningen var unik – Bo Hansson på orgel och Janne Carlsson (jo, han hette Carlsson men den som gjorde första affischen stavade fel, och då fick det vara Karlsson).

Hansson & Karlsson kan stoltsera med saker som få andra samtida svenska band. Som att ha spelat förband till Jimi Hendrix, Cream och Frank Zappa, liksom att Hendrix spelade in deras låt "Tax free". Två studio-LP och en live-LP hann de med tillsammans. 1998 kom en samlings-CD med material från deras 60-talsskivor.

Bo Hansson fortsatte med musiken och 1970 kom hans "Sagan om ringen", med musik byggd på Tolkiens böcker, en skiva som har kultstatus långt utanför Sveriges gränser.

Janne Carlsson satsade på att bli skådis i stället och genom tv-serien om de svenska beredskapsåren "Någonstans i Sverige" från 1973 blev han 111:an Elof "Loffe" Olsson med svenska folket.

Bo Hansson gav ut ytterligare några skivor under 70-talet, och – efter ett längre uppehåll – även en mindre uppmärksammad 1985. Med undantag för några enstaka återföreningar av Hansson & Karlsson i samband med att CD kom 1998 har han avstått från scenen och studion.

Janne Carlsson har mer synts i tv och på film än bakom trummorna. Höhöhö…

Rik som död

29 år efter sin död drar Elvis Presley fortfarande in 45 miljoner dollar om året! Den amerikanska affärstidningen Forbes (där U2s Bono är ny storägare) har en stark förtjusning i listor över dem som tjänar mest pengar, och en av listorna från 2005 rankar de döda celebriteter som tjänar mest!

1. **Elvis Presley.** Avled 1977. Intäkter: 45 miljoner dollar
2. **Charles M. Schulz.** Avled 2000. Intäkter: 35 miljoner dollar. Skapade Snobben.
3. **John Lennon.** Avled 1980. Intäkter: 22 miljoner dollar.
4. **Andy Warhol.** Avled 1987. Intäkter: 16 miljoner dollar.
5. **Theodore "Dr. Seuss" Geisel.** Avled 1991. Intäkter: 10 miljoner dollar. Tecknare och barnboksförfattare.
6. **Marlon Brando.** Avled 2004. Intäkter: 9 miljoner dollar.
7. **Marilyn Monroe.** Avled 1962. Intäkter: 8 miljoner dollar.
8. **J.R.R. Tolkien.** Avled 1973. Intäkter: 8 miljoner dollar.
9. **George Harrison.** Avled 2001. Intäkter: 7 miljoner dollar.
10. **Johnny Cash.** Avled 2003. Intäkter: 7 miljoner dollar.

Meningslöst vetande

Hotellet på omslaget till Eagles Hotel California är Beverly Hills Hotel byggt 1912.

Ringo Starr skrev två av Beatles låtar; Don´t pass me by, från vita dubbel-LPn 1968 och Octopus Garden, från Abbey Road 1969.

Kompositören Burt Bacharachs far Bert Bacharach var välkänd sportkolumnist, och dessförinnan professionell fotbollsspelare. Även Neil Youngs far Scott var känd sportjournalist och författare i Kanada. Neil Youngs son Vince är i dag (amerikansk) fotbollsspelare. Neil Young har sagt att det var fadern som ledde honom till musiken genom att en jul ge honom en ukulele i julklapp. Neil Youngs "Old Man" handlar om fadern.

Carl Wilson, Al Jardine och Dennis Wilson från Beach Boys körar på Chicagos "Wishing You Where Here".

När den första Beatlessingeln släpptes i USA – Please Please Me – stavade skivbolaget fel till gruppens namn på skivomslaget: The Beatles.

De flesta vet att Pete Best var Beatles trummis före Ringo Starr. Men bandet hade haft två trummisar dessförinnan; Tommy Moore och Norman Chapman, de förste tvingades sluta av sin flickvän, den andra för att han värvades till armén.

Rod Stewart spelade dragspel på Millie Smalls hit My Boy Lollipop.

I Wanna Be Your Man skrevs av Lennon-McCartney och är den enda låt som både Beatles och Rolling Stones spelat in.

Den 4 april 1964 hade Beatles fem låtar bland de tio översta på amerikanska Billboard. Men låtarna var utgivna på fyra skivbolag!

1. **Can´t by me love** (Capitol)
2. **Twist and shout** (Tollie)
3. **She loves you** (Swan)
4. **I want to hold your hand** (Capitol)
5. **Please Please me** (Vee Jay)

Lindsey Buckingham, tidigare Fleetwood Mac, har en bror som vann en guldmedalj vid OS 1968. Greg Buckingham vann silver i simning, 200 meter medley.

El är viktig för rock´n´roll. Även elektriker är viktiga. Elvis Presley, Paul McCartney och George Harrison har alla tre jobbat på elfirma.

Graham Gouldman, basist i 10cc, skrev tidigt även hitar för andra som "For your love" med the Yardbirds och "Bus stop" med the Hollies.

Bob Dylans Lay Lady Lay skrevs till filmen Midnight Cowboy men användes aldrig i filmen. I stället blev det Harry Nilssons Everybody`s Talkin´

Beatles Love Me Do var deras första inspelning med Ringo Starr, fast han spelar inte trummor på den först släppta singeln, utan bara tamburin. En studiomusiker, Andy White, spelade trummor på singeln, men till LPn var det Ringo vid trummorna.

Joni Mitchell målade omslagsbilden till Crosby, Stills, Nash and Young´s Greatest Hits-album.

Både Stephen Stills och John Sebastian provspelade för att vara med i tv-serien the Monkees.

Jim Morrison och Brian Jones dog på samma dag – 3 juli, Morrison 1971 och Jones 1968.

Ringo Starr, Stephen Stills och Peter Sellers har alla varit ägare av samma hus i Surrey, England.

George Harrison debuterade som låtskrivare redan 1965 med I Need You som var med på Help!

1900-talstoppen

Den amerikanska motsvarigheten till STIM, BMI, listade vid sekelskiftet de mest framförda sångerna på amerikanska radio- och tv-stationer. Resultatet blev så här:

1. **"You've Lost That Lovin' Feelin'"** (Barry Mann, Phil Spector and Cynthia Weil) Mer än åtta miljoner framföranden. Ursprungligen inspelad av The Righteous Brothers och producerad av Phil Spector.
2. **"Never My Love"** (Donald och Richard Addrisi). Mer än sju miljoner framföranden.
3. **"Yesterday"** (John Lennon och Paul McCartney). Mer än sju miljoner framföranden.
4. **"Stand By Me"** (Ben E. King, Jerry Leiber och Mike Stoller). Mer än sju miljoner framföranden.
5. **"Can't Take My Eyes Off You"** (Bob Crewe och Bob Gaudio). Mer än sex miljoner framföranden.
6. **"Sitting On the Dock Of the Bay"** (Otis Redding och Steve Cropper). Mer än sex miljoner framföranden.
7. **"Mrs. Robinson"** (Paul Simon). Mer än sex miljoner framföranden.
8. **"Baby I Need Your Loving"** (Motowns Brian Holland, Lamont Dozier och Eddie Holland). Mer än sex miljoner framföranden.
9. **"Rhythm Of The Rain"** (John Gummoe). Mer än sex miljoner framföranden.
10. **"Georgia On My Mind"** (Hoagy Carmichael och Stuart Gorrell). Mer än sex miljoner framföranden.

John Lennon och McCartney hade förutom "Yesterday" även "Michelle" (plats 42), och "Let It Be" (plats 89), på 100-listan, liksom Lennons "Imagine" (plats 96). Förutom "Mrs. Robinson" hade Paul Simon "The Sound of Silence" (plats 18), "Bridge Over Troubled Water" (plats 19), och "Scarborough Fair" (plats 31).

The Hep Stars

The Hollies

The Rolling Stones

The Animals

Känd som:	**Heter egentligen:**
Cilla Black	Priscilla White
Marc Boland	Marc Feld
David Bowie	David Jones
Eric Clapton	Eric Clapp
Alice Cooper	Vincent Furnier
Bobby Darin	Walden Robert Cassotto
John Denver	John Deutschendorf
Donovan	Donald P Leitch
Gary Glitter	Paul Gadd
Engelbert Humperdinck	Gerry Dorsey
Elton John	Reginald Dwight
Tom Jones	Thomas Woodward
Billy J Kramer	William Howard Ashton
Freddie Mercery	Freddie Bulsara
Joni Mitchell	Roberta Joan Anderson
Iggy Pop	James Osterburg
Cliff Richard	Harry Robert Webb
Dusty Springfield	Mary O´Brien
Little Stevie	Steveland Morris Hardaway
Tina Turner	Annie May Bullock
Bonnie Tyler	Gaynor Hopkins
Willie deVille	Willie Borsey
Gene Vincent	Vincent Craddock

Namnen som ratades

Mest kända som:	**Hette tidigare:**
Allman Brothers	Hourglass
Bachman-Turner Overdrive	Brave Belt
Bay City Rollers	Saxons
Beach Boys	Carls and the Passions
Beatles	Quarrymen/Silver Beatles
Bee Gees	Blue Cats
Black Sabbath	Earth
Byrds	Beefeters/Jet Set
Chicago	Big Thing
Commodores	Jays
Creedence Clearwater Revival	Blue Velvet and the Golliwogs
Doors	Psychedelic Rangers
Eagles	Teen King and the Emergencies
Freddie and the Dreamers	Red Sox
Grateful Dead	Warlocks/Hart Walley Drifters
Herman Hermits	Heartbeats
Hollies	Deltas/Fortunes
J Geils Band	Hallucinations
Kansas	White Clover/Gimlets
Kiss	Bullfrog Bheer
Mamas and the Papas	Mugwumps
Mothers of Invention	Soul Giants
Mungo Jerry	Godd Erath Rock & Roll
O´Jays	Mascots
Procul Harum	The Paramounts
Queen	Smile
Status Quo	Spectors/Traffic Jam
Steppenwolf	Sparrow
10cc	Hot Legs
Who	High Numbers/Detours
Yardbirds	Metropolis Blues Quartet

The Beatles Ltd & tuggummipop

En man ställer ut de tomma mjölkflaskorna utanför dörren och väntar sig nya, påfyllda nästa morgon. Bilden på Ringo Starr är nog bland de allra mest oglamorösa bland de 60-talet bilder som kom i serien "Beatles Chewing Gum".

Idén var självklar och enkel: Beatles var allt mer populära och alla ville hänga på och tjäna någon krona (eller snarare några miljoner pund).

Ett ganska äckligt platt och rödfärgat tuggummi var ursäktat, veckopengen gick åt ändå i jakten på så många som möjligt av samlarbilderna.

Beatles blev tidigt business. Redan i april 1964 kunde brittiska tidningar meddela att de fyra i The Beatles hade mottagit betalningen för de fyra första månadernas försäljning av Beatlestuggummin: 721 000 kronor!

Omräknat till dagens penningvärde skulle det betyda 6,5 miljoner kronor. Bara på tuggummin under fyra månader!

Någon har räknat ut att Beatles drog in 60 miljoner pund mellan 1963 och 1971.

Och även om gruppen formellt upplöstes 1971 så fortsätter de dra in pengar, nu 35 år efteråt.

Under 2000 tjänade de 770 miljoner, under 2001 hela 950 miljoner. Inte minst beroende på de enorma framgångarna med hitsamlingen "1" på CD.

På baksidan av tuggummibilden på Ringo hittar jag två företagsnamn: Nems Enterprises Ltd och Chewing Gum Ltd.

Att de senare gjorde tuggummi är lätt att räkna ut. Men Nems stod för North End Road Music Stores i Liverpool. Alltså med namn av den skivaffär som Brian Epstein drev.

Epstein skrev kontrakt med Beatles den 10 december 1961. Ett halvår senare startar han NEMS.

Från början var Epsteins kontrakt med Beatles enkelt: han tjänade 10 procent på vad de drog in upp till 1 500 pund, och 15 procent på det som kom över det.

Senare samma år, 1 oktober 1962, skrivs kontraktet om på fem år, nu mellan Beatles och NEMS. Och nu får Epstein 25 procent enligt det finstilta i kontraktet, som Beatlesmedlemmarna inte läste så noga.

I augusti 1967 dog Epstein, och en ny Beatlesmanager kom in i bilden först 1969 i form av Allen Klein. Men Paul McCartney var bestämt emot och skrev aldrig kontrakt med Klein.

Kontrollen av NEMS togs över av familjen Epstein, och Brians bror Clive gjorde framgångslöst ett försök att

hävda den fortsatta rätten till 25 procent av intäkterna. Men i oktober 1967 löpte kontraktet ut och Clive Epsteins hade ingen grund att kräva ersättning.

The Beatles Ltd bildades i maj 1963 för att hantera alla intäkter för gruppmedlemmarna förutom inkomsterna för musik- och texträttigheterna. Alla fyra hade lika stora andelar i bolaget.

I april 1967 ombildades det till The Beatles & Co, för att ett år senare bli Apple Corps Ltd.

På senare år har turerna runt Apple mest handlat om striden mellan Apple Corps och Apple Computer. 1991 gjorde de två företagen upp om namnanvändningen. Apple Corps fick motsvarande 150 miljoner kronor och ett löfte om att Apple Computer inte skulle ägna sig åt musik. Starten av iTunes Store blev som bekant ett rätt radikalt avsteg från det löftet. Och mycket riktigt har Apple Corps sagt nej till att sälja Beatles musik via iTunes. Fast på senare tid ser de två ut att närma sig varandra.

Källor: www.beatlemoney.com, www.bemuso.com/articles/beatlesbusiness.html

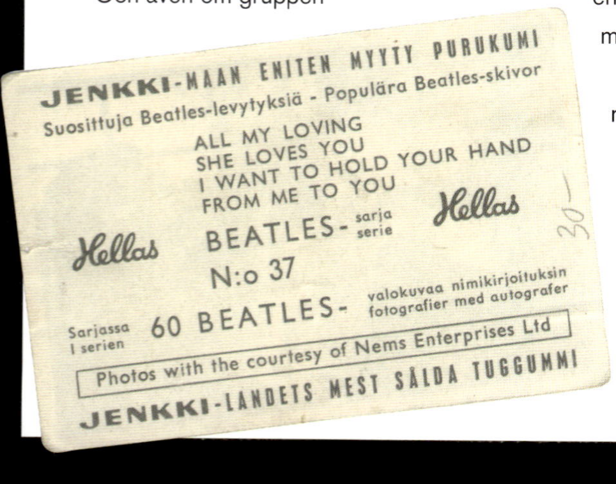

Paul är inte död

– inte än i alla fall

Det är en sådan historiens ironi att den Beatles-medlem som överlevt två och förmodligen kommer att överleva en tredje, är den som tidigast räknades ut som förmodat död. John är död, George är död. Men Paul lever.

Det började med att en amerikansk radiopratare någon gång 1969 berättade att Paul McCartney var död. Som stöd drog han fram ett antal indicier. Och genast var ryktet i svang.

Grundhistorien går ut på att Paul skulle ha varit inblandad i en allvarlig trafikolycka redan den 9 november 1966 och omkommit omedelbart. Paul skulle ha suttit i en bil vid ett trafikljus och inte sett att det slagit om och blivit påkörd, tidigt en onsdagsmorgon.

Av olika skäl skulle dock de övriga i Beatles liksom skivbolaget Apple gjort allt för att tysta ned nyheten. I stället skulle de ha hyrt in en stand in som agerade Paul.

Denne ska enligt ryktet ha varit en kanadensisk polisman (!) vid namn William Campbell, som via plastikoperationer fick ett utseende som nästan helt stämde överens med Pauls. Dock med en liten skillnad: plastikkirurgerna ska inte ha lyckats fixa till ett ärr som fanns på Campbells överläpp. Alltså; minsta skymt eller antydan till något på överläppen – och det är en fejk-Paul.

Enligt konspirationsteorin ska däremot Beatles ha gett en rad anspelningar till Pauls dödsolycka på sina kommande skivor. Som på ”A day in the life”:

”He blew his mind out in a car, he didn't notice that the lights had changed”.

Mot slutet av ”I am the walrus” ska man kunna höra en person tala i bakgrunden och säga: ”Bury me, bury me, bury my body”. I slutet av ”Strawberry Fields forever” anser konspiratörerna att John hörs säga ”I buried Paul”, fast de mer sansade hävdar att han säger ”Cranberry Sauce”.

På det detaljerade omslaget till Sgt Pepper´s Lonely Hearts Club Band sägs det myllra av tecken på Pauls död. Först och främst sägs själva uppställningen i sig tyda på att de samlats för att sörja vid Pauls grav. Den docka som finns till höger på omslaget har en blodig bilhandske på ena knät, dessutom en vänsterhandske. Och de gula blommorna i förgrunden föreställer naturligtvis en basgitarr i den form som Paul använde. Andra säger att de gula blommorna formar de ofullständiga bokstäverna av ett ”PAUL?”.

Inte nog med det, det finns också en öppen hand ovanför Paul på omslaget, vilket anses vara ett tecken för död.

Och vänder man på omslaget är naturligtvis Paul den ende som står vänd med ryggen mot betraktaren.

På den affisch som följde med det vita dubbelalbumet finns en bild av Paul där två skeletthänder sägs gripa efter honom. På en lite större färgbild ska man tydligt kunna se Pauls (eller snarare Williams) ärr på överläppen.

På ”Glass onion” bekräftar eller driver – hur man nu vill – Beatles med ryktena om Paul:

”I told you about the Walrus and me – man. We are as close as can be – man. Well here's another clue for you all, the walrus was Paul”.

Eller i ”Don´t pass me by”: ”You were in a car crash...”

På Abbey Road-albumet rullar det hela vidare, och med besked redan på omslaget. Gruppen går över ett övergångsställe och Paul saknar skor och blundar dessutom. Han går dessutom i otakt med de andra. Lägg till det att han håller en cigarett i sin högra hand – han som var välkänt vänsterhänt – och att bilen som närmar sig övergångsstället i bakgrunden tycks vara på väg mot honom.

Och det räcker inte med det: Den vita VW-bubblan som står bakom övergångsstället har en registreringsskylt där det står ”281F”. Alltså 28-IF: han skulle varit 28 om han hade levt.

Paul-är-död-teorierna är så omfattande att det skrivits en bok om dem, ”Turn Me On, Dead Man: The Beatles and the ”Paul-is-dead” Hoax” av Andru J Reeve. Och fortfarande finns det många som spelar skivorna baklänges och anser sig upptäcka nya budskap. Men det är ett (ganska) oomtvistat faktum: John är död. George är död. Men Paul lever...

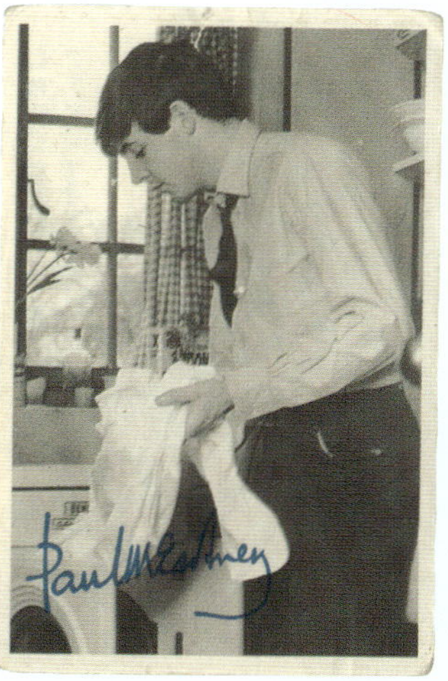

Paul matar tvättmaskinen. Eller?

Bild
JOURNALEN
PRESENTERAR
THE BEATLES
PAUL McCARTNEY
RINGO STARR

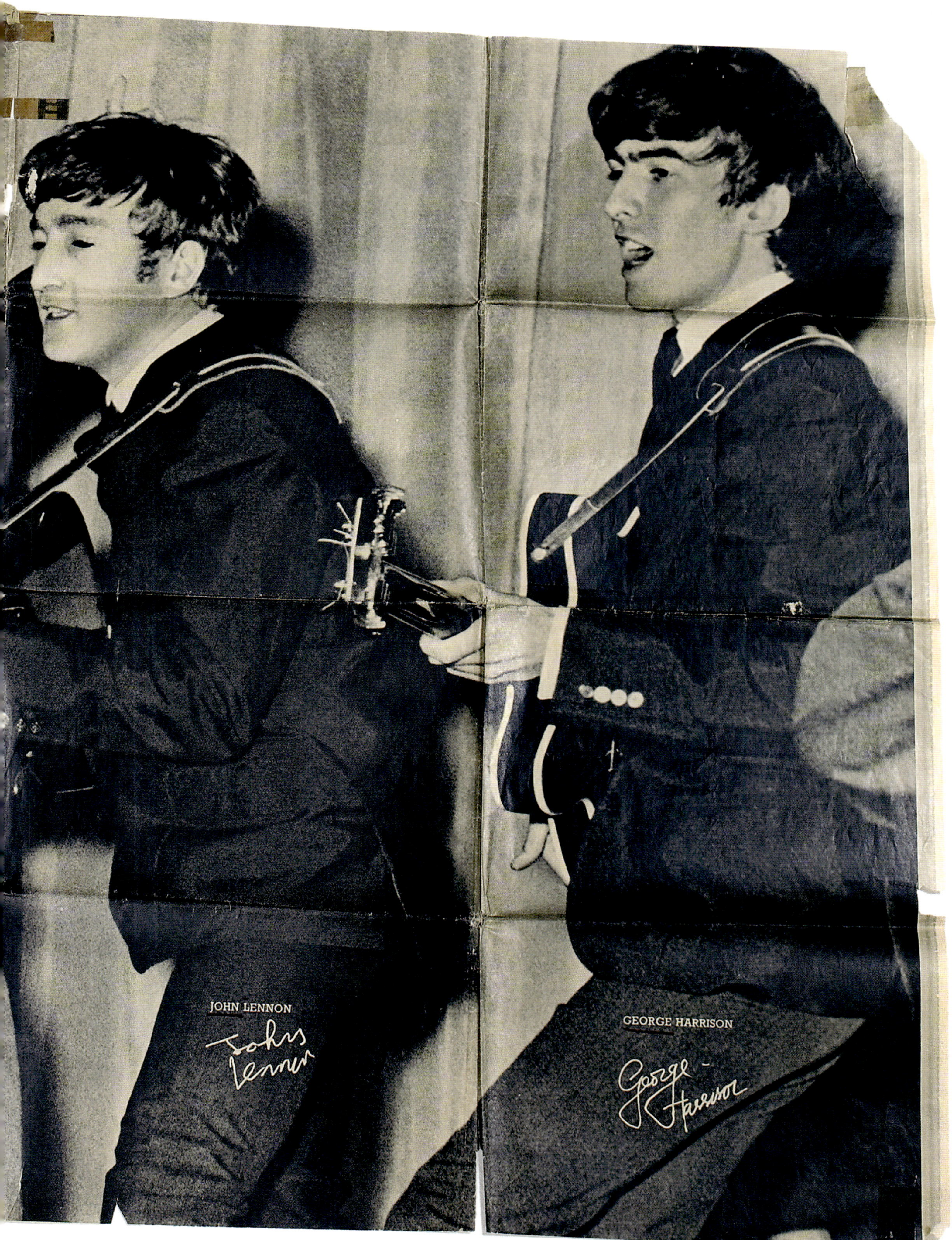
JOHN LENNON
John Lennon
GEORGE HARRISON
George Harrison

Kalle Sändare

Batterist sökes till dans- och poporkester

– God dag, utav annonsen i tidningen i dag, som var formulerad ”Batterist sökes till dans- och poporkester”.

– Jaha.

– Ja e batterist.

– Jaha.

– Ni vet inte, vad är det för något slags dansmusik som spelas?

– Va sa?

– Dansmusik som spelas?

– Ja, de är la både gammalt och modernt.

– Gammalt och modernt. Modernt exempelvis, är väl ganska dåligt, är det inte det?

– Ja, jag vet inte det.

– Vilken trumslagare har ni haft tidigare?

– Jag kommer inte ihåg vad han hette som de hade.

– Det var ingen NORSK trumslagare?

– Nä, det var det inte.

– Enen också kanske?

– Han var ifrån Halmstad tror jag, men svensk.

– En Sahl…

– Eller Varberg.

– Varberg, oj! Varberg. Vare de också den den han landet?

– Va sa?

– Målen också kanske?

– Va sa?

– Nera. NERA.

– Nera?

– Nera, heter jag. Joshuns Nera.

– Jaha.

– Ungersk titel.

– Jaha.

– Dansmusik, vi spelade mycket ungersk musik i hemmet, där jag har varit. Vet ni något om ungersk musik, om det är populärt här i Sverige?

– Nej, jag vet inte det för jag är så omusikalisk, jag har inget intresse. Jag bara tar emot, jag är telefonvakt.

– Telefonvakt, ja. Jag tänkte fråga så här istället: Ett prov på det – går det bra? Jag har en hel del prover att sända över till er, teckningar på det. Virvlar?

– Jaha…

– En vacker virvel, den är väl en 40 gånger 30.

– Mmm…

– Pastellblå färg.

– Jaa, så ni har affär…?

– De har inte det?

– Ni har affär?

– Har de inte det?

– Va sa?

– De har ingen affär?

– Nej, de söker en…

– Nej, nej, nej, nej, de skall söka alltså?

– ???

– De söker en batterist?

– Ja, just det.

– Nä, jag trodde att de hade en batterist som de skulle ha en annan batterist.

– Nej, de har ingen batterist.

– De har ingen batterist.

– De ska ha en batterist, de har en uppsättning själv.

– De har en uppsättning själva.

– Ja.

– Hyr de den uppsättningen? Vet ni det?

– Nej, det gör de inte, var och en har sitt.

– Ni vet inte vad det är för märke på uppsättningen?

– Nääe, det är väl både hawaiigitarr och gitarr.

– Oj! Har ni hawaiitrummor?

– Nä, det kan vi väl inte ha?

– Hawaiitrummor jo.

– Nä, det har de inte.

– De har, det finns en tysk hawaiiorkester som har enbart hawaiitrummor. De är från Helböhmen.

– Jaha…

– De har en hawaiiansk ton i trumman som stäms allt efter väderleken på dansscenen. De har bland annat på scener färger på lampor som har ett infrarött ljus, som avspeglar sig på…

– Ja, men nu…

– Pärlemor – har de det? På trummorna, gitarren?

– Nä, det…

– Det är greppen på gitarren som man är ute efter, nämligen. Om vi kan försöka som ungersk musik med dans till?

– Ja, men nu var det inte alls det saken gällde…

– Nej, de har inte det. Det är vanlig popmusik och dans som folk i allmänhet vill ha..

– Ja, just det, svensk…

– Svensk, norrländsk musik i all den glans och ståt som det kan vara.

– Just det, ja.

– Eh… spelas det kanske mycket tidigare för er?

– Ja, de har spelat mycket. Varit ute och rest.

– Spelat någonting omkring Göteborg, Stockholm, Falköping, Madrid?

– Ja, de har varit i utlandet också.

– Utlandet?

– Ja.

– Va trevligt! Var någonstans då?

– I Tyskland tror jag det var.

– Men då har de väl säkerligen hört tals om hawaiiansk trumma?

– Det kan hända som inte jag känner till.

– Med segel på?

– Ja….

– De har väl en… Ni vet inte om de har en hi-hats-sey? Har de det?

– Det har de haft. Det hade den andre, den andre grabben som var med.

– Jaha, en hi-hats-sey. Vet ni ungefär hur hög den var, man kanske kan köpa den?

– Nja…

– Jag är duktig har de sagt i betyget från Statens batteriskola.

– Jaha.

– Jag fick AB+ för ett break.

– Oj då. Och så vill de ju ha åldern på grabbarna. De är bara något så när jämngamla.

– Hur gamla är de?

– Ja, de är 23 till 28 år.

– Men det är en jättebra ålder. Det är en väldigt bra ålder.

– För de har fått så många svar från yngre grabbar, som inte är 20 år ännu. Och det vill de inte ha.

– Nä. Ni vet inte om de har något korrespondensbrev kvar? Ifrån sammansättningen på de övriga?

– Nej, det…

– För kontraktets skull eventuellt, men att det är väl en liten bisak i det hela. Ni vet inte, eventuellt, kanske, om man ska vända på det och säga så här: Musiken som eventuellt spelas på svenska dansbanor, har den någon anknytning till, ja, oss emellan sagt, en glad musik?

– Ja, det känner jag inte till.

– Nej, jag får nog anknyta till det där Albert Engströms-historien. När de bodde på Vaxholm, så kom han ner till stan och skulle ut med hela familjen till Vaxholm då. Då gick de ner till bolaget, till Spritbolaget, och skulle köpa sprit. De skulle köpa en stor tunna med sig, och de gick de in till föreståndaren och frågade detta här om de fick köpa en tunna och ta med sig rakt över disken. Vet ni vad föreståndaren sa då?

– …?

– Eriksson, sa han. Hallå?

– Hallå ja.

– Ja, Eriksson. Han kan väl ringa mig kanske i kväll? 13 60, det är rikssamtal.

– …?

– Hallå?

– Hallå ja.

– Det är rikssamtal.

– Är det det?

– Det är rikssamtal. Det är rikssamtal. Det är rikssamtal. Det är inte sant. Då kan vi väl återkomma igen om en stund, får vi höra om det är nånting nytt.

– Om det är något nytt?

– Ja, om de kanske redan har bestämt. För detta gällde en bekant till honom.

– En bekant? Vem till? VEM TILL?

– Ja, de arbetar på SKF.

– Nä, nä, det är alldeles fel där.

– Är det… förlåt 23, vilket nummer är detta?

– Detta är 05XXXXX66.

– Å förlåt mig, då har jag kommit totalt fel.

– Jaha…

– Jag får be om ursäkt. Adjö.

© Carl-Axel Ternberg (Kalle Sändare)

Jo, det var faktiskt så att Kalle själv spelade i dansorkester.

– Ja, jag var med i ett gäng i Göteborg, Bo Richters orkester, säger Kalle.

Och att han blev Sveriges främste telefonlurare var mest en slump, menar han.

– Man får väl kalla det ett olycksfall i arbetet, att jag började.

Mellan spelningarna ägnade sig Kalle åt en del telefonhyss. Några av dem spelades in på en rullbandspelare och blev minst sagt mycket uppskattade i musikerkretsar. Ryktet spred sig och i mitten på 60-talet fick skivbolaget Metronome nys om saken. På första skivan "Kalle Sändare tager ett nummer" från 1965 fanns den klassiska Batterist sökes till dans- och poporkester med.

– Det var mamman till en av grabbarna i orkestern som svarade när jag ringde på annonsen.

Kalle själv har hunnit bli 75 år, och med ålderns rätt dragit sig tillbaka. Men det händer att han medverkar när hans egen fan club – Gris- och skridskoföreningen GOSF – ordnar träffar. Där brukar det ibland dyka upp ringningar som aldrig spelades in på skiva.

ABBA-Agnetha och Nina hos discokungen

1969 dog popen.

Det är inte jag som säger det. Det är Caj Högberg, och han borde veta. Några år senare blev han kompmusiker till den första versionen av ABBA, han har spelat med och gjort låtar åt Jerry Williams. Och han har spelat eller körat bakom nio svenska deltagare i Eurovisionschlagerfestivalen. Toppat med en vinst med Herreys 1984 med låten "Diggyloo Diggiley".

Men 1968 spelade han i ett band som hette Long Johns som vann Sveriges radios popbandstävling. Att vinna den betydde genombrott och framgång, men för Long Johns betydde den en singel och sedan inget mer. Något kom emellan.

"Ett år senare var popen död", berättar Caj.

Vad var det som hände?

Jo, alla ställen som erbjöd de unga, nya banden att spela – ungdomsgårdar och klubbar – slog igen eller valde att låta en person stå och spela skivor i stället.

Disco, diskotek, eller discothèque som en del krånglade till det.

De gamla popmusikerna fick sätta sig med läxböckerna i stället, eller skola om sig till socialsekreterare, naprapater eller långtradarchaufförer.

Utom de som vände kappan efter vinden och blev dansbandsmusiker i stället. Som drog på sig en scenkostym med breda slag och anslående färg, och ställde sig på Stadshotellets eller Folkets Parks scen och sjöng "Gråt inga tårar mer för min skull" och sådant. Och de som vände kappan mot vinden, och i stället valde att medvetandegöra folk via den progessiva musiken.

Nej, 70-talet var dansbandens tid i Sverige. För någon disco värd namnet fanns knappast här.

Discon skulle sprattla ut för fullt senare under 70-talet, med filmer som Saturday Night Fever (1977), och med grupper som Bee Gees, Village People och KC & The Sunshine Band.

Men från början var det lite vad som helst som kunde spelas på diskoteken.

Ända tills Giorgio Moroder uppfann discomusiken.

Giorgio, eller som han egentligen hette Hansjörg, föddes 1940 och växte upp i Dolomiterna, närmare bestämt i Val Gardena, annars mest känd som skidort och plats för otaliga slalomtävlingar.

Efter att ha prövat lyckan i diverse band slog han sig 1967 ner i Berlin och börjar skriva och producera musik åt tyska artister som Michael Holm (ej att förväxla med Peter Holm som fick en hit i Frankrike med "Monia").

Den första rejäla spåren av Moroder utanför Italien och Tyskland tycks vara att han spelar in Ohio Express-låten "Yummy, Yummy, Yummy", som ges ut under de båda artistnamnen George och Giorgio.

Men studerar man Giorgio Moroders diskografi upptäcker man att det hänt något ännu mer spännande – åtminstone med svenska ögon – innan dess.

1967 sätter han sig nämligen och producerar en låt som han skrivit tillsammans med Michael Holm "Jetzt oder nie" som framförs av – Nina Lizell!

Nina Lizell hade upptäckts som ung schlagersångerska i mitten på 60-talet och ganska omedelbart blivit populär i Tyskland. Märkligt nog tycks hon från 1967 och framåt gett ut skivor i både Väst- och Östtyskland. "Jetzt oder nie" fanns självklart med på hennes tyska LP "Tanzparty mit Nina Lizell" från 1971.

Samarbetet mellan Moroder och Lizell resulterade i en annan låt där Moroder svarade för musiken: "Ananas" från samma år.

Nästa år – 1968 – samarbetar Moroder med en annan svensk artist och skriver musiken till "Robinson Crusoe". Artisten är Agnetha Fältskog. Men det stora genombrottet lät vänta på sig för både Moroder och ABBA-Agnetha.

1971 slår sig Moroder ner i München, och redan året därpå får han en stor internationell hit med "Son of My Father". Men Giorgios egen inspelning är inte lika framgångsrik som den som framförs av Chicory Tip, som toppar Englandslistan.

I München finns också en amerikansk artist, Donna Summer, som engagerats för att spela musikalen Hair och blivit kvar i staden. Summers och Moroders första samarbete singeln "The Hostage" blev dock ingen succé. Men med "I Love To Love You Baby", som släpptes 1975 slog båda igenom på allvar. Och discomusiken var född, och både Summer och Moroder flyttade till USA.

Moroder fortsatte samarbetet med Donna Summer, men också med Madleen Kane, Sparks, Nina Hagen (!) och Freddy Mercury. Men allra mest känd blev han kanske för filmmusik, som "What a Feeling" med Irene Cara i filmen Flashdance, "Take my Breath Away" med Berlin i filmen Top Gun eller "Call Me" med Blondie i filmen American Gigolo.

Från dåvarande Västtyskland kom också en annan av discomusikens tidiga grupper, Boney M, som slog igenom stort 1976 med "Daddy Cool".

Giorgio Moroder har också varit involverad i en del multimediaprojekt, bland annat ihop med sin bror Ulrich Moroder, och formgav på 80-talet en extrem sportbil – Cizeta-Moroder. Ett på-gatan-pris för en Cizeta-Moroder är ynka 600 000 dollar och uppåt.

Vi är vanliga svenska barn

Långt innan vi upptäckte frälsningen genom elgitarrer och pop och rock ansåg några att vi skulle underhållas musikaliskt även som barn.

Det skedde nästan alltid av Gullan Bornemark och hennes barn. I tid och otid spelades deras låtar på radion. Det var "Är du vaken Lars?" och "Min kära lilla ponny".

Barnasång med taktfast pianoackompanjemang. En plågsamt glad barnavärld med lintottar som ständigt påtalade vikten av att borsta tänderna.

Men tittar man djupt kan man se att även i denna värld klev det mångkulturella in. Det slutsliga beviset är att allsångsplågan Gullan Bornemark lärde oss att sjunga: "Vi är vanliga svenska barn, men vi har fått kastanjetter".

1966

Elvis hade ännu inte fått abstinensbesvär.

JANUARI

01 Svenska boxaren Bosse Högberg blir europamästare i mellanviktsklassen

18 Regeringen uttalar sig för en organiserad arbetskraftsinvandring i riksdagen

20 Riksdagsman John Eriksson i Bäckmora går till storms mot den sedlighetssårande tv-underhållningen

21 George Harrison gifter sig med Patti Boyd

28 En statlig utredning föreslår att gymnasieskolan ska ersätta gymnasiet, fackskolan och yrkesskolan.

FEBRUARI

03 De obemmanade rymdskeppet Luna 9 gör den första mjuklandningen på månen

18 Spiralen blir genom ett regeringsbeslut tillåtet som preventivmedel

22 Brynäs vinner SM-finalen i ishockey efter 7-1 mot Västra Frölunda

27 Stockholms-Tidningen går i graven

MARS

03 Folktandvården begär att dricksvattnet ska flourideras i Sverige

03 John Lennon förklarar att The Beatles är mer populära än Jesus

26 Stor demonstration mot Vietnamkriget i Stockholm

APRIL

12 B52-bombare används för första gången mot nordvietnamesiska mål

18 Kommunikationsminister Palme avslöjar att han kommer att lägga ett förslag om en andra tv-kanal

MAJ

01 Två amerikanska läkare presenterar p-pillret

16 Bob Dylan släpper albumet Blonde on blonde

21 Cassius Clay slår ut Henry Cooper i sjätte ronden i en match om världsmästartiteln i tungvikt

28 Flaggbränning i samband med protest utanför amerikanska ambassaden i Stockholm

JUNI

01 Forskare kräver förbud mot bly i bensin

02 Surveyor 1, gör den första amerikanska mjuklandningen på månen

07 Beach Boys släpper albumet Pet Sounds

29 Amerikanska bombplan fäller för första gången bomber över Hanoi

JULI

01 Frankrike lämnar Nato

02 Frankrike genomför en provsprängning av en atombomb vid Mururoaatollen

05 Tidigare Animalsbasisten Chas Chandler upptäcker Jimi Hendrix på ett café i New York

07 Ove Kindvall säljs från IFK Norrköping till holländska Feyenoord för 200 000 kronor, hittills dyraste spelaren i Sverige

07 Beslut om utredning av svenskarnas sexualvanor

29 En polisman skjuts ned vid ett inbrott i en sportaffär i Nyköping. Polisen inleder en jakt på de misstänkta Gunnar Norgren och Clark Olofsson

29 Bob Dylan får svåra skador efter en motorcykelolycka

30 England vinner VM-finalen i fotboll efter 4-2 mot Västtyskland

AUGUSTI

04 En statlig ungdomsutredning kommer fram till att de styrande i ungdomsorganisationerna oftast är över 50 år

07 Ungdomskravaller på Götaplatsen i Göteborg efter stängningen av en popklubb

13 Ordförande Mao proklamerar den kinesiska kulturrevolutionen vid ett massmöte i Peking

16 Gunnar Norgren grips i en lägenhet i Göteborg

17 Volvo presenterar den nya bilmodellen Volvo 144

25 Clark Olofsson grips i Göteborg

29 Beatles genomför sin sista konsert i Candlestick Park, San Francisco

SEPTEMBER

16 Spritransonering införs inför varslet om strejk bland Systembolagets anställda

OKTOBER

06 LSD förbjuds i USA

09 John Lennon träffar Yoko Ono första gången i ett galleri i London

11 Saco går ut i en nästan månadslång lärarstrejk

22 Den tolfte pyromanbranden i Börstig

30 Huey Newton och Bobby Seale bildar Black Panther party

30 Djurgården blir svenska mästare i fotboll efter att ha slagit IFK Norrköping med 3-0

NOVEMBER

08 Ronald Reagan väljs till guvernör i Kalifornien

13 Isareliska styrkor går till attack mot Hebron

25 Jimi Hendrix Experience har sin första spelning i London

DECEMBER

26 Tittarstorm efter att Per Oscarsson klätt av sig i tv-programmet Hylands hörna

■ USA uppskattar sina förluster i Vietnam sedan 1961 till 5 008 dödade och 30 000 skadade

Vad vi såg på bio och tv:

■ **Tv-serier:**
Blå gatan
Operation Argus (svensk agentthriller)
En småstad vid seklets början
Hemsöborna
The Good Old Days (engelsk music hallunderhållning)
Mannen från U.N.C.L.E.

■ **Barn- och ungdom:**
Clownen Beppo
Titta, leka, lära
Drop In

■ **Tv-teatern gav:**
Gehenna
Jungfruleken
En förtrollad natt
Gula hund (Svenska Ord)
Hotet

■ **Film:**
Myglaren (Jan Myrdal)
Adamsson i Sverige
Dessa fantastiska smålänningar med sina finurliga maskiner (Åsa-Nisse)
Heja Roland! (Bo Widerberg)
Jag – en älskare
Ska' ru' me' på fest?
Här har du ditt liv (Jan Troell)
Mästerdetektiven Blomkvist på nya äventyr
Tjorven och Mysak
Åsa-Nisse i raketform
Persona (Ingemar Bergman)

■ **Utländsk film:**
Vem är rädd för Virginia Woolf? (Mike Nichols)
Batman (Leslie H. Martinson)
Den gode, den onde, den fule

Vad vi lyssnade på:

The Troggs "Wild thing"
Hep Stars "Sunny Girl", "Wedding"
Beach Boys "Good Vibrations"
The Byrds "Turn! Turn! Turn!"
Frank Sinatra "Strangers in the Night"
The Kinks "Dedicated Follower of Fashion", "Sunny Afternoon"
Lovin Spoonful "Summer in the City"
The Mamas & The Papas "California Dreamin' ", "Monday, Monday"
Ola & The Janglers "Alex Is the Man"
Rolling Stones "Paint It Black"
The Supremes "You Can't Hurry Love"
Sven-Ingvars "Kristina från Vilhelmina"
Tages "Miss MacBaren"
Ike & Tina Turner "River Deep, Mountain High"

Nyheter 1966:

- Sverige får sitt första diskotek
- Provie (radikal ungdomsrörelse som ordnade t ex happenings mot kärnvapen)
- KRUM – Riksförbundet för kriminalvårdens humanisering bildas
- Norstedts först ut med att lansera pocketboken genom PAN
- Öxabäck IF bildar första damlaget i fotboll
- Första tv-sändningen i färg
- Tidningen Allt om hobby
- Vargen blir fridlyst

Utländsk arbetskraft i Sverige:

70 445 finländare	5 324 italienare
19 157 danskar	4 066 greker
16 723 tyskar	3 931 ungrare
12 861 norrmän	3 880 österrikare
7 568 jugoslaver	2 979 spanjorer

Nya ord 1966:

■ Abstinesbesvär, akryl, anställningsstopp, arbetsintensiv, ball, blandekonomi, bristyrke, bussa, camp, carport, centralstimulerande, dagbarnvårdare, diskotek, ekonomiförpackning, fjutt, gruppsex, halvklass, heltäckande, hurtbulle, infantilisera, klotterplank, kortkort, leasa, lokalvårdare, långtidsvikariat, lånspara, lättmjölk, lövbiff, maoism, metadon, myglare, nedtrappning, paja, platsa, prispress, sekretessbelägga, sila, sjutillhållarlås, slappa, snitsare, socialen, språkresa, stingpinne, studievägledare, svartskalle, stödområde.

Biggles, brunrockar och bockskägg

Med ett fulltankat hydroplan, några burkar kondenserad mjölk och en brittisk armérevolver är ingenting omöjligt.

Det stod fullkomligt klart för mig och hundratusentals andra pojkar som följde James C Bigglesworths dramatiska flygäventyr i böckerna med de gröna ryggarna.

Det var bara en sak vi undrade över:

Varför inledde han var och varannan mening med orden ”Gott, pojkar... ”?

Att det var en tafflig översättning från det brittiska ”Well, boys...” har jag förstått långt senare. Men det spelade liksom ingen roll. För en Bigglesbok, den byggde på action i varje kapitel.

På första sidan klarade kapten W E Johns av en kort presentation av Biggles och hans vapendragare Algy Lacey, lord Berie Lissie och Ginger Hebblethwaite. Sedan avlöste dramatiska flygstrider, nödlandningar och räddningsaktioner varandra. 97 böcker om Biggles hann W E Johns skriva innan han dog sommaren 1968.

Hälften så flitig var författarduon Ivar Ahlstedt och Sid Roland Rommerud, som under namnet Sivar Ahlrud skrev om tvillingdetektiverna. Det blev närmare 50 böcker, medräknat de fyra som andra författare ligger bakom.

Några litterära priser fick knappast böckerna om tvillingdetektiverna Klas och Göran, och deras förläste kusin Hubert. Men det spelade mindre roll, så länge det var grön rygg på böckerna så gick de an.

Mikael Niemi har i sin bok Populärmusik från Vittula lyft fram begreppet ”knapsu”. Det betyder något som i vid mening är omanligt. Där jag växte upp, i miljonprogrammets Västerås, kände ingen till ordet. Ändå var det självklart för oss grabbar vad som var knapsu.

Mössa på vintern var knapsu.

Sadel i stället för limpa på cykeln var knapsu.

Att inte ha morakniv i bältet var knapsu.

Långkalsonger var absolut knapsu, även om det var 10 grader kallt.

Och böcker, det var knapsu, speciellt om det var utgåvor som flickor kunde tänkas läsa. Enid Blytons eviga historier om sconesätande brittiska barn i kortbyxor var verkligen ett gränsfall. Men var det grön rygg på böckerna, då var de inte knapsu.

1964 kostade en Wahlströmsbok 4:35, inklusive tio procents oms. Och med fem kronor i veckopeng räckte det dessutom till en påse lakritsremmar eller ett paket chokladcigarretter. Och i min värld fanns det två stora hjältar: Biggles och tvillingdetektiverna Klas och Göran.

Och man får säga att alla tre var tämligen långlivade.

James C Bigglesworth föddes i Chini i norra Indien 1899 och var stridsflygare i både första och andra världskriget. Några tydliga ålderstecken visade han inte upp ens 1969 då ”Biggles och helikopterkuppen” publicerades för första gången på svenska.

Tvillingdetektiverna gjorde sin entré 1944. Och deras kusin Hubert lyckades bevara sin ställning som gymnasieklassens ljus i 57 år, fram till 2001, då Sid Roland Rommerud återutgav Tunnelbane-mysteriet, TV-mysteriet och Bil-mysteriet på eget förlag.

Den första tvillingdeckar-historien i Wahlströms utgåva med grön rygg kom redan 1949 och hette Frimärksmysteriet på Loberga. Och i sanningens namn var texten i många av böckerna ganska patinerade redan på 60-talet. Det skrivs exempelvis om klädesplagg som ”fadermördare” och ”Ghandiskynken”. Att det sistnämnda var en slags överrock gick väl att lista ut, men att en välstärkta skjortkrage kallades fadermördare, det var kunskap som var helt förlorad på 60-talet. Lika illa var det med referenser till indianböcker och vevgrammofoner. Men det gick trots allt att förstå anspelningar på Pekka Langer, Britta Borg och Lasse Lönndahl (Skyskrape-mysteriet) och till och med Sven Jerrring (Radio-mysteriet)

Jag köpte troget en bok med grön rygg i veckan. Det blev en bigglesbok eller tvillingdeckare, och det som fällde avgörandet var ofta omslaget.

Bertil Hegland målade omslagsbilder till bägge bokserierna. Han hade en distinkt stil där man snett bakifrån ser huvudpersonerna i det som är boken dramatiska kulmen: Ett flygplan brinner, en skurk smyger fram, en gangster höjer vapnet.

Men det finns också andra likheter. Böckerna har korta kapitel, som i de flesta fall avslutas med en cliff-hanger: Ett mystiskt spår dyker upp, förbrytaren försvinner i natten, någon höjer en revolver.

En misstänkt skurk dyker upp redan i bokens början. Sedan är historien en dramatisk jakt fram till siste kapitlet då skurken grips av polisen, eller skjuts ned, om det är Biggles som är i farten. Och på väg mot upplösningen blir ofta en av hjältarna tillfångatagen men befrias i sista stund.

Det tidiga 60-talet var en tid då krig fortfarande var barnunderhållning. Miljonprogrammets asfaltgårder knallade av ollonskott och knallpulverrevolvrar. En av mina käraste ägodelar var en naturtrogen kulsprutepistol av modell Thomson som knattrade och smällde. ▶

Illustrerade klassiker

Totalt kom det 228 nummer mellan 1956 och 1976 i Sverige. Förlagan fanns i USA, där utgivningen inleddes i början av 1940-talet. Tidningen kom där att kallas Classics Illustrated. Tidningen byggde på att göra berättelser av kända äventyrsböcker i serieform. Men även en hel del världslitteratur letade sig in i utbudet, som Victors Hugos Samhällets olycksbarn och William Shakespeares En midsommarnattsdröm. Den svenska utgivningen leddes 1959-65 av Rolf Janson. När han slutade ägnade han sig åt att bygga upp det som blev Bokförlaget Bra Böcker. Tidningen gavs ut av Williams förlag som också låg bakom bland annat MAD och samlaralbumen. På samma förlag debuterade Bamses skapare Rune Andréasson med barntidningen ”Pellefant”.

I leksaksaffärerna såldes papplådor med små plastsoldater. Hjältarna var små soldater från England eller USA och de var gjutna i grön plast. Skurkarna, det vill säga tyskarna, var tillverkade i grå plast. Och det var alltid några som kastade upp armarna i luften som ett tecken på att de träffats av kulor. Men soldaterna i grön plast, de dog aldrig.

Det gjorde inte heller Biggles:

”En gul tysk var bakom honom. Han vände så snabbt att det skrämde honom. Den oväntade manövern gjorde att tysken flög förbi honom. I nästa ögonblick var rollerna ombytta, och Biggles störtade efter sin motståndare.

Rat-tat-tat-tat-tat! Lät det från hans kulsprutor. På så kort håll var det omöjligt att bomma. Den övre gula vingen liksom flöt ut i rymden, och flygkroppen fortsatte framåt med elden krypande utefter dess sidor. Biggles följde den ett ögonblick med fascinerad blick, ryckte sedan till och såg sig omkring. Var fanns de andra?”

Den skildringen kommer från Biggles i strid, utgiven i Sverige 1958 och berättar hur den nyutbildade flygaren lär sig överleva första världskrigets luftkrig.

På Pressbyrån såldes serietidningar där tyskar ropade ”achtung!” eller ”donnerwetter!” när de dog. Japanerna skränade ”banzai!” när de anföll och ”aargh!” när de föll för hjältarnas kulor. Tidingarna bar namn som Attack-serien, Brigad-serien, Bazooka, Pilot 22 och Spion 13. Det är tveksamt om det fanns några serier som använde så mycket tryckfärg, de var tecknade i en stil där mynningsflammorna lyste vita i ett hav av svart tusch.

Krig var det ständigt på teve, ett svart-vitt krig som utspelade sig i Vietnam eller Mellersta Östen. Stridsvagnar i Sinai eller Khe Sanh, helikoptrar som landade och jetplan lyfte.

Och egentligen var det bara en tidsfråga innan det blev krig här också. På en hylla i köket fanns den lilla skriften ”Om kriget kommer”. Där stod att man skulle skölja av grönsakerna om det blev atomkrig, och krypa under köksborden när bomberna började falla. I porten till hyreshuset fanns en utrymningsplan som talade om var hyresgästerna skulle samlas när luftkriget nalkades.

Vem vet i dag var närmaste skyddsrum ligger? Då var det självklar kunskap.

Jag var för ung för att minnas den nedskjutna DC3:an eller revolten i Ungern. Men med inmarschen i Prag 1968 och Tet-offensiven i Vietnam samma år började misstanken gro hos mig att krig inte var fullt lika kul som det verkade. Saigons polischef avrättade en misstänkte FNL-medlem på öppen gata och allt sändes på bästa sändningstid. Kanske var det ett tecken i tiden att den absolut sista bigglesboken, Biggles does some homework, blev liggande i ofärdigt skick på W E Johns skrivbord när han dog 1968.

Tvillingdeckarna gjorde sitt bästa för att hålla tidens tand stången. De åldrades aldrig en dag, och författarna försökt hela tiden haka på trender och nyheter. Det märks på titlar som TV-mysteriet, Tunnelbane-mysteriet, Raket-mysteriet, Rymd-mysteriet och TT-mysteriet.

I fiskbutiken

– God dag, jag skulle be att få se på en fisk.
– Jaha. Det är bara att dra i nåt av snörena här. Det är vinst varje gång.
– Titta! Den var inte dålig!
– Jo, den är död.
– Har ni gravad lax?
– Jo, men ni får gräva upp den själv.
– Ni skyltar utanför om att det är rea…
– Ja, huset ska rivas. Vi säljer ut allt. Ni kan få den där stora kartongen mört för 300 kronor.
– Oj! Men den måste ju innehålla minst tusen mörtar?
– Nej. Bara två. Men det är en stor kartong. Ekonomipaket kallar vi det.
– Där ligger en ruda.
– ja, det är den sista. Ni kan få den för en tia.
– Är det gott verkligen?
– Nej. Den går inte att äta. Men ni kan lägga den på en tallrik, lägga en annan tallrik över, sätta in den i skafferiet som ”rester”. Och sen slänga den efter en vecka.
– Skulle nog vilja ha något färskare… den där blåa där… den som…
– … det är min man!
– Åhå. Men dom där ser färska ut… dom där svarta sakerna som rör sig!
– Det är kräftor.
– Ja. Det lär vara gott. Kan jag få en bukett.
– Gärna. Ska det vara lite grönt till.
– Det ser stiligt ut, ja. Hur tillagar man dom?
– Dom är färdiga att äta som dom är. Men ta av klorna först annars bits dom gärna i tungan.

– Jag ska egentligen ha dom till min lille son. Finns det räls till också? Och växlar? Semaforer? Tunnlar?
– Det blir en trappa ned.

(c) Lasse O'Månsson, MAD nr 4, 1966

Den sistnämnda handlar inte om Tidningarnas telegrambyrå, utan om de motorcykeltävlingar som hade ett uppsving på 50-talet.

I Dubbeldäckar-Mysteriet, utgiven 1967, hade flower power-vågen nått Stockholm:

”Pojkarna hade storblommiga jeans, tvärrandig skjortor och ryggsäckar. Om Klas och Göran ser såna ut, ja då går jag i sjön, tänkte Hubert och kramade portföljen.”

Central i handlingen är en av de tvåvåningsbussar som då trafikerade Stockholms innerstad. Och det är en internationell stad i den meningen att en invandrare dyker upp på sidan 18:

”Hubbe är verkligen överraskningarnas kusin, tänkte tvillingarna. Om vi nån gång ser lite annorlunda ut, ja då vill han springa och gömma sej… Men själv kastar han sig om halsen på första bästa negerhövding”.

Förutom att tvillingdetektiverna förmår att tänka kollektivt kan man fundera över om uttrycket negerhövding om en student med rötter i Sudan.

I Biggles värld är det självklart att britterna är bäst, och världen vilar på ett nät av brittiska baser världen över. I klassikern ”Biggles i Tibet” utrotar han en hel folkgrupp utan att blinka. Och så här beskriver James C Bigglesworth Australiens urbefolkning i Biggles på atomjakt: ▶

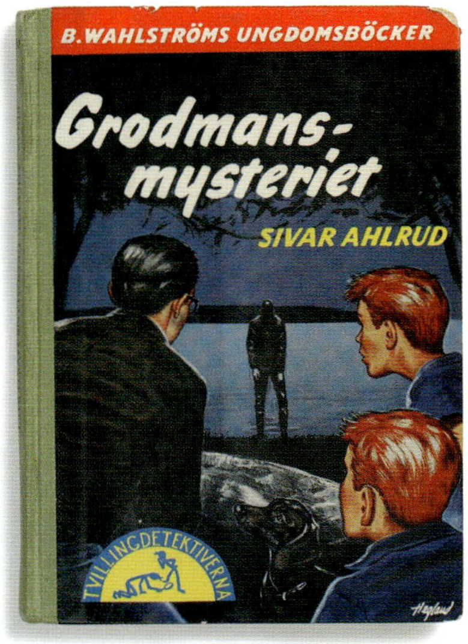

Det tog ett tag att upptäcka att Enid Blyton faktiskt var en kvinnlig författare.

"Vilden inom dem bryter igenom det tunna skalet av skenbar vänlighet de lärt sig genom kontakterna med de vita. Mer än en läkare har blivit mördad av den han just har hjälpt."

Och författaren, kapten W E Johns fortsätter:

"Svartingarna förblev som stenskulpturer med sina djuriska ögon fästa utan blinkningar på polismannen."

Man kan tycka att översättningen är lite klumpig och texten en smula rasistisk. Men sådant var Bigglesböckerna fulla av och jag kan inte minnas att jag reagerade särskilt mycket på det. Över världen, från Indien till Irak fanns det pålitliga kolonialofficerare, rykande tekoppar och flygfält där man kunde få bensin. Och Biggles darrade inte på revolverpipan när det gällde:

"Alldeles lugn och utan att röra sig från stället tog Biggles noggrant sikte och sköt, japanen ramlade framlänges på näsan men försökte under höga skrik att åter komma upp. Biggles gick efter honom och gav honom ytterligare två välriktade skott från kortaste håll. Läpparna öppnades och tänderna syntes.

– Ditt smutsiga kräk, flämtade han.

Mannen låg alldeles stilla."

Det var i Biggels i Orienten som detta lilla drama utspelas. Nu ska man väl i sanningens namn säga att det var krig så japanerna var ju fiender. Och faktum är att Biggles motståndare till stor del härrör från kriget, oavsett om det pågår eller inte. Det är det ofta gamla nazister och krigsförbrytare som gör juvelkupper, skjuter ner civila flygplan och ställer till med allmänt jävelskap som Biggles måste reda upp. Och huvudfiende i så väl krig som fred är Erich von Stalhein, tysk flygofficer och spion.

När andra världskriget tar slut förblir Erich von Stalhein en fiende, nu som medlem av sovjetiska KGB. Men han faller i onåd, och hamnar i ett arbetsläger på Sachalin i östligaste Sibirien. Gentlemannen Biggles tankar sitt hydroplan och flyger dit för att rädda von Stalhein.

– När allt kommer omkring har ju mitt land och ert begravt stridsyxan. Låt oss se om vi inte kan klara oss bättre som allierade. Jag vill inte direkt påstå att trippen till Sachalin var någon nöjesresa, men jag har ganska länge haft på känn att det skulle sluta så här.

Biggles sträckte fram handen.

– Adjö så länge.

von Stalhein tog den och mötte allvarligt Biggles´ blick.

– Det är synd att vi inte har kunnat komma överens tidigare, sade han lågt."

Försoningsscenen ligger i sista kapitlet av "Biggles möter Mig-21", utgiven på svenska 1960. Då hade det kalla kriget gjort Sovjet till huvudfiende, men det verkade som om luften började gå ur kapten W E Johns värld. Imperiet med dess nät av flygbaser var borta. Den skjutglade flyghjälten hade reducerats till en flygande polis, i ett Storbritannien där långhåriga popband var viktigare än flygbåtar, revolvrar och kondenserad mjölk.

I böckerna om tvillingdetektiverna är skurkarna något blygsammare. De benämns i termer som "Brunrocken", "Bockskägget" eller "Flygarmustacherna" allt efter de yttre

En av de stora i kioskvärlden

Leonard F Meares måste definitivt räknas till världslitteraturens stora. Har man som han skrivit över 800 böcker ligger man åtminstone hyfsat bra till om kriteriet är kvantitet.

Handlar det om kvalitet däremot finns det många som skulle höja rösten och prata om "kiosklitteratur" och massproducerad smörja.

De får säga vad de vill, Leonard fyller i alla fall med råge ett par bokhyllor genom sin samlade produktion. Och de flesta (män) runt medelåldern har läst åtminstone något av honom.

Leonard F Meares? Ringer inga klockor? OK, säg Marshall Grover då? Är det fortfarande tyst får man osäkra sin revolver och skjuta av två skott: Bill & Ben.

Jo, det var Leonard F Meares, alias Marshall Grover, som skrev böckerna. Runt 400 böcker om Bill & Ben blev det allt som allt under en författarkarriär som varade i 40 år.

1993 lade australiensaren Leonard F Meares ifrån sig revolvrarna och skrivmaskinen för evigt. Jag vet inte, men jag föreställer mig att han skrev in i det sista, 72 år gammal.

Att han var australiensare kan ha sin betydelse. I en artikel om "pulp fiction"-industrin i Australien hittar jag upplysningen att Australien 1939 förbjöd importen av billiga amerikanska underhållningstidningar. Följden blev att den lokala produktionen av lättsmält litteratur tog rejäl fart, från en början i magasinsformatet men så småningom blev det lilla pocketformatet helt dominerande.

Leonard F Meares skrev massor av dem, aldrig under eget namn, utan under sina alias Marshall Grover, Marshall McCoy, Ward Brennan eller Glenn Murrell.

I den engelsspråkiga världen gick Bill & Ben under namnet "Larry & Strech", men i Norden fick de heta Bill och Ben.

Meares hade en rad kollegor som skrev så kallad kiosklitteratur, som Larry Kent och Carter Brown (även han autraliensare, hette egentligen Alan G. Yates) som skrev om privatdetektiven Spencer.

En annan av dem, Ed McBain (född som Salvatore Lombino, bytte namn till Evan Hunter), började som "kioskförfattare" men uppnådde en viss erkänsla för sin produktion. Hans böcker om detektiverna vid 87e distriktet i den påhittade staden Isola var en stark inspiration till tv-serien "Spanarna på Hill Street" (Hill Street Blues 1981-87). Ett faktum som han också lyfter fram och ironiserar över i en av sina böcker. Men även Sjöwall/Wahlöö inspirerades av McBains böcker om Steve Carella. Hunter/McBain gick bort 2005.

företrädena. Och som genom ett under brukar det bara ta ett par sidor innan de dyker upp: I Tunnelbane-mysteriet sker det på sidan 10, medan opiumsmugglaren dyker upp först på sidan 18 i Tefats-mysteriet. Å andra sidan kommer boven in redan från första stund i Chiffer-mysteriet:

"Mannen med den ljusgröna portföljen av pressad papp kom med snabba steg ner från björnbergen, sneddade över gräsmattan och stannade sen utanför inhägnaden till varghålorna.

Det var strängt förbjudet att gå på gräset, ska jag ingripa? tänkte Klas."

Några flygare var vi ju inte, grabbarna på Pettersberg i Västerås. Men att vara detektiver, det var liksom lite mer genomförbart. Med förstoringsglas letade vi efter spår kring låset till de källarförråd vi själva hade brutit upp. Och med kolpulver gick det faktiskt att pensla fram fingeravtryck. Visserligen blev våra mödrar vansinniga över sotsvarta fläckar på dörrar och skåp men det betydde mindre, det var ju i alla fall detektivuppdrag som skulle utföras.

Det tvillingdetektiverna, och viss mån även Biggles och hans kamrater gjorde, det var att skugga misstänkta figurer. ▶

Det gjorde vi också.

Rent praktiskt handlade det om att ett gäng 10-åriga grabbar försökte göra sig så osynliga som möjligt, och följa misstänkta karlar. Dessa gjorde aldrig något mer skurkaktigt än att handla mellanöl och en kvällstidning på Konsum eller lämna in en tipslapp. Och jag tror aldrig att de förstod att ungskocken som sprang runt hörnen smög efter just dem.

I sanningens namn saknades det inte brott att spana på i trakten. Cykelstölder var i legio, och vi själva deltog också med liv och lust i dom. Detsamma gällde källarinbrotten, men vi kunde ju inte spana på oss själva.

Så småningom växlade de flesta av oss över till mopedstölder, haschrökning och annat som hörde det tidiga 70-talet till. Men egendomligt nog tog vi aldrig med oss den scoutmoral som var grunden för böckerna om Tvillingdeckarna. Det var spännande med motorcyklar och polisen, det var vår gemensamma fiende.

Och inte tog vi heller med oss James C Bigglesworths koloniala brittiska livshållning. Vi gick i vietnamdemonstrationer och skrålade FNL-sången till glest gitarrackompanjemang.

Kapten Miki och Cowboy

Kanske vara det redan de tidiga serierna med Dennis, som Hank Ketcham tecknade, som fick oss att bli läsare. Via serierna öppnade sig i alla fall en ny värld av stimulerande och intellektuell läsning: Fantomen, Stålmannen, Agent X9, Seriemagasinet och inte minst Buster.

Vissa kunde locka enbart genom sitt format, som Cowboy i Piff-formatet, eller Kapten Miki, i bakficksvänligt (170 x 80 mm) smalformat. Jo, Centerförlaget i Stockholm visste vad de gjorde.

Williams förlag i Bromma siktade mer på att i verklig mening ge oss klassisk bildning. Deras "Illustrerade klassiker" dök naturligtvis upp i Sverige samma år som Kalaspuffarna introducerades – 1956.

Och när vi väl fått upp läsångan upptäckte vi MAD (1960) av bara farten. Alfred E Neuman blev en ny följeslagare – "Vadå – jag dyster?". Williams förlag hade ännu en gång gjort en helgjuten insats som kulturspridare.

Oregon-
Münchausens
Christopher
Illustrerade KLASSIKER
Berömda berättares bästa böcker
BUSTER
52 sidor SPORT!
NR 17 ★ 1974 ★ PRIS 2:35
Illustrerade KLASSIKER
Berömda berättares bästa böcker
Nummer 50
1:50 oms. inräknad
SAMMAN-BROTTET
JAMES BOND
Agent 007
Nr 4 • 1967 • Pris 1:50
DJÄVULENS TRÄDGÅRD
– Man lever bara två gånger!
INTE ETT LJUD, SIR!
Retur tidigast jan-returen

”Så svär soldat vid dessa ord
Och vid de döda hjältars blod
att hämnas vår förödda jord
med fasor, död och brand”

Och kanske ligger det något trösterikt i detta. Trots travar med Tvillingdeckare och Biggles-äventyr, lästa i den känsligaste ålder en ung människa kan vara i, så slank man igenom detta utan att vara sig drömma om det brittiska imperiets storhetstid eller bli en klämkäck pojkdetektiv.

I dag är så väl Biggles som Tvillingdetektiverna hopplöst ute. Försäljningen av Biggles-böcker dalade redan på 80-talet, och 1995 upphörde utgivningen helt. Den sista boken om tvillingdetektiverna med den klassiska gröna ryggen kom 1983. Den bar namnet Ångbåts-mysteriet. Rommerud gjorde sedan några återutgivningar på eget förlag, men man kan ana att det kommersiella intresset var lågt.

Men jag ska erkänna att Tvillingdetektiverna i alla fall påverkat mig på ett sätt. Dom utspelas huvudsakligen på två platser: I Stockholm och i den fiktiva orten Vindsele i Norrland, där tvillingarna Klas och Göran egentligen bor.

I Stockholm kretsar tillvaron kring lägenheten på Kaptensgatan på Östermalm i Stockholm. Den som vill kan oroa sig över att adressen växlar mellan Kaptensgatan 12, 13 och 113 i olika utgåvor, samt att våningen ligger på tre trappor (Frimärksmysteriet på Loberga), fyra trappor (Långtradar-mysteriet) eller på sex trappor (Chiffer-mysteriet). För att öka på förvirringen bor Hubert Norlén och hans mamma Hanna ibland på Östermalmsgatan 34 (TT-mysteriet) eller 63 (Speedwaymysteriet).

Men böckerna om tvillingdetektiverna är skrivna i en era då Stieg Trenters stjärna lyste i ensamt majestät på

Mysteriet med Dragos och den vandrande vålnaden

Det var ett av ungdomens stora mysterier: Hur kunde Fantomen heta Dragos när han var seriefigur i dagstidningar?

När den vandrande vålnaden uppträdde i serietidningen med samma namn hette han självklart Fantomen. Vad annars?

Men när samma figur förekom i dagstidningens dagliga tre rutor hette han plötsligt Dragos. Varför? Vi spekulerade, men fann ingen riktig lösning på mysteriet. Nu – många år senare – uppdagas sanningen och förklaringen. Och bakom mysteriets lösning ligger varken Mr Walker eller Guran, utan Hans Sidén på Göteborgs-Posten.

I hans artikel "Så gick det till när Fantomen blev Dragos" avslöjas allt.

Fantomen gjorde entré i Sverige 1940 i Vecko-Revyn under sitt rätta namn. Men två år senare – i juni 1942 – dyker han upp som dagstidningsserie i Svenska Dagbladet, men nu under namnet Dragos. Ett namn som sedan hänger med när Fantomen alias Dragos förflyttar sig ut i landsortstidningarna.

Serien skapades av manusförfattaren Lee Falk och tecknaren Ray Moore, som redan gjorde serien om Mandrake.

Mandrake fick sitt namn av en växt, Mandragora officinarum på latin, som ansågs ha magisk kraft. Alruna hette den på svenska.

När serien Mandrake lanserades i Danmark fick den namnet Dragos av det latinska namnet på växten.

När sedan Svenska Dagbladet tog in den i kroppsstrumpa klädde vandrande vålnaden förväxlades namnen och han kom att heta Dragos. Det fick han heta i Svenska Dagbladet ända fram till 1980.

Även om namnet ändrats har Fantomen gjort ett gediget arbete med att varje dag lösa mysterier i Svenskan. I juni 2007 kommer han att gå in på sitt 65:e år som seriefigur i tidningen, men det tycks inte finnas några planer på att pensionera honom.

Serietidningen Fantomen introducerades i Sverige 1950, med Lukas Bonnier som ivrig tillskyndare. Och som serietidning har den hela tiden haft namnet Fantomen.

detektivromanens himmel. Och Sivar Ahlrud är faktiskt inte så illa som Stockholmsskildrare.

Jag har inför denna text läst igenom ett stort antal böcker. Och jag ska erkänna direkt: Bigglesböckerna är fortfarande en smula spännande att läsa. Historierna om tvillingdetektiverna har däremot inte åldrats med någon riktig värdighet. Många av putslustigheterna handlar om värderingar som idag är helt bortglömda. Ett återkommande tema är att Klas och Göran Bergendahl gör bort sig genom att strunta i den borgerliga elitens regler för bildat umgänge. Och det gör i dag de flesta, tack och lov.

Men Sivar Ahlruds små ögonblicksbilder av Stockholm, med Norrmalmstorg, Flatenbadet, Djurgården och Bromma flygfält, dom står sig som små pärlor. Och för en västeråspojke i behov av vidare vyer framstod Sivar Ahlruds Stockholm som en spännande plats, full av möjligheter och äventyr.

Idag är jag inte flygare och inte detektiv.

Men jag bor i Stockholm.

Kanske är det Sivar Ahlruds fel. ■

Per Wikström

Pojkdrömmen föddes i Borås

Veckorna innan fick vi irrande blickar, och uppträdde nervöst i största allmänhet. Dagarna före utgivningsdagen var det fullständigt meningslöst med läxförhör och sådant. Allt vi hade ögon för var katalogen.

Så kom den plötsligt en dag. Om brevbäraren insett vilket viktigt dokument som förpassades ned i våra brevlådor hade han gjort denna stund lite andaktig, och försiktigt släppt ned trycksaken.

Nu gjorde han inte det. Och katalogen kunde få sina första törnar redan om en kompis var närvarande och också ville slita i sidorna.

Hobbyförlagets katalog var nog så nära religion jag kom i mitt unga liv.

Den satte lika stor prägel på mitt och andras liv som vilken religion som helst, och den präglade definitivt snacket på skolgården i veckor framåt.

Och som religioner hade den utmanare. Hobbex hette den i vårt fall. Fast Hobbyförlagets katalog var tuffare både till utformning och innehåll.

Sedan löste sig denna kluvenhet med tiden. 1966 gick företagen ihop och Hobbex fick väl duga det också.

Detektivlådan var i alla fall den samma som hos Hobbyförlaget. DA 7828 hette den och kostade 9:75.

Hobbex kom att ge oss begriplighet åt ett liv som svävade mellan barndom och ungdom. Den innehöll en kraftfull och optimistisk prosa, som fick oss alla att känna framtidstro – åtminstone så långt veckopengen räckte.

Den pekade ut riktningen för oss, löste en hel del problem, även om vi aldrig tordes beställa några Röntgenglasögon:

"DA8157 Röntgenglasögon. Med dessa amerikanska specialglasögon upplever Ni en otrolig och fantastisk illusion. Ni ser genom kläder, ja faktiskt hela skelettet på den person Ni tittar på.... Ja, Ni klär praktiskt taget av kläderna på den person ni tittar på. Lev. med utförlig beskrivning".

Jo, vi ville gärna tro. Illusion visste vi inte vad det var, men helt klart hade katalogen en tendens att överdriva ett och annat, det hade vi upptäckt. Men vi ville att grejorna skulle finnas och funka.

Inge på vår gata var Beatlesexpert. Han hade på oklara grunder fått råd att köpa en Beatlesgitarr från Hobbex för 15:75.

Gitarren var alldeles röd. Det var det enda som inte framgick av beskrivningen i katalogen:

"DA 7968: Beatles-Gitarren". Den stora nyheten för alla "Beatles-fans". En riktig gitarr med vilken Ni kan spela och ackompanjera Er själv. Utförd i kraftigt plastmaterial med hög finish. Mycket lättspelad. Vacker ton. På locket försedd med bilder av idolerna John, Paul, George och Ringo med deras namnteckningar i faksimile. 4-strängad. Längd 60 cm".

Men den var alldeles röd och den där vackra tonen lyckades inte vi åstadkomma. Någonsin.

Dessutom byggde alla ackord på sex strängar. Inte fyra. Och snart var den sönder – trots det kraftiga plastmaterialet.

Bättre då att satsa på något bestående. Cykelbilen Fantom till exempel.

En "synnerligen lätt konstruktion" och "oerhört populär modell". Fanns både som en- och tvåsitsig.

Fast att bygga bilen hade krävt demontering av minst två cyklar. Och att komma hem och hävda att ens cykel var ombyggd till bil var inte så gångbart. Cykelhandlare Grundberg hade inte ett outtömligt förråd av billiga cyklar. Dessutom kostade bara ritningarna tolv kronor. Sedan skulle ju bilen ha något slags kaross.

Nej, en ollonrevolver kunde i ett sådant läge smälla högre. Också bokstavligt.

Och att "polerat ädelträ" var det finaste som fanns det lärde vi oss av beskrivningar på luftgevären: "handpolerad kolv av ädelträ".

Vi visste inte vad ädelträ var heller, men det lät bra det också.

Hösten kom och med det mörkret. Inga problem om en grabb i kvarteret haft sinnesnärvaro nog att investera veckopengen i en Superstavlampa: "Med en 75 mm reflektor och dess enorma lyskraft, kastar den käglan 200 meter".

Höst och vår var betydelsefullt på ett annat sätt. Då kom marknaden till stan. De slog upp marknadsstånd och i flera av dem fanns grejor som var misstänkt lika Hobbex produkter. Fast vi genomskådade dem oftast, klart att en knalle på en marknad inte kan ha produkter av samma yppersta kvalitet som postorderhögkvarteret i Borås, det som var pojkdrömmarnas Mekka.

Men med konsumentombudsman och annat blev det helt andra kriterier för postorderförsäljning. Om det var någon KO som ingrep eller om Hobbex själv ändrade attityd vet jag inte. Men ur katalogen försvann i alla fall röntgenglasögon, cykelbilar, pinuppor och annat kul. Hobbex blev så småningom allt mer lik den trista Claes Olssonkatalogen.

Pojkdrömmarna gick i kras och vi fick vänja oss vid att gå ut i livet och möta de bistra bekymren utan minsta stöd från vännerna i Borås. Utan ens ett par hypnosglasögon att betvinga den hårda verkligheten med.

Senaste nytt på KAMERAFRONTEN

D 3389 Detektivkamera. Verkligt sensationell miniatyrka-
mera som omärkligt förevigar alla situationer. Detektiv-
kameran kan Ni ständigt bära på Er och är alltid klar för
tagning. Den erbjuder trots sitt påfallande lilla format,
samma användningsområde som en större och dyrare ka-
mera. Den kan lätt döljas i handen eller bekvämt bäras i
fickan och oaktat dess minimala dimensioner tager den
skarptecknade bilder, vilka lätt uppförstoras till gängse
format utan kvalitetsförsämring. Detektivkameran är ele-
gant och välbyggd och försedd med genomsiktssökare.
Med en inställning kunna bilder tagas från ½ meter till
oändlighet. Objektiv 1:5,6. Brännvidd: 25 mm. Lättåtkom-
lig transportskruv underlättar framvridningen av filmen.
Filmformat: 14x14 mm. med 8 bilder på varje filmrulle.
Vikt 60 gr. Storlek 30x35x50 mm. Pris pr styck .. **7.50**
D 339 ... *detektivkameran.* Pris pr rulle .. **0.65**

FÖRSTKLASSIGA STRÅLKASTARE

DA 7910 Jättestrålkastare. Utförd i en verkligt robust och
modell med hylsa av förnicklad mässing. 75 mm:s reflekt
enorm lyskraft, kastar ljuskäglan **200** meter. Försedd med
för fast ljus och blinksignalering. Längd **400 mm.** Drives m
batterier, **C 4719 à 0,65.**
Pris pr styck exkl. batterier ....

X-RAY RÖNTGEN-GLASÖGON

S 2507 Röntgenglasögon X-Ray är en fantastisk science-nyhet, som väcker allas förvåning och nyfikenhet. Tag på X-Ray-glasögon och Ni ser skelett i fingrarna, blyet i en blyertspenna, skinnet rakt igenom kläderna m.m., m.m. X-Ray avslöjar överhuvudtaget allt som annars är omöjligt att se. En artikel som i USA blivit enormt populär. Med utförlig beskrivning.
Pris pr par **8.75**

S 2532 TV-apparat Pin-Up. Intressant och uppiggande nyhet. I denna apparat kan Ni avnjuta streap-tease i TV. Vackra nakenstudier. Pr styck .. **2.65**

Z 5572 Boxboll. Skärper reaktionsförmågan och sätter varje muskel i rörelse. Ögonskyddet fästes med resårband runt huvudet och det gäller sedan för boxaren att med hårda slag driva bollen så långt ifrån sig som möjligt utan att bollen vid returen träffar boxaren. Levereras komplett med ögonskydd, reservblåsa av gummi samt extra gummiband.
Pris pr styck **5.75**

S 2577 Näktergal. Frambringar drillar och utdragna toner samt hela serier av olika fågelläten.
Pr styck **0.25**

Hobbexfakta

Hobbex startades i Borås 1961 av Bo Lycksén och Jan-Ove Nilsson. De hade varit i Tyskland och sålt svenska tält, och insåg att det fanns grejor att köpa in från Tyskland och sälja i Sverige. Hösten 1961 kom den första Hobbexkatalogen, blott 32 sidor tjock. 1966 köpte Hobbex konkurrenten Hobbyförlaget. 1982 gick Hobbex upp i Josefssons postorder, och 1994 tog Panduro Hobby över verksamheten. Sedan 2003 ägs företaget av två boråsare igen.

1967

Nya bilmodeller:
Saab 96 V4, Audi Super 90,
Fiat 125, Fiat Dino

JANUARI

01 Ny lag gör att den som går mot röd gubbe kan bötfällas med 15 kronor

09 Handenmorden – två poliser och en väktare skjuts ned i Handens centrum

11 I budgeten avviseras omshöjning från 10 till 11,11 procent

FEBRUARI

11 Leif Peters grips misstänkt för Handen-morden

22 Åklagare Jim Garrison presenterar en ny utredning om Kennedymordet

MARS

16 Skolöverstyrelsen utfärdar anvisningar för att komma till rätta med narkotikamissbruket

29 Sverige tar hem silvret vid ishockey-VM i Wien

APRIL

05 SJ räknar med att endast en tiondel av de 2 500 tågstationerna eller hållplatserna finns kvar om 5-10 år

08 Sandie Shaw och England vinner Eurovisionsschlagerfestivalen med bidraget Puppet on a String

13 En konsert med Rolling Stones i Warszawa slutar i kaos och 100-talet fans skadas

15 Mer än 200 000 människor deltar i protest-möten mot Vietnamkriget i New York och San Francisco

21 Militären tar makten genom en kupp i Grekland

24 Första stora rymdkatastrofen när Soyuz 1 med kosmonauten Vladimir Komarov förstörs när den återinträder i jordatmosfären

30 Muhammad Ali fråntas sin världsmästar-titel efter att han vägrat göra militärtjänst

MAJ

01 Elvis Presley gifter sig med Priscilla Beaulieu i Las Vegas

02 Russeltribunalen kring USA:s krigföring i Vietnam öppnas i Stockholm

JUNI

05 Israeliskt flyg går till attack mot arabstaterna och sexdagarskriget är inlett. Israel ockupe-rar efter några dagar östra Jerusalem, Gaza, Västbanken och Golanhöjderna.

16 Montereyfestivalen inleds, vilken betecknas som inledningen på The Summer of Love

25 400 miljoner tv-tittare kan via satellit se The Beatles förstärkta med bland annat Mick Jagger, Keith Richards, Graham Nash och Marianne Faithful framföra All You Need Is Love

JULI

01 Seargent Peppers Lonely Hearts Club Band släpps

07 Nigeria invaderar Biafra

07 Sverige ansöker om anslutning till EEC

10 Cirka 20 kg "fy-kort" anländer till regeringen i protest mot planerna på att Jämtland ska införlivas i Västernorrlands län

23 Omfattande raskravaller i Detroit, New York och andra amerikanska städer

25 Frankrikes president de Gaulle besöker Montreal i Kanada och uttalar sitt stöd för ett fritt Quebec

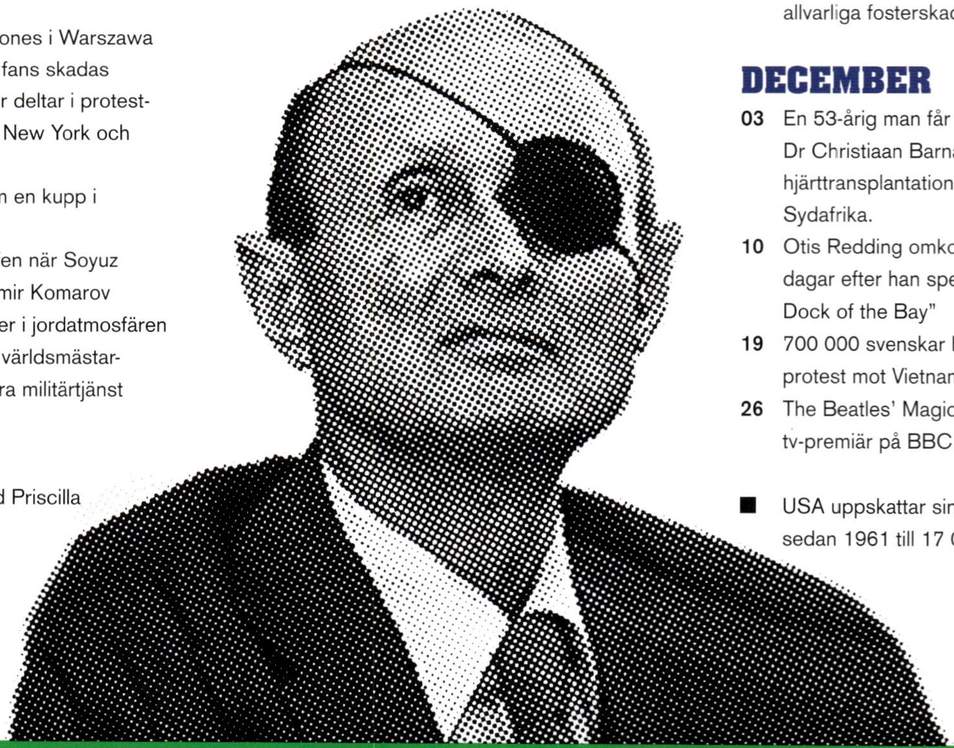

AUGUSTI

27 Beatles manager Brian Epstein hittas död

28 Svensk kriminalvård ska få en inriktning på återanpassning till samhället

SEPTEMBER

03 Dagen H – Sverige går över till högertrafik kl 05.00

27 Tommy Blom i Tages döms till 600 kr i böter för olovligt befattning med narkotika

OKTOBER

03 Folk- och protestsångaren Woody Guthrie avlider

09 Ernesto "Che" Guevara skjuts ned i Bolivia

14 The Beatles besöker Falsterbo i Skåne för att meditera

17 Rockmusicalen Hair har premiär i New York

30 En fyrarummare i Stockholm säljs på exekutiv auktion för 141 000 kronor

NOVEMBER

02 En 16-årig stockholmsflicka som varit försvunnen i två år återfinns i Katmandu, Nepal

25 Larm om att kvicksilverförorenad fisk kan ge allvarliga fosterskador

DECEMBER

03 En 53-årig man får ett nytt hjärta när Dr Christiaan Barnard genomför den första hjärttransplantationen i Kapstaden, Sydafrika.

10 Otis Redding omkommer i en flygolycka fyra dagar efter han spelat in "(Sittin´on) The Dock of the Bay"

19 700 000 svenskar har undertecknat en protest mot Vietnamkriget

26 The Beatles' Magical Mystery Tour har tv-premiär på BBC.

■ USA uppskattar sina förluster i Vietnam sedan 1961 till 17 000 dödade

Nyheter detta år:

- KOMVUX
- Allmänna reklamationsnämnden
- Du-reformen
- DFFG (De förenade FNL-grupperna)
- Unisex
- Första boken om Åshöjdens BK (Max Lundgren)
- Lättmjölk
- Moog – den första synthesizern
- Graffiti uppstår som konstform i Philadelphia
- De tiosiffriga personnumren

James Bond filmen "Man lever bara två gånger" hade premiär 1967 – givetvis fanns agentens specialbil att köpa som Corgiminiatyr.

Vad vi lyssnade på:

Hep Stars "I natt jag drömde", "Malaika"
The Kinks "Waterloo Sunset"
The Rolling Stones "Let's Spend the Night Together"
Tages "Every Raindrop Means A Lot"
The BeeGees "Massachusetts"
The Monkees "I´m a believer"
The Beatles "Penny Lane", "Strawberry Fields Forever"
Gullan Bornemark "Herr Gårman"
Towa Carson "Alla har glömt"
The Doors "Light My Fire"
Pink Floyd "See Emily Play"
The Box Tops "The letter"
Procul Harum "A Whiter Shade of Pale"
Jimi Hendrix "Hey Joe", "Purple Haze" och "The Wind Cries Mary"
Telstars "Håll dig till höger, Svensson"
Tom, Mick & Maniacs "Somebodys taken Maria away"

Vad vi såg på bio och tv:

■ TV-serier:
Estrad
Onkel Thores Stuga (med Thore Skogman)
Forsytesagan
Dr Finlays journal
Danny Kaye show
Fåfägans marknad
Mosebacke monarki

■ Barn- och ungdomsprogram:
Gumman som blev liten som en tesked (Julkalendern 1967)
Kullamannen

■ TV-teatern gav:
Bränt barn
Drottningens juvelsmycke
Fadren
Glasmenageriet
Marknadsafton
Onkel Vanja
Trettondagsafton

■ Film:
Drra på – kul grej på väg till Götet
Elvira Madigan (Bo Widerberg))
Hugo och Josefin (Kjell Grede)
Jag är nyfiken – gul (Vilgot Sjöman)
Jag en markis – med uppdrag att älska
Livet är stenkul (Jan Halldoff)
Ola och Julia (Jan Halldoff) (med Ola Håkansson)
Roseanna (första Sjövall-Wahlöö-filmen)
Skrållan, Ruskprick och Knorrhane
Åsa-Nisse i agentform

■ Utländsk film:
Djungelboken (Disney)
Mandomsprovet (Mike Nichols)
Bonnie och Clyde (Arthur Penn)
Man lever bara två gånger (Lewis Gilbert)

Nya ord 1967:

■ Afroamerikan, arbetsnarkoman, backlash, beroendeframkallande, beteendevetare, biomedicin, blarr, centralstimulantia, dator, denim, dippa, dra på, duralexglas, ekosystem, feature, fiberoptik, flight, fokusera, fritidsledare, förbifartsled, förnyelsebar, försurning, förtroendeklyfta, gama, hasch, hjärndöd, hänga på, inflationsskydd, jumbojet, kalorifattig, klassmamma och – pappa, knarkhund, kompledig, koncentrationsdag, kontaktlins, lyssnarstorm, manschauvinism, mimosasallad, motortrafikled, nysvensk, OBS-klass, personnummer, polarisera, porta, poster, prischock, psykedelisk, rullbälte, scientologi, skjutjärnsjournalist, snedtändning, spill, spånplatta, stressig, särbeskatta, utbildningsdepartement, utvikningsbild, vattenplaning, vårrulle.

Tillfälligheternas spel

Den 30 juni 1974 bjöd Västtyskland och Sverige in till en av de bästa fotbollsshower som upplevts i ett världsmästerskap.

Under tio minuter i inledningen av andra halvlek var intensiteten hysterisk. Mellan matchminut 51 och 53 serverades 66 000 åskådare på Rheinstadion i Düsseldorf och vi tv-tittare tre mål av Wolgang Overath, Rainer Banhof och Roland Sandberg. Strax före och strax efter fanns öppna möjligheter till lika många ytterligare mål.

Det var tio minuter av fotboll så extravagant att matchen än i dag finns att köpa i serier med de stora fotbollsmatcherna genom alla tider.

Men det finns i dag inte en svensk som minns fyrverkeriet.

Möjligen Roland Sandberg själv undantagen har alla som bevittnade allt det ljuvliga förträngt den starkaste sekvensen av en match som slutade 4-2 till värdnationen.

Allt vi minns är Ralf Edströms överjordiska mål i första halvlek.

Edströms 0-1 på volley över Sepp Maier i den 24:e minuten i det ljumma hällregnet vid Rhen finns på topplistan över det som många av oss minns mest i livet.

Alla händelser inkluderade.

Det flacka skottet strax under Maiers ribba och tv-kommentator Bengt Grives bisarra följande undran om: ”och, vad är klockan?” har blivit till en evig polaroid av svenskhet – det är en skarp stillbild från ett skede då svensk sport förvandlades från heja grabbar friskt humör till massunderhållning i färgapparater av märket Luxor.

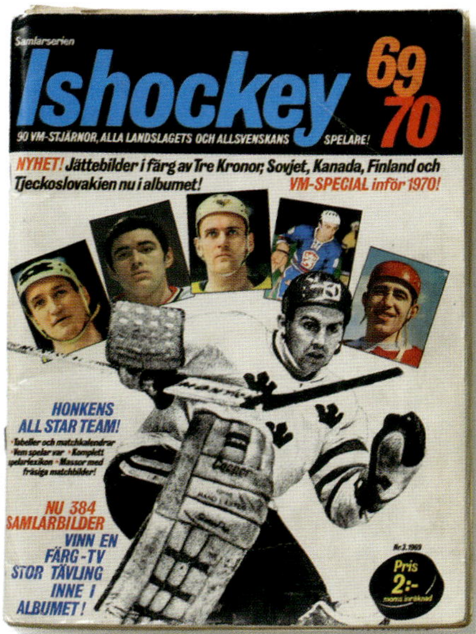

Ralf var dessutom tidstypisk i en annan aspekt. Han var en helylle kille från bruket som nådde stjärnorna. Det var ämne till en tecknad serie i ”Buster” eller en bok av Max Lundgren. Precis som det ”borde” gå till i svensk idrott så sent som på 1970-talet.

Men Edström såg med sina mörka lockar och gigantiska polisonger ut som en popmanagers våtaste dröm. Han var en folkhemmets försiktiga replik på George Best. Ralf ändrade i ett nafs idén om hur en svensk idrottsstjärna skulle se ut. Detta faktum har knappast sänkt nostalgifaktorn på drömvolleyn i Düsseldorf.

Men låt oss skifta till en helt annan sportscen ett halvt år senare:

I december 1974 klättrade Ingemar Stenmark i det andra åket i italienska Madonna di Campiglio från 22:a plats till segerpallen i världscupens slalom. Det var hans första triumf av till slut 86 vinster i totalt 231 världscupstävlingar.

Plötsligt blev vi ett med Ingemar och hans Elan-skidor och Slalomvägen i Tärnaby och tränaren Herman Nogler. För att inte tala om hur vi blev du med den färgstarka luva utan tofs som Gunborg Persson i Tärnaby stickat av 2,5 hekto av garnsorten Jakobsdals Peggy.

I timmar kunde nationen helt stanna upp och...

Stopp. Timeout. Allt det här vet vi redan.

Det är hög tid att låta den sortens minnesbilder sakta ner till slowmotion. För att strax låta rutan bli helt svart.

Tänk under processen på filmisk musik. Sådan som Göran Zachrisson brukade spela då han visade bilder av en snurrande cykeleker på sjuttonde etappen av Tour de France. Tänk "Us and Them" med Pink Floyd. Tänk Weather Report. Snart blir stämningen den rätta för att titta på historien ur ett annat perspektiv.

Vi minns allt om Ralf och andra fulländade sportsagor inte bara för att vi var med.

Vi minns dem minst lika mycket som följder av ljuvlig repetition myriader gånger.

När jag för en tid sedan lät föra över godbitarna i min VHS-samling till DVD hittade jag minst ett dussin samlingskassetter med de största ögonblicken i sällskap med Ingemar, Borg, Tre Kronor, Ulrika Knape och även Thomas Magnusson. ▶

Sven-Gunnar Larsson

– Kan det vara domaren?

Matchen mellan Sverige och världsmästarlaget England på Wembley den 22 maj 1968 kommer för alltid kommas ihåg, inte för matchen i sig, utan för vad de svenska tv-tittarna fick se, och framförallt höra. Eller kanske snarare inte höra.

Matchen refererades i tv av Putte Kock, och detta kom att bli hans absolut sista direktsändning.

Putte Kock hade varit svensk förbundskapten, och när svensk tv startade knöts han dit som fotbolls- och tipsexpert. Putte Kocks förslag till stryktipsrad var en av veckans höjdpunkter.

Men nu mötte Sverige mästarna England i en vänskapsmatch på bortplan och det gick inte så värst bra.

I 36 minuten nätade Martin Peters bakom Sven-Gunnar Larsson, två minuter senare gjorde Bobby Charlton samma sak. När sedan Roger Hunt gjorde 3-0 i andra halvlek såg den här matchen ut att bli för evigt bortglömd med svenska ögon.

Fast dramatiken kom tillbaka i 85:e minuten. En engelsk anfallare närmar sig det svenska målet och går nära in på den svenska målvakten. Larsson kastar sig och räddar, men ligger kvar i gräset och domaren blåser av.

Alla tv-tittare ser att det är Sven-Gunnar Larsson som är skadad. Senare konstateras att Larsson fått en skallskada i kollisionen med den engelske spelaren. Alla ser det – utom Putte Kock.

Putte sätter i stället igång med att räkna upp hela det svenska laget – utom målvakten.

– Roland Grip är där, Björn Nordqvist är där, säger Putte Kock och fortsätter med hela det svenska laget: Jan Karlsson, Krister Kristersson, Bo Larsson, Leif Eriksson, Inge Ejderstedt, Thomas Nordahl, Örjan Persson och Sven Lindman.

Alla – utom Sven-Gunnar Larsson.

Inte ens det faktum att andremålvakten, MFF:s Nils Hult, börjar värma upp vid sidan av planen ger Putte Kock någon ledtråd till vilken spelare som är skadad.

I stället fäller han den klassiska kommentaren:

– Kan det vara domaren?

Sanningen uppenbarar sig för Putte Kock först när Sven-Gunnar Larsson bärs ut på bår, och Hult intar hans plats.

Sverige kvitterade till 3-1 i slutminuten av matchen genom inhopparen Rolf "Kocken" Andersson.

Sven-Gunnar Larsson repade sig så småningom, och gjorde totalt 27 landskamper för Sverige. Och som målvakt i Örebro SK hann han med 273 allsvenska matcher.

Putte Kocks karriär som tv-kommentator tog däremot slut den majkvällen 1968.

Tvåorna ingen minns

När någon gör något otroligt är det lätt hänt att glömma den som gör något nästan otroligt. Den som når långt, men inte lika långt. Den som blir tvåa.

Det vet Klaus Beer och Ed Carruthers. De gjorde båda otroliga prestationer i Mexiko-OS 1968.

Klaus Beer hoppade 8,19 i längd, och hade allt varit som det brukar hade han kammat hem guldmedaljen liksom OS-rekordet. Det slogs dessförinnan i Rom 1960 när amerikanen Ralph Boston hoppade 8,12.

Men nu fanns Bob Beamon där. När den då 26-årige Klaus Beer från DDR såg 22-årige Beamons 8,90 på resultattavlan måste han gnuggat sig i ögonen och undrat om det kunde stämma.

Ed Carruthers hade å andra sidan haft gott om tid att bekanta sig med Dick Fosburys underliga hoppstil under den amerikanska OS-truppens uppladdningsläger.

23-åringen Carruthers körde klassisk dykstil, 21-åringen Fosbury sin flopstil. I Mexiko City blev Fosbury odödlig med sitt 2,24-hopp medan Carruthers klarade två centimeter mindre, men bara blev en rad i olympiahistorien.

Beamons världsrekord stod sig i 23 år. Fosburys flopstil förändrade höjdhoppstekniken i grunden.

Mindre förvånande var att veteranen Al Oerter i samma OS radade upp sitt fjärde OS-guld i ordningen. Fast också det ett olympiskt rekord tills Carl Lewis gjorde om bedriften.

Och Al använder sin diskus fortfarande. På hans hemsida kan man köpa några av hans "impact paintings" för 500 dollar. Där har han använt diskusen som målarredskap.

Men Al har heller ingen vana vid att bli tvåa.

Åke "Tåget" Söderberg

▶ Den sistnämndes ryck och guld på tremilen vid skid-VM i Falun var den första sportupplevelsen med familjens egen färg-tv. Vi slapp längre att snika in till mer bemedlade grannar. I sällskap med "Plex" Petersson blev vi moderna människor.

Klart att man vill ha sådana höjdpunkter på DVD. Trots att även den tjatats med en regelbundenhet som gör att jag aldrig ens får chansen att skriva om åren som formade mig till sportnörd.

Men så finns det även alla de där sportögonblicken som var bara DÅ.

Ögonblick som sedan kapslades in i ett historiens bibliotek. Som sällans nås ens av Google eller andra annars ohejdbara moderna arkeologer. Just nu känns det som om de ögonblicken säger mer om de där åren.

Bo "Bulla" Berggren

När jag försöker summera mina egna sådana händelser tänker jag snart på en serie gravstenar. Allra först tänker jag på min mors grav och hennes granne under stenen bredvid. Jag är där genant sällan. Var annat år som mest. Men att döma av de vissna blommorna som ligger vid gravstenen intill hennes på kyrkogården på Alnö utanför Sundsvall är det ännu färre som besöker denna.

Där ligger Åke "Tåget" Söderberg. Han var en av dem som gjorde att min hockeyklubb Timrå IK plötsligt nosade på de största. Killarna som tränade på samma idrottsanläggning i sågverksmetropolen. De som fick mina drömtjejer. De som hade smeknamn så begåvade att de borde föräras minst ett avsnitt av "Sportspegelns" nutida appendix "Stopptid".

Plötsligt utmanade dessa killar ett Brynäs som i början av 1970-talet höll hög Europaklass och troligen bara var aningen sämre än de sex NHL-klubbar som fanns då. Ganska sanslöst, tyckte vi som tryckte våra finniga pannor mot plexiglaset vid östra kort i isladan i Sörberge.

Jan-Erik "Biffen" Nilsson

Några ur laget, som "Tågets" kedjekamrat Bo "Bulla" Berggren och backen Jan-Erik "Biffen" Nilsson, hamnade i Tre Kronor.

Åke "Tåget" nådde däremot som bäst ett förslag från topplaget Leksand. Han skulle få 50 000 och en Volvo Amazon. Men han tackade nej. Därefter dalade hans stjärna. Fram till den dag då han hoppade i Klingerfjärden och hamnade i graven bredvid min mors.

Men innan detta hade den andre backen i Timrås C-femma lagt sig att vila i annan grav i Sörberge norrut över vattnet från kyrkogården på Alnö.

Jakten på Jan-Erik Lyck

Både rocken och idrotten är bra på att skapa myter. Det börjar med någon liten enkel grej som sedan förstoras och byggs på.

Till slut finns en gedigen myt på plats, näst intill omöjlig att rubba.

Paul är död, Elvis lever, är kanske bra exempel på sådana mer hysteriska myter.

En myt i det lilla är den om Jan-Erik Lyck.

Lyck var center mellan Hans "Virus" Lindberg och Lars-Göran Nilsson i Brynäs hockeylag från mitten på 60-talet. Då fanns en hel drös med spelare från Brynäs i Tre Kronor, förutom "Virus" och Lars-Göran Nilsson även Stefan "Prosten" Karlsson, Tord Lundström, Håkan Wickberg, under de tidiga åren även Lennart "Lill-Strimma" Svedberg (i Brynäs 1963-67), och senare även Inge Hammarström, Börje Salming, "Krobbe" Lundberg och Wille Löfqvist.

Allt var upplagt för att även Jan-Erik Lyck skulle vara med i Tre kronor, men varje gång laget presenterades saknades han. Tyckte inte förbundskaptenen Arne Strömberg att han dög? Nej, så var det knappast. Lyck spelade i mitten i hockeyns mest målfarliga kedja, och även om han aldrig vann skytteligan svarade han för åtskilliga mål, närmare bestämt 133 mål mellan 1963 och 1972.

Sju SM-guld blev det med Brynäs innan han lade av.

Jag vill ha reda på mer och försöker få tag på honom. Ringer gång på gång, men ingen svarar.

I stället letar jag tidigare artiklar om Lyck.

År 2000 skriver Jens Littorin i Dagens Nyheter om "Idrottsprofilen som sprider mystik".

"Given i landslaget, tyckte medspelarna och fansen. Förbundskapten Arne Strömberg tjatade, men Lyck nobbade. Varför?

Äntligen kommer svaret – men ändå inte.

– Jag tyckte inte att jag hade något att tillföra, säger han på telefon från hemmet", skriver Littorin.

Ännu längre tillbaka i arkiven hittar jag artiklar om en teaterföreställning. Det är skådespelaren Lars Göran Persson som länge framför en enmansföreställning. Med titeln "Jakten på Jan-Erik Lyck".

– Jan-Erik Lyck är en nästan mytisk gestalt, trots att han fanns och finns i verkligheten. Han var målare från Insjön, och han var oftast i topp av skytteligan. Jag har ingen aning om varför han lade av. Jag skulle kunna ta reda på det, men jag vet inte om jag vill veta, säger Lars Göran (Persson) till Expressen 1993.

Samma år lägger Brynäs beslag på hockeyguldet igen för första gången på länge. I Expressen skriver Petter Karlsson en text om legendariska Brynässpelare. Enligt hans kollega måste han framhålla Lars-Gunnar "Krobbe" Lundberg.

Petter Karlsson invänder: "Du glömmer Jan-Erik Lyck. Visste du för resten att jag klev in i en hydda i Indien hösten 1987 och plötsligt träffade en kvinna som visade sig vara hans syrra? Hon var missionär för Missionsförbundet."

Jag fortsätter ringa, men får inget svar. Också min jakt på Jan-Erik Lyck blir fruktlös.

Kanske är det meningen att myterna ska fortsätta leva sitt eget liv, att vi inte ska få veta hur det egentligen var, att myten ska få fortsätta sprida mystik?

Lennart "Lill-Strimma" Svedberg kraschade en tidig julimorgon 1972 med en orkesterbuss vid Stavreviken.

Vi spelade den dagen landhockey på grusvägen genom byn. Nyheten nådde mig genom en radio i ett öppet köksfönster. Jag svor att aldrig gå på ishockey mer. Det var min första sorg. Ibland tror jag att det är den största. Min psykolog vet om det var den kraschen som gjorde att jag senare aldrig blev en bilförare.

Med "Strimmas" död ändade inte bara mina deliriska fantasier om att Timrå IK snart skulle regera i svensk klubbishockey. Det blev också slutet för den första eran av klassiska europeiska ishockeybackar.

Ett år efter Svedbergs död stack Börje Salming till NHL och raderade ut alla transatlantiska uppfattningar om svenska "kycklingar" på is. Ett år innan resterna av "Strimma" samlades ihop på sluttningen mot Indalsälven hade tjecken Jan Suchy varit involverad i en lika fatal krasch.

Men här spelar minnet mig ett spratt. Jag har många gånger filosoferat över ännu en gravsten som skarpt skildrar den tiden. Men den har aldrig existerat, visar det sig när

Jan Suchy

Den ryska björnen

CCCP. Sovjetunionen. Eller helt enkelt den ryska maskinen.

Under två decennier var Sovjet helt dominerande i ishockeyn. De tog hem 17 VM-titlar av 20 mellan 1960 och 1980. Efter Sveriges VM-seger 1962 vann Sovjet nio år i rad. Bara Tjeckoslovakien trängde sig förbi på prispallen tre gånger under sjuttiotalet, 1972, 1976 och 1977.

Fast att Sovjet torskade både 1976 och 1977 kunde man ju förstå. Ragulin hade ju lagt av. Han var en av de stora sovjetiska spelarna, på mer än ett sätt. Och mer än någon annan personifierade han det oslagbara CCCP.

Alexander Ragulin var back i sovjetiska landslaget och CSKA (Sovjetarméns centrala sportklubb) 1962 till 1973. Han var två meter lång och vägde runt 100 kilo, vilket gav honom epitetet "den ryska björnen".

Ragulin började spela hockey i ett mindre Moskvalag, Khimik Voskresensk, men kom till elitlaget CSKA 1962. Det påstods att ryssarna skrämde sina barn, om de var olydiga, med att Ragulin skulle komma.

Ragulin hann också vara med om det historiska mötet mellan Sovjet och NHL-spelarna i Team Canada. I laget kom 14 spelare från CSKA, sju från Spartak Moskva, fem från Krylya Sovetov (Sovjets vingar) och två från Dynamo Moskva. En spelare kom från Ragulins gamla lag - Khimik.

I samma lag spelade också stjärnor som Maltsev, Gusev, Vasilijev, Michailov, Jakusjev, Petrov, Charlamov och målvakten Tretjak.

Miniturneringen på åtta matcher som hade starka drag av kalla kriget blev oerhört jämn, men i den avgörande matchen vann Team Canada knappt med 4-3.

Ragulin spelade sin sista match i landslaget mot Sverige i VM den 15 april 1973. Efter den aktiva karriären tog han hand om ungdomsverksamheten i CSKA. Han kunde så småningom pensionera sig som överstelöjtnant och blev ordförande i Föreningen för ryska hockeyveteraner.

I den mutskandal som avslöjades inför OS i Salt Lake City 2002, blev också Alexander Ragulin indragen. Den ryske IOK-presidenten Vitaly Smirnov anklagades för att ha bett OS-organisationen i Salt Lake City om hjälp med sjukvård åt den gamle backen med sviktande hälsa.

Alexander Ragulin dog i Moskva 2003 63 år gammal. Förutom Tretjak (13 VM) och tillsammans Maltsev och Petrov är han den spelare som deltagit i flest hockey-VM (12). 14 mål han han med under sin landslagskarriär.

jag nu kollar upp saken. Suchy strök faktiskt inte med i olyckan utanför Prag. De som det restes gravar över var istället två fotgängare som dödades av en berusad Suchy. Efter 18 månaders fängelse spelade han hockey igen. Faktiskt även i landslaget.

Men biografin över den lille backvirtuosen från Dukla Jihlava hade ändå kunnat sluta med de två gravstenarna. I fortsättningen var det en hockeyhistorisk fotnot att Suchy fullständigt dominerat en serie världsmästerskap i skiftet mellan 1960 och 70-tal.

Berättelsen om hur han nästan på egen hand besegrade Sovjet i en elektrisk match vid VM 1969 – det var det första mötet efter "Pragvåren", Suchy gjorde 1-0 och spelade fram till slutresultatet 2-0 – den berättelsen kändes redan två år senare som en dammig story från mycket länge sedan.

Så snabbt gick utveckling i hockey från och med att NHL 1972 började möta CCCP och så småningom även de andra europeiska toppnationerna.

Men Suchy passar ändå in i den här historien. Att lämna sådana intryck, för att sedan implodera i en historisk fotnot när det bästa ska komma, det är berättelsen om tillfälligheternas spel.

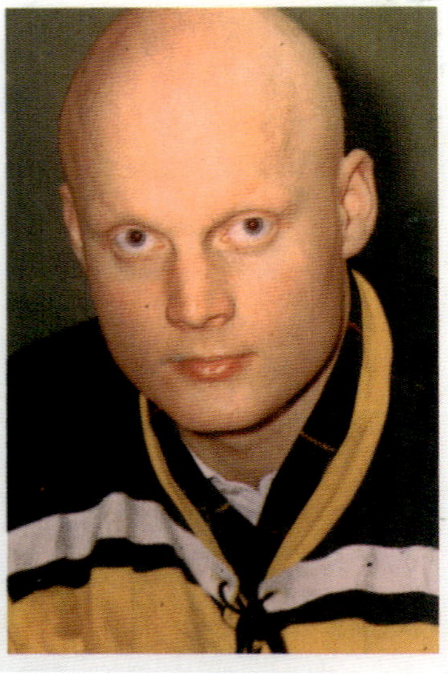

Bo Englund, Västerås IK.

Men så finns det även stenar som är resta över idrottsmän som redan i sitt val av sport valde att provocera ödet. Som frivilligt ökade risken att råka ut för detta tillfälligheternas spel.

Under sex intensiva år på 1970-talet serverades svenskarna en situation i Formel 1 som förhäxade landet.

Mitt i den hypermytologiserade Formel 1-cirkusen fanns plötsligt två svenskar. Två tätt duellerande, blonda svenskar. Utifrån sett ganska olika som typer. Men likväl söner av samma folkhem som vi vanliga dödliga. Ronnie Peterson och Reine Wisell.

Inget ont i Ove Kindvall, Jan-Erik Lundqvist eller Thomas Magnusson. Men om dessa samtida sportgiganter utstrålade något så var det knappast glamour. Det gjorde Ronnie och Reine till och med i högre grad än Ralf Edström och Börje Salming.

Vi fick depåbilder i feta Kodakfärger. Av bilförare lika svåra att tämja som den tidens rockstjärnor. Där fanns overallklädda asfaltsgudar omslingrade av brudar som veckan därpå kunde analyseras noggrannare i Fib-Aktuellt eller Lektyr. Det bolmade likt skogsbränder från feta bildäck som skavts mot mikroskopiska chikaner. Och mitt i detta residerade Ronnie och Reine.

Svenskarna samlades vid tv-apparaterna då Ronnie rullade fram till pole position. ▶

Overallklädda asfaltgudar lika glamourösa som rockstjärnorna, och mitt ibland dem en svensk – Ronnie Peterson.

Stackars Staffan i skånska Skurup

Det är kvartsfinal i fotbolls-VM. Sverige har gjort hyfsat ifrån sig i gruppspelet, 0-0 mot både Bulgarien och Holland, och slagit Uruguay med 3-0, och möter nu Polen. I den 43:e minuten har Gregorz Lato skutit 1-0 till Polen. Svenskarna ser en stor möjlighet till kvittering när den uruguayanske domaren Ramon Barreto Ruiz blåser straff för Sverige i andra halvlek.

Alla minns vad som hände. Bollen slås nere vid högra stolpen, men Jan Tomaszewski är där och räddar.

Alla minns vem som slog den.

Staffan Tapper. Eller som det kom att heta: Tappan Straffer.

Det är förmodligen det enskilda moment i svensk fotboll som är mest omdiskuterat. Hur skulle han slagit den? Var skulle han slagit den? Vem skulle slagit den? Gick Tomaszewski för tidigt?

Det är den aldrig bortglömda straffen, och visst finns det straffmissar sedan dess, som Håkan Milds i VM 1994, Zlatans i EM 2004 och Henke Larssons i VM 2006. Men ingen spelare har någonsin så starkt förknippats med en straff som Staffan Tapper.

Orättvist, tycker många. Staffan Tapper hade på många sätt bollen i blodet. Hans far Börje var även han spelare i Malmö FF och landslaget. Staffan var en nyttig mittfältsspelare som sällan gjorde misstag, och blev svensk mästare fyra gånger och spelade 36 matcher i landslaget. Men straffen…

Stackars Staffan! Sex år efter fotbolls-VM bodde jag själv ett år i skånska Skurup. Orten kunde inte skryta med många sevärdheter förutom Svaneholms slott, men det fanns en given sevärdhet för gästande svenskar: sportaffären alldeles intill järnvägen.

Jo, Staffan Tapper tog över affären när fotbollskarriären var över. Man hörde talas om förbipasserande som stack in huvudet i affären bara för att få se han som missade straffen.

Orättvist, tycker de som menar att det egentligen var Bosse Larssons fel.

Bosse Larsson var den självklare straffläggaren annars de åren. Och det finns ett slags magi i straffar runt Sverige och fotbolls-VM 1974.

För det svenska deltagandet hängde på håret, eller snarare på just straffar. I VM-kvalet spelade Sverige oavgjort mot Ungern hemma och borta, förlorade mot Österrike borta men vann hemma. På Ullevi slog Sverige Malta med förkrossande 7-0.

Men inför bortamatchen i Valetta fanns en stor oro. Alla pratade om planen, inte en grusplan utan en sandplan. En plan som gav besynnerliga studsar, och fick bollen att bete sig på ett sätt som ingen tänkt sig.

Det gick bra till slut. Bosse Larsson kunde fastställa slutresultatet 1-2 efter – just det – en straff.

Det blev omspelsmatch mellan Sverige och Österrike i slutet av november 1973 under sämsta tänkbara förhållanden på en snöglommig plan i Gelsenkirchen. Matchen slutade 2-0 till Sverige efter – just det – en straff slagen av Bosse Larsson.

Men i en vänskapsmatch mot Schweiz året därpå hade Bosse missat en straff och trätt tillbaka som straffläggare. Georg Åby Ericsson utsåg Staffan att lägga straffen. Resten är, som det brukar heta, fotbollshistoria. Fast nu på den mörka sidan.

Och straffdebatten fortsätter. Lagom till fotbolls-VM 2006 kom justitieminister Thomas Bodström och Mats Holm med boken "VM-feber – fotboll, vänskap, besatthet".

Den tidigare advokaten Thomas Bodström utreder den han kallar "fotbollens främsta justitiemord".

Han skriver: "Efter att VM avslutats gjorde jag en djupare analys av tabellen. (...) Vid den analysen upptäckte jag något som har retat mig sedan dess.

Om övriga resultat hade blivit desamma skulle Sverige ändå ha fått exakt samma placering om straffen resulterat i mål".

Sverige slutade trea i sin grupp, en av två, där ettan och tvåan slogs om finalplats respektive att ta sig till bronsmatch.

"Vi kom sammanlagt femma i turneringen, vilket vi också hade gjort om Staffan Tapper hade satt sin straff. Någon rättssäkerhet har det alltså inte varit frågan om. Jag tycker verkligen att det är hög tid att Staffan Tapper får upprättelse."

Att den polske målvakten Jan Tomaszewski också räddade en straff slagen av tyskarnas Hoeness i samma VM har på något sätt också hamnat i skymundan.

Men vad hände med Staffan då? Jo, sportaffären i Skurup bar sig inte och han återvände till sitt gamla jobb som lärare i Malmö. Fast kontakten med fotbollen behöll han som ansvarig för Kirsebergaskolans fotbollsklasser, och som tränare i Malmölaget Vintrie. 2004 kunde Sydsvenskan berätta att han knutits till MFF som ansvarig för ungdomsverksamheten i åldrarna 12-15 år, och som klubbens kontaktman mot skolorna.

Sommaren 2005 avslutades första läsåret med "fotbollsakademin" som Lorensborgsskolan har ihop med MFF.

– Det har gått över förväntan. Alla mina 23 elever, som har 14 olika nationaliteter, klarar målen, säger Staffan Tapper till Dagens Samhälle.

Visst, det är elakt. Men man kan riktigt se och höra framför sig hur Staffan Tapper står i klassrummet och talar om hur viktigt det är att alla klarar de nationella målen. Och att någon fnissande elev påminner om det mål som missades i Tyskland en kväll 1974…

Svart revolt på prispallen

16 oktober 1968, Mexiko City: 200-metersfinalen har avgjorts på nya världsrekordtiden 19,83. I ett rum i OS-arenans inre förbereder sig Tommie Smith för att ta emot guldmedaljen. Silvermedaljören Peter Norman från Australien står bredvid, liksom bronsmedaljören John Carlos.

– Jag bestämde mig, där och då, för att jag skulle höja min högra hand ovanför mitt huvud i en stilla bön, berättade Tommie Smith själv i en intervju med Expressens Christofer Brask 2004.

Tommie Smith satte på sig en svart handske och vände sig till John Carlos:

– Jag kommer inte att använda den vänstra handsken. Du kan ta den om du vill.

John Carlos svarar:

– Okej.

"Den första protesten från de amerikanska negrernas sida mot den behandling de möter i sitt hemland blev ett dramatiskt inslag vid prisutdelningen efter 200-metersfinalen", skrev Dagens Nyheter dagen efter.

I Expressen beskrev Tommie Smith sina känslor den dagen 36 år tidigare:

– Jag var rädd. Oerhört rädd. För jag visste att mitt liv stod på spel. På prispallen, efter att jag klivit ner från prispallen – och för resten av mitt liv. Det var det som skrämde mig. I ögonblicket då jag klev upp förändrades mitt liv i ett slag. Jag var inte längre "världens snabbaste man". Jag var mannen som hade skämt ut USA från prispallen.

Nu var Tommie Smith redan före OS en omtvistad person som en av frontfigurerna för Olympic Project for Human Rights, en organisation som bland annat hade diskuterat en bojkott av OS i protest mot diskrimineringen av de svarta i USA.

Två dagar efter prisutdelningen uteslöts Tommie Smith och John Carlos ur den amerikanska OS-truppen. Amerikanska OS-kommittén krävde att de skulle lämna tillbaka medaljerna.

Fotbollslaget Los Angeles Rams, som hade skrivit kontrakt med Smith före OS, ville inte längre förknippas med honom. Snart sprack också Tommie Smiths äktenskap.

John Carlos mötte ett än värre öde genom att hans fru tog sitt liv och han själv hamnade i drogproblem. Även Peter Norman stötte på en del problem när han återvände hem till Australien.

Tommie Smith är i dag chef för friidrottsutbildningen vid Santa Monica College i Los Angeles. John Carlos är anställd vid Palm Springs High School i Kalifornien. Peter Norman har arbetat för public service-tv i Australien.

På San Jose State, det universitet i Kalifornien som Smith och Carlos tävlade för, finns numera en sex meter hög staty som avbildar det ögonblick i oktober 1968 som drog världens uppmärksamhet till medborgarrättighetsfrågorna i USA.

"Jag träffade John Carlos i München sjuttiotvå
Han hade jobb utan lön för idrottsfirman Puma
Han levde på intervjuer
som kostade hundra spänn
Han sa lite skamset; "Familjen måste ju leva"
Vi talade litet tvunget ett tag
när jag plötsligt fick syn på en sak
Ett märke med en panter på hans skjorta
Jag sa: "Då har du kontakterna kvar,
du slåss för Black Power än i dag?"
Han satt tyst en stund och svarade sen helt stilla:
"Det är ingen panter, det är en puma..."

Ulf Dageby/Nationalteatern

Starten skulle man helt enkelt se. Sedan snurrade de på i timme efter timme på Brands Hatch eller Hockenheim. I många hem med ljudet nedskruvat medan nationens mammor serverade familjerna fläskkarré med brunsås och Trocadero.

Historien ramades in av tre begravningar och ett par bröllop.

Nej, det är inte moderna påfund som Hugh Grant som plötsligt tränger sig på. Nej, verkligheten var faktiskt så grymt litterär och filmisk redan på 1970-talet.

Att det inte gjorts minst en långfilm av historien om de häpnadsväckande svenska Formel 1-åren 1972-78 är en gåta. Nej, värre än så, det är smått brottsligt eftersom svenska filmer till stor görs med skattemedel. Så pass självklar är storyn om de fyra förarna, om tidsandan, om de tre jordfästningarna.

Den första begravningen hölls i Lidingö kyrka vid midsommartid 1972.

Veteranen Joakim Bonnier, blågul pionjär i den tyngsta av bildiscipliner, hade lagt av med Formel 1 året innan. Efter 15 säsonger och en delseger på Zandvoort i Holland 1959. Ödet för den trygge säkerhetsivraren Bonnier blev istället en sportvagnstävling på mytomspunna franska Le Mans.

Des Moroney en djävul i rinken

Han kunde alla tjuvknep och använde samtliga, och det var aldrig någon tvekan om vem som varje år skulle vinna utvisningsligan. Han slogs före matcherna, under matcherna, i avbytarbåset, i utvisningsbåset och efter matcherna – men aldrig utanför ishockeyrinken. Väl ombytt igen var Des Moroney som förvandlad och blev något av ett helgon.

"Pudelklok center", "Sternerdödare", "Stor grabb nr 58", "egen produkt", "amatörvärldens snabbaste", "landets bästa med höften".

Så kunde det heta om spelarna när jag var tio år och samlade på ishockeybilder. Det var korta och kärnfulla beskrivningar, som hämtade ur en hårdkokt kioskdeckare. Ickesamlarna stod chanslösa inför denna minimalistiska Hemningwayprosa.

För oss andra räckte det mer än väl. Vi var teckentydare och ett par väl valda ord var det enda som behövdes för att sätta vår fantasi i rullning.

För visst var Lennart Åhlberg pudelklok när han gled in över blå linjen och helt oannonserat levererade en avig passning till en framstormande Dan Söderström. Och visst var Lars-Göran Nilsson snabbast i amatörvärlden när han likt en virvelvind tog sig in i anfallszon, böjd som en vinkelhake över sin korta klubba. Och ingen ville fastna mellan Lars-Erik Sjöberg och sargen – man visste att det skulle göra ont.

De där bilderna glömmer man inte. Och man glömmer inte Des, eller Desmond som han egentligen heter.

Tingsryd var före Des ankomst på sin höjd känt som ett ställe där man gjorde öl eller för att Hammarplast hade sin tillverkning här. För oss som samlade är Tingsryd först och främst ett hockeylag. Ett ishockeylag med gröna och vita tröjor med ett stort "T" på bröstet. Ett ungt och lovande lag som hade tiden för sig.

Men det var den spelande tränaren, kanadensaren och backen Des Moroney som vi pratade om. Bilden på honom var värd hela Surahammars lag och det var med skräckblandad förtjusning vi läste i tidningarna om hans våldsamma framfart i rinken.

När jag kör in i Tingsryd med ett hockeyalbum i baksätet har det gått 25 år sedan laget tog klivet upp i högsta divisionen. Jag får veta att Des Moroney bor någonstans i Blekinge. Jag ska försöka få tag på honom.

I tidningen läser jag att TAIF, Tingsryd Allmänna Idrottsförening, efter flera år i division två tagit steget upp i ettan. Klistermärkena på bilarna avslöjar att föreningen fyller 70 i år, och när jag går förbi biblioteket finns där en liten utställning om föreningen. Det är bilder och klipp från glansdagarna. Tingsryd minns sina hjältar och kanske är de på väg att få nya.

När jag får tag på Des på telefon låter han överraskad och närmast besvärad.

– Jag tänker sällan på den där tiden. Jag förstår inte varför du vill prata om det, det var ju så länge sedan.

Även om han själv har svårt att förstå det är vi många som minns honom. Tunnhårig och med utstående öron stirrade han på oss från samlarbilderna.

Des Moroney var den första kanadensiska stjärnan i svensk ishockey. Hans tuffa och aggressiva stil var något helt nytt. Han drog sig inte för hårt närkampsspel eller ett ordentligt slagsmål för att få motståndarna ur balans. Bland de mer väluppfostrade svenska spelarna framstod han som en vilde. Lika älskad och respekterad som han var på hemmaplan, lika utbuad och hatad blev han på bortais.

När Des kom till Tingsryd från Rögle i slutet på 60-talet hamnade plötsligt det lilla smålandslaget, som hade fört en anonym tillvaro i division två, på kvällstidningarnas löpsedlar.

På biblioteket i Tingsryd läser jag i de gamla klippen. Oftast handlar det om Des själv. Som när Tingsryd skulle spela bortamatch mot Fagersta. Timmarna före start åkte en högtalarbil genom Fagersta för att locka åskådare. Speakern försökte hetsa Fagerstaborna och basunerade ut att den fruktade Moroney var på väg – som om ett vilt och hungrigt lejon skulle uppträda i hockeyladan inom kort. Det skrevs om publikrekord, om tänder som slogs ut, om slagsmål och matchstraff.

När jag träffar Des i Karlskrona är han sig lik, trots att bilden i mitt hockeyalbum har mer än 20 år på nacken. Han har hunnit bli 57 år. Han är fortfarande vältränad, och har en kropp som vilken 20-åring som helst skulle avundas.

När jag frågar om de gamla skriverierna, slår han ut med armarna och skrattar.

– Det spelar ingen roll vad de skriver, bara de stavar mitt namn rätt. Det är PR. Det är roligt att slå någon på käften, det är bästa sättet att ta ner någon på jorden. Kanske ser det farligt ut, men hur kan man skada någon på en hockeyplan? Man har ju utrustning och skydd. Det är showbusiness! Svenskarna verkar ha lite svårt att fatta det där.

Han tycker att ishockey egentligen är ett ganska

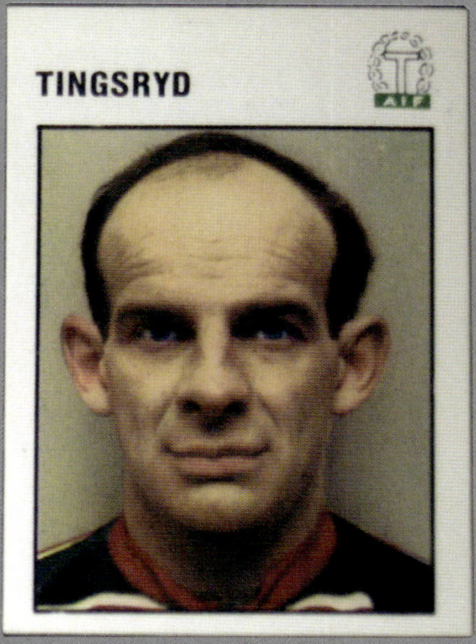

*"Sura-Pelle Pettersson
Han var ganska lätt
Lika Nisse Nilsson
Och Per-Arne Hübinette
Fattas bara en
Sen är albumet komplett
Finns det nån som har
Des Moroney i dubblett?"*

Svenne Rubins , "Finns det nån som har Des Moroney i dubblett?" (1990)

ofarligt sport, så länge man inte använder klubban för att skada. Men denna hockeyns Dr Jekyll och Mr Hyde använde ibland själv klubban till annat än att passa och skjuta.

– Det var första matchen jag spelade för Tingsryd. En kille jagade mig hela matchen. Han försökte tackla sönder mig, jag tror inte han rörde pucken. Jag har aldrig tyckt om spelare som bara gått in för att tackklas, men jag gled undan och efter två perioder hade vi matchen under kontroll.

– I tredje hade jag fått nog. Jag tog pucken, åkte över röda, och han kom som ett expresslok. Jag såg honom i ögonvrån hela tiden, så jag släppte pucken och satte upp klubban och tänderna flög över hela isen. Precis som Clint Eastwood, säger han och skrattar lite generat.

Des kommer från Sudbery i Kanada. Det är en dyster gruvstad i Ontario, påminner lite om Kiruna. Antingen sliter man i gruvan eller så sliter man i hockeyrinken och hoppas att någon talangscout från NHL upptäcker en.

– Min pappa var irländare och vi bodde i ett italienskt getto. Jag var näst yngst av tio barn. Det var en tuff miljö att växa upp i. Gruvarbetarna söp och slogs och min pappa var kriminalpolis. Han hade de hemskaste historier att berätta för oss barn. Våldet och frustrationen fanns omkring oss hela tiden.

I Sudbery drömde pojkarna om en karriär i NHL, det var där pengarna fanns. När Des var 19 år fick han spela för ett farmarlag i Philadelphia. Han gjorde en bra säsong med 40-50 mål och när han kom hem till föräldrarna trodde han de skulle bli imponerade. Men hans mor, som sett allt för många hockeyspelare utan utbildning att falla tillbaka på, förklarade att det var dags att börja läsa.

– Utbildningen är fortfarande viktigare än hockeyn. Det är bara ett fåtal som når toppen, alla kan ju inte bli lika bra som Börje Salming, säger Des.

Under studietiden spelade han i ett amatörlag och fick sedan ett proffsanbud från Paseley Pirots i Skottland. Han gjorde en bra säsong och fick höra talas om att svenska lag var intresserade av kanadensiska spelare. Han kom till Fagersta AIK hösten 1962, men hann också med att spela för Leksand, Rögle och Västerås innan han kom till Tingsryd 1968.

Det märks att Des trots allt tycker om att prata om gamla tider.

– Vi hade ett väldigt bra lag i Tingsryd. Kenneth Ekman var bättre än Börje Salming, och målvakten Christer Andersson var otrolig, han var ju lika bra som Honken.

Det kanske är lika bra att säga det: Des var själv en utmärkt spelare när han var på det humöret. Han var själva ryggraden i Tingsryds spel med sin erfarenhet, aggressivitet och naturliga blick för spelet.

– Det var en kul tid. Före vår tid var Tingsryd mest känt som ölstaden eller för Hammarplast, men nu vet nog de flesta att det finns ett hockeylag i Tingsryd också. Jag tror att det betytt mycket för folk i byn.

Men lag som Tingsryd har små möjligheter att leta sig tillbaka till de stora sammanhangen, menar Des.

– Det går aldrig, tyvärr. Det rör sig om alldeles för mycket pengar i dag. Ett litet samhälle som Tingsryd har inte en chans. De kan säkert bli ett stabilt division 1-lag, men för elitserien krävs andra ekonomiska resurser som bara de stora städerna har.

Trots att Des bott i Sverige i 30 år har han kvar sin kanadensiska accent och då och då slinker ett engelskt ord igenom. Han har svårt att känna sig riktigt svensk och har många kritiska synpunkter på det svenska samhället.

– Jag tycker att staten lägger sig i för mycket. Det är bara två saker jag tycker att ett land ska göra för sina medborgare: ta hand om mig när jag blir sjuk och ta hand om mig när jag blir gammal. Det finns föräldrar som tycker att det är statens uppgift att ta hand om barnen, att det är skolans uppgift att uppfostra barnen. Men någonting måste väl föräldrarna själva göra.

Des träffar många barn i sitt jobb som gymnastiklärare på mellanstadiet.

Våldet bland ungdomar oroar honom.

– Hollywoodfilmer och dagisfröknar är det stora problemet som jag ser det. Barnen ser Terminator och andra våldsfilmer och går ut och gör likadant och fattar inte att de kan skada någon för livet. Mesiga dagisfröknar ställer in sig hos barnen och vågar inte sätta gränser. Det finns ingen disciplin och barnen lär sig att allt ska vara roligt.

Det känns lite konstigt att höra Des prata om faran med underhållningsvåldet. Är det inte det han själv sysslat med?

– Jag tror inte att ett slagsmål på en hockeyrink är så farligt. Det förskönande gatuvåldet som skildras i filmerna lockar däremot barnen att göra likadant.

När vi går ner till en park för att ta några bilder, cyklar en kille förbi och hälsar på Des.

– Det är en kille från karateklubben. Jag började med karate när jag lade av med hockeyn. Förra året tog jag brunt bälte och innan jag fyller 70 ska jag ta ett svart. Det är ett bra sätt att få kontroll på min naturliga aggressivitet, säger Des.

– Jag gillar att vara aktiv, jag tycker inte om att titta på när andra idrottar. Jag ser nästan aldrig hockey på tv, jag vill spela själv och fanns det ett division 3-lag i Karlskrona skulle jag nog spela där.

Niklas Lindstedt
(Som gjorde denna intervju med
Des Moroney till Smålandsposten 1993.
Niklas är född 1961. Han jobbar i dag som journalist på SKTF-tidningen, och redaktör för Social Qrage. Hans sista bild i samlaralbumet Ishockey 69/70 var Lennart "Tigern" Johansson i Brynäs. Vintern 2006/07 spelar Tingsryds AIF i division 1F. Des Moroney är numera pensionär och bor i Skåne)

Fotografiet av Bonniers demolerade bil hängande i ett träd i ett avsides hörn av Le Mans var den där dagen på Lidingö sinnebilden av motorsport. "Med sin försiktiga läggning och sitt lugna resonerande måste Jo Bonnier ha förstått vad som väntade under flykten in mot trädstammarna" har den tyske författaren Hartmut Lehbrink skrivit.

En som konkret påverkades av begravningen var Reine Wisell. Han var utpekad som Bonniers arvtagare och hade som bäst slutat trea på amerikanska Watkins Glen 1970. Men Wisell gjorde bara två ytterligare F1-lopp efter jordfästningen av Bonnier. Han valde att inte på samma sätt som tidigare ge utrymme åt tillfälligheternas spel.

En som inte lät sig avskräckas var den buttert hetsporrige närkingen Ronnie Peterson. Denne hade redan 1971 blivit totaltvåa i den March-bil han kört sedan våren 1970. Bara två månader efter Bonniers död köptes Peterson för hisnande 100 000 pund över till stallet Lotus.

Colin Chapmans konstruktion var den tidens motsvarighet till Ferrari. Oslagbar. Rent av provocerande i sin tekniska överlägsenhet. Nu trodde en hel F1-cirkus att Ronnie var självskriven som arvtagare till kungar som Jackie Stewart och James Hunt.

Där fanns också dagar då Ronnie Peterson övervann det lite elaka epitet "världens bäste på träning". Som då han 1973 lekte med motståndarna hemma på Anderstorp Raceway. Det var den första tävlingen hos den cigarr-bolmande självlärde småländske racingmagnaten Sven "Smokey" Åsberg och 53 000 åskådare i den småländska urskogen. Ronnie lekte med motståndet ända till det att en djävulsk pyspunka gjorde att Denis Hulme kunde passera två varv från mål.

Inkastaren

ÖIS var i och för sig inget dåligt lag, då i skiftet mellan 60- och 70-tal. Fast det var helt klart mellan två stora perioder i klubben, de pendlade mellan allsvenskan och division II.

Det var efter att Örjan Persson och Lennart Wing dragit till Skottland, och före Peter Dahlqvist, Sören Börjesson och Stefan Allbäck.

Men Örgryte IS var unikt på ett sätt: de hade Inkastaren.

Han hette Lennart Johansson, "Lelle" allmänt kallad. Hans begåvning som fotbollsspelare satt i – armarna. Lelle var en tung och stor spelare, och knappast någon elegant på plan. Men miraklet inträffade när motståndarlaget lyckades trilla bollen utanför sidolinjen.

Då lufsade "Lelle" Johansson dit, samtidigt som nästan hela laget i övrigt placerade sig framför motståndarmålet. Med Lelles enorma inkast var det en given målchans varje gång. På andra fasta situationer var de rätt dåliga, då fanns ingen användning för Lelles armar. Men även ett inkast nära mittlinjen kunde öppna upp spelet för Örgryte, utan allt för mycket spring.

Utkastaren

I skiftet mellan 60- och 70-tal kunde man vara säker på en sak om de ledande fotbollsklubbarna i Stockholm: förnamnet på målvakten. I mål stod Ronney (Pettersson, DIF), Ronnie (Hellström, HIF) och Ronny (Gustafsson, AIK).

Ronney Pettersson kom till Djurgården från IFK Skövde 1958 men blev ordinarie målvakt först 1966, när föregångaren Arne Arvidsson gick till Sirius.

Sedan gick det desto bättre, med bland annat 17 A-landskamper och en plats i VM-truppen i Mexico 1970.

Om Sven-Gunnar Larsson och Ronnie Hellström, som han konkurrerade med om målvaktsplatsen i landslaget, var viga så stod Ronney snarare för tyngd och styrka. I Djurgårdens egen historieskrivning talar man diplomatiskt om "det snåla rörelseschemat".

Den 90 kg tunge målvakten var fruktad för sina utrustningar, och – inte minst – boxen. Ja, inte det som man i dag talar om som målområdet, utan en rejäl utsträckt boxarnäve. Med lite fart i ryggen kunde en utboxning från Ronney förflytta spelet till andra sidan plan. Och även när han greppade bollen visste man att spelet skulle förflyttas dramatiskt. Som gammal handbollsmålvakt hade Ronney ett pricksäkert och extremt långt utkast.

SLITVARGEN STILES

Ful. Något annat sätt finns knappast att beskriva honom. Ofta hårdför på planen, på gränsen till ful. Och ingen skulle komma på tanken att kalla honom bildskön. Han bröt tvärt av mot de unga män som dök upp i den brittiska popgenerationen.

Men tänker man på Englands vinnande VM-lag 1966 är det inte i första hand målgöraren Geoff Hurst eller eleganten och lagkaptenen Bobby Moore man tänker på. Utan Nobby.

Det är också Nobby som skiljer ut sig på bilderna på segrarlaget. Han står där tandlös och skrattande med hårtestarna spridda i pannan. Nobby genomförde också en oförglömlig segerdans efter slutsignalen.

Nobby Stiles har på många sätt blivit ett uttryck för en spelare som ger allt på planen, som sliter och aldrig ger upp.

Så var det på Wembley när engelsmännen besegrade Västtyskland, så hade det varit när laget slog Portugal och Stiles tog ner den nye kanonspelaren Eusebio. Så var det också när Manchester United spelade.

Michael Palin, från Monthy Pyhongänget, har i något sammanhang hyllat den bok som handlar om en mans fanatiska förhållande till ett annat engelskt lag, Arsenal. Så här skriver Palin om Nick Hornsbys Fever Pitch: "Bra böcker om fotboll kan räknas på tänderna i Nobby Stiles överkäke, men Fever Pitch är en mindre klassiker."

Norbert Peter Stiles föddes 1942 och växte upp i en arbetarstadsdel i norra Manchester i Manchester och hade redan i unga år som dröm att få spela i Manchester United. Och han knöts också till klubben redan som femtonåring.

Den korte Nobby var en ganska osannolik spelare redan från start. Dels var det hans längd (165 cm), dels var Nobby närsynt och tvungen att spela med linser. Men Stiles fick chansen och utvecklades till en mittfältsspelare av rang. Inför fotbolls-VM 1966 fick också Alf Ramsey upp ögonen för den udda spelaren. Att Nobby gjorde enda målet när England slog Västtyskland i en landskamp 1965 stärkte hans position i landslaget.

Under VM blev han en nyckelspelare. Två år senare, 1968, var han tillbaka på Wembley, nu för Europacupfinalen med Manchester United. Tillbaka på Wembley var också hans antagonist från VM-spelet, Eusebio, med sitt lag Benfica. Återigen gick det vägen att neutralisera den målfarlige Eusebio, och Manchester United vann med 4-1.

Fast Stiles hade knappast någon lysande landslagskarriär, och förhållandet till Ramsey var inte alltid det bästa. Totalt blev det bara 28 landskamper och ett mål.

1971, efter 392 matcher för United sålde klubben Stiles till Middlesbrough för 20 000 pund. Två år senare blev han andretränare i Preston, vid sidan av Bobby Charlton. 1977 till 1981 tog han själv över huvudansvaret. Nu trodde de flesta att han för gott lagt fotbollsskorna på hyllan. Men i likhet med flera andra äldre spelare lockades han att pröva lyckan i den amerikanska NASL-ligan 1981.

Åter i England 1985 tog han över tränarjobbet i West Bromwich, men fick sparken efter ett halvår. I stället engagerades han att leda ungdomsverksamheten i Manchester United, fram till 1993. Och en del talanger lät verkligen höra talas om sig, mest känd från denna generation är väl David Beckham.

Men fotbollen väntar fortfarande på en ny Nobby Stiles.

Men Ronnie KUNDE vinna. Första gången gjorde han det på franska Le Castellet två veckor efter debaclet i Anderstorp.

Totalt blev det 10 vinster i 123 lopp. Många konkurrenter, hans dedikerade fans inkluderade giganter som Michelle Alboreto och Gilles Villeneuve, tyckte efter Ronnies frånfälle att detta var skamligt dålig utdelning. Man talade om otur, om att Ronnie inte alltid fått stallens bästa utrustning.

Men detta var snarare priset som Peterson fick betala för sin ytterst aggressiva åkstil. En gång i Belgien skrotade han tre bilar på träning. Sådana F1-förare har sällan nått den högsta pallen.

Mycket riktigt. Och det var troligen en tidsfråga. Den andra begravningen är Ronnies i Örebro hösten 1978.

"Chockerande", "onödigt", "brottsligt slarvigt av arrangörerna", "han skulle inte omkommit i dag".

Det har sagts och skrivits åtskilligt om Ronnies sista lopp. Det på italienska Monzabanan den 10 september det året. ▶

I praktiken: Eusebio mot George Best.

BIFFIGA CENTRAR OCH KLENA YTTRAR

Paketets fyrkantiga och avlånga form avslöjade dess innehåll. Det kunde bara vara en sak: Algas nya hockeyspel.

Det var en efterlängtad julklapp både för mig och min bror. Det gamla Stigaspelet hade sett sina bättre dagar. Masonit-isen var ganska nedskavd och den fyrkantiga träsargen var hjälpligt lappad på sina ställen. Och spelarna var lika platta som en tredjekedja i DDR:s VM-lag. De bar inte ens hjälm utan mössor.

Inne i paketet däremot fanns nya Alga-spelet. Alga hade insett vilken försäljningssuccé Stiga ruvade på med runt 100 000 sålda spel per år. Nu gav de sig in i samma bransch och gjorde det med besked: Spelarna var inte platta av plåt utan tredimensionella i plast.

Inte bara det, storleken på spelarna varierade rätt kraftigt. Centrarna var rejäla plastbjässar, yttrarna däremot rätt klena typer, backarna återigen lite biffigare.

Fast vad gjorde det att yttrarna var små – högeryttern kunde ju runda målburen baktill! Hela spelet var i plast och med rundade former, precis som en riktig hockeyrink till skillnad från Stigas fyrkantiga.

Jo, Algaspelet höll vad det lovade – ett tag. Sedan började centerns plastklubba trilla av, och inget lim ville bita på den påstridige centern.

Algas satsning på hockeyspel pågick bara i några år, men gav oss de tredimensionella spelarna som hängt med sedan dess. Stiga lärde sig av misstagen och gjöt plåtklubbor i plastspelarna och fixade till mekanismen som tillät yttern att åka bakom målet. Den trasslade alltid upp sig på Algas spel.

I dag är hysterin runt ett hockeyspel inte alls lika stark, och bordhockeyn har datadito att konkurrera med bland ungarna.

Hockeyspelen är annars rätt typiskt svenska, även om det allra första spelet lär ha konstruerats i Kanada på tidigt 30-tal.

1939 hade i alla fall Georg Bentzel Norberg tänkt ut en konstruktion av ett hockeyspel som han sålde till sin arbetsgivare Aristospel. De kommande decennierna var Aristo ohotade, men 1957 gav sig Stiga i Tranås in i leken.

Men trumfkortet Sven Tumba som annonspelare var utgången ganska given. Fast Aristo hankade sig fram som en illa tacklad spelare fram till konkursen 1972.

Hockeyspelen från Stiga görs numera i Litauen, gubbarna görs i Kina, och Stiga ägs av ett italienskt företag som mest funderar över framtidens gräsklippare.

Det var den eftermiddagen då Peterson, efter avsevärda mekaniska problem på träningen, vid starten inte hade sin annars så självskrivna tätposition, pole position, intill stallkollegan Mario Andretti. Istället stod Ronnie i femte led och blev kort efter start, i ingången till Goodyear-kurvan, involverad i en fatal kollision mellan totalt tio fordon. Riccardo Patrese körde efter en orolig start in i James Hunts bil. Denna touchade Ronnies Lotus. Han gjorde det tillräckligt mycket för att bakifrån kommande Vittorio Brambilla inte skulle kunna undvika att i sin tur krascha med Ronnie. Vars bil omedelbart stod i flammor.

Vi var många miljoner som efter några sekunder av andlös skräck ändå andades ut. James Hunt hade lyckats få ut Peterson ur sitt vrak. De första rapporterna sa att svensken "bara" brutit benen.

Faktum är att det tog uppåt tjugo minuter innan en ambulans ens fick tillträde till olycksplatsen. Sådan kontroll trodde banpersonalen på Monza att de hade på situationen.

Jag såg tävlingen med ett gäng klasspolare på ett studenthem i Stockholm. Vi hade suttit tysta och chockade i 17 kvadratmeter svettigt studentrum. Sport och plötslig död i direktsändning var något nytt och skrämmande för oss. Terrorattacken vid OS i München 1972 hade vi upplevt som 13-åringar och inte fattat ett dyft av. Det här var inte terror men känslan var minst lika hotfull.

Efter de lugnande rapporterna fick vi äntligen suget att gå loss på pizzakartongerna. Det skulle givetvis inte bli lika spännande utan Ronnie. Men det hade i alla fall gått bra. Vi andades ut. När bilarna började snurra runt Monza började vi förnöjt tömma ölbacken och skruvade upp "White Man in Hammersmith Palais" med The Clash.

Det var först framåt natten på Niguardia-sjukhuset i Milano – efter omständliga operationer av de 27 benbrott och frakturer som konstaterats – som läkarna på allvar började frukta för Ronnies liv.

Skadorna visade sig ha orsakat blodemboli, fettklumpar som stoppar blodtillförseln, vilket i förlängningen hindrade syretillflödet till Petersons hjärna.

Vid sextiden på morgonen den 11 september dödförklarades Bengt Ronnie Peterson. Han var 34 år. Vid jordfästningen väntade mer än 5000 utanför kyrkan i hemstaden Örebro. I ett slags sportens majestätsbegravning.

Vem är Бьерн Нордквист?

Eftermiddag den 11 juni 1967 på Råsunda stadion. Sverige möter Bulgarien hemma i EM-kval. I bortamatchen har Bulgarien segrat med 3-0. På en UEFA-sajt hittar jag flera fakta om matchen, som att Sverige förlorar med 0-2 hemma. Där finns också laguppställningen:

Ronney Pettersson, Djurgården, Hans Selander, Hälsingborg, Rolf Björklund, Malmö FF, Jim Nildén, AIK, Kurt Axelsson, Gais (på väg till Brügge), Inge Danielsson, Hälsingborg, Tom Turesson, Hammarby, Agne Simonsson, Örgryte, Ingvar Svensson, IFK Göteborg, Örjan Persson, Dundee United, och så nummer 6: Бьерн Нордквист.

Бьерн Нордквист? Vem är det? Alla andras namn står på svenska, eller åtminstone internationell stavning. Men med Бьерн Нордквист ringer inga klockor precis. Några slagningar senare är mysteriet löst: Бьерн Нордквист är Björn Nordqvist.

Back från IFK Norrköping, PSV Eindhoven och svenska landslaget. ”Bagarn” i Åshöjdens BK med mera.

Det kan tyckas osannolikt i dag. Men Ronnie Peterson hade rört vid något hos oss svenskar. Visst, vi har i folksjälen ett grundmurat intresse för bilsport. Formel 1 var dessutom redan stort och magiskt.

Kanske handlade det också om att vi helt enkelt saknade och behövde unga, moderna, spännande svenska hjältar. Och att vi här hade hittat dem nedstoppade i konservburkar med kapacitet att nå 300 kilometer i timmen eller mer.

Ronnie Peterson blev en ikon även för dem som inte visste om Lotus var en bil eller en akrobatisk sexuell position. Den sortens magnetism hade bagarsonen från Örebro, killen som pappa Bengt hade tränat till teknisk perfektion på gocart-banan i Laxå.

Därför skapade också Ronnie Petersons bortgång en brutal tomhet, en baksmälla. Hans ende tänkbare tronföljare Gunnar Nilsson gick bort i cancer bara två månader senare. Det gav oss en tredje racerbegravning och förstärkte känslan av att Formel 1 var ett passerat kapitel för oss svenskar. Sex år med svenskar i spotlight. Sedan var det förbi.

Jag har aldrig stött på en bättre beskrivning av tillfälligheternas spel än den enkla men precisa som Paul Auster tecknar i romanen ”Orakelnatten”. Auster kopplar sin skildring av olyckornas estetik till en annan mästerlig roman: Dashiell Hammets hårdhudade kriminalklassiker ”Riddarfalken från Malta”.

I den sistnämnda boken väljer en man,

Hammet kallar honom Flitcraft, efter att ha varit ytterst nära att dö, att helt enkelt fly från sitt gamla liv.

Auster skriver i ”Orakelnatten”:

”Som Hammet formulerar det: ”Han kände det som om någon lyft på locket till livet och låtit honom titta ner i maskineriet.” Flitcraft inser att världen inte är den förnuftiga och välordnade plats han hade trott att den var, att han hade missuppfattat alltihop från början och aldrig begripit någonting alls. Världen styrs av tillfälligheternas spel. Slumpen lurar på oss varenda dag av våra liv, och dessa liv kan vilket ögonblick som helst tas ifrån oss – utan någon som helst anledning.”

Det är ett citat ur en roman skriven 25 år efter Monza. Men i tillfälligheternas spel finns det ingen regelbok. Fusk är godkänt. Domaren ödet har ändå spelat alla involverade så fula spratt. Jag tvekar därför inte att etsa Austers ord på min egen gravsten över Ronnie och de andra killarna som berörde mig så hudlöst. För att sedan försvinna med så mycket kvar ogjort. ■

Lars Nylin

Facit, fotbollen och folkpartiet

Fotbolls-VM 1970: Inte en spelare från klubben i Sveriges lag. Fotbolls-VM 1974: Sju spelare som nyss hade lämnat eller spelade i klubben i landslaget. Det är också ett mått på Åtvidabergs FFs storhet i början av 70-talet.

Det finns många epitet på det blåvita lagets framfart på fotbollsplanerna på 70-talet: Det målglada, offensiva och spelglada laget. Allting var som hämtat ur böckerna om Åshöjdens BK eller en novell i Rekord-Magasinet. Den stora framgången ur det lilla sammanhanget.

Lag från små bruksorter hade överraskat förr, 1941 och 1963 blev till exempel Degerfors tvåa i allsvenskan. Men lika dominerande som Åtvidabergs FF var några år på 70-talet hade inget lag från en liten ort varit förr, och har definitivt inte varit senare.

På bruksorterna blir allt så mycket tydligare än på andra ställen.

"Allting är tydligt, enkelt och komprimerat. I dagens Åtvidaberg finns alla symboler kvar för det som varit de historiska motsättningarna i Sverige under 1800- och 1900-talen", skrev jag i ett reportage från orten i slutet på 80-talet.

Jo, det fanns till och med en baron. Släkten Adelswärd drev sedan 1700-talet Sveriges enda baroni, ett godskomplex som ger ägaren titeln baron. I dag är det Gustaf Adelswärd som driver baroniet vidare i aktiebolagsform.

Det var Adelswärdarna som startade kopparbrytningen i trakten, den första, stora näringen. Men när tillgångarna tröt på 1900-talet tog industrialisterna över. När Elof Ericsson tog över AB Åtvidabergs industrier började företaget växa snabbt, och blev så småningom Facit. Företaget tillverkade framförallt kontorsmöbler och räknemaskiner.

Med Elof växte betydelse av tre F i Åtvidaberg: Facit, fotbollen och folkpartiet. Under Elofs ledning uppmuntrade Facit de anställda att engagera sig i idrotten, och företaget började stötta fotbollslaget.

Elof var också aktiv folkpartist, och satt en tid som handelsminister i en kortvarig regering under 30-talet. Han var så etablerad som människa och politiker att folkpartiet i en valbroschyr tyckte det räckte med följande beskrivning av honom: "En bra karl".

Sonen Gunnar Ericsson tog över faderns verk och de tre F:en. Långt innan Ralf Edström och Roland Sandberg lät höra tala om sig var Gunnar Ericsson en rikskändis av stora mått. Han var en av de ledande näringslivspersonerna och samtidigt tillhörde han toppen i folkpartiet. Skulle det någonsin bli en borgerlig regering skulle Gunnar vara självskriven industriminister, hette det på 60-talet.

Men på Åtvidabergs spelplan fanns ett fjärde F, en fjärde hörnflagga: folkhemmet.

Det är rätt typiskt att Mats Samuelsson i boken "Hjältarna" beskriver ÅFF som "folkhemmets bästa fotbollslag".

Åtvidaberg var länge "Sveriges längsta s-kommun", alltså den kommun där socialdemokraterna haft makten längst tid.

Åtvidaberg fick till och med tjäna som exempel i en film som skulle beskriva det svenska folkhemsundret. Här hade de motsatta intressena kunnat enas över parti- och klassgränser. Och fanns inget annat som enade så fanns alltid fotbollen.

Den nystartade affärstidningen Veckans Affärer har i juli 1966 ett ovanligt omslag. På bilden står Gunnar Ericsson och Pelé, och lutar huvudena mot en boll emellan sig.

Facit hade bjudit in det brasilianska landslaget att ladda upp inför fotbolls-VM 1966 i Åtvidaberg. Att brassarna tränade på Kopparvallen och bodde på Hotell Stallet i lilla Åtvidaberg fick stor uppmärksamhet och blev en PR-triumf för Facit.

Facit hade sin hand med i allt som skedde i fotbollen. 1961 värvades en 16-årig lovande spelare från Blomstermåla, Roger Magnusson. När företaget insåg att de hade en världsspelare i laget fördes till och med diskussioner om han kunde tänkas byta förnamn till Facit (!), enligt Mats Samuelsson.

Magnusson försvann till Juventus 1966 och fortsatte sedan karriären i franska Olympic Marseille. Hans bror Benno tillhörde däremot ÅFF-undret i början av 70-talet.

Gunnar Ericsson ville att ÅFF skulle lyckas på riktigt och drog igång en värvningskarusell med unga, lovande spelare.

ÅFF hade knappast varit overksamma på den arenan under 60-talet. Året efter värvningen av unge Magnusson kom till exempel Veine Wallinder från Arboga till laget 1962. Wallinder skulle bli lagets kvalhjälte när ÅFF tog sig till allsvenskan 1967. Även om han under några år på 60-talet var i IFK Eskilstuna är han kanske den spelare som mer än någon annan symboliserar ÅFF:s storhetstid, och som knyter ihop lagets 60- och 70-tal. Efter den aktiva tiden hade han en kortare tid uppdraget som tränare åt Jönköping Södra. Wallinder överglänstes ofta av de större stjärnorna och platsade till exempel inte i landslaget, men VW var just en sådan slitvarg och lagspelare som alla lag behöver.

Men när det gick uppåt för fotbollslaget gick det nedåt för Facit.

Åtvidabergs FF vann svenska cupen 1970 och 1971, och blev svenska mästare 1972 och 1973.

Första året som svenska mästare gjorde de 65 mål och släppte in bara 22. Värst var anfallsparet Ralf Edström och Roland Sandberg med 16 mål vardera. Men bakom eller intill sig hade de en nästan lika effektiv trio: Benno Magnusson, Veine Wallinder och Conny Torstensson, som gjorde sju mål vardera.

Ett år tidigare, i oktober-november 1971, hade Åtvidaberg gjort det alla trodde var omöjligt, de hade spelat först 0-0 hemma, och sedan 1-1 borta mot Chelsea i Cupvinnarcupen. Men jublet i Åtvidaberg ville inte riktigt ta sig: samtidigt hade Facit visat sitt första förlustår och varslat 2 000 av de drygt 10 000 anställda om uppsägning.

Lika blandade känslor måste ha funnits hos Gunnar Ericsson 1972. Först kan han som ordförande i Fotbollförbundet dela ut guldmedaljerna till "sitt" lag, Åtvidabergs FF. En stund senare ska han träffa ledningen för Electrolux och komma överens om en försäljning av hela Facitkoncernen.

I Åtvidaberg finns många teorier om varför det gick som det gick – med fotbollen och med Facit.

När jag gjorde reportage därifrån på 80-talet fick jag som många andra höra historien om hur Facit hade underskattat hela teknikutvecklingen.

– Facit skickade sin utvecklingschef till Japan för att studera det nya. När han kom hem sjukskrev han sig direkt. I tre månader, berättade en tidigare Facitanställd.

Men Tom Pettersson som är forskare vid Ekonomisk-historiska institutionen vid Uppsala universitet menar i en artikel att mycket av detta är en myt.

Redan i slutet av 50-talet var Facit igång med tillverkning av stordatorer, och inledde ett samarbete med bland annat IBM. Facit hade lockat över de anställda i det tidigare statliga organet Matematikmaskinnämnden, och satsade nu på stordatorerna i form av den första kommersiella svenska datorn Facit EDB. 1965 slöt man ett avtal med det japanska företaget Hayakawa, om försäljning av elektroniska räkneapparater. Företaget bytte senare namn till Sharp.

Men efter fem år meddelade Hayakawa/Sharp att de tänkte etablera sig på egna ben på den svenska marknaden. Och utgången av kampen mellan de mekaniska räknemaskinerna och de elektroniska var rätt given.

Och man behövde bara åka några mil bort, till Norrköping, för att förstå att teko-industrin där redan var inne i en hård omställning där de utländska konkurrenterna tog över. Det som hände under det fortsatta 70-talet visade på område efter område att den svenska industrin hamnade i samma omställning. Några grenar klarade sig bättre än andra, men man behöver bara påminna om en annan bruks- och fotbollsort, Degerfors, för att inse att omställningen pågått och pågår än i dag.

I princip alla spelare och tränare hade haft anställningar i Facit. Nu med stora uppsägningar, och så småningom en ny ägare, fanns det ingen som upprätthöll denna symbios mellan företaget och fotbollen.

Nu behövde stjärnspelarna knappast traska från Metallvägen till arbetsförmedlingen. Lagets framfart hade fått utländska storklubbar att få upp ögonen. Ove Eklund och Bo Augustsson hade redan försvunnit till Holland, nu gick Ralf Edström till PSV Eindhoven, Roland Sandberg och Benno Magnusson till Kaiserslautern och Conny Torstensson till Bayern München.

"Sveriges bästa korplag" – ÅFF – lyckades trots spelarförlusterna ändå ta hem seriesegern också 1973. 1974 slutade de som femma, året senare som sexa. 1976 föll laget ur allsvenskan, men återkom 1978 och höll sig kvar i högsta serien till 1982. Åtvidaberg harvade några år i division II men spelar numera i Superettan igen. Och de gör bra ifrån sig, och hade tidigare ett samarbete med Djurgården där de fungerade som ett slags farmarlag.

Men mycket har hänt med svensk fotboll sedan ÅFF:s glansdagar.

Veine – mesta ÅFF-aren.

I det svenska lag som spelade fotbolls-VM 1974 fanns det fyra utlandsproffs. Resten var mer eller mindre amatörer.

Det är svårt att tänka sig att någon i dagens landslag skulle hänga av sig arbetsrocken och stämpla ut från lagret för att cykla iväg till eftermiddagsträningen.

Fast förändringens vindar har svept över Åtvidaberg också på andra sätt. Som sagt, det här var landets längsta s-kommun.

Sossarna hade makten i kommunen från 1919 och framåt. Men i valet 2002 ändrades det.

Partiet fick i och för sig 49 procent av rösterna – i riksdagsvalet. I kommunvalet fick de bara 34 procent. Lokala (s)-avhoppare i Kopparpartiet drog i stället till sig 18 procent av kommunrösterna. Den tidigare socialdemokraten Lars Rasch blev kommunstyrelsens ordförande och kommunalråd som "kopparpartist". Men den"regnbågsallians" som bildades mellan Kopparpartiet och de borgerliga partierna efter valet 2002 sprack, och efter valet 2006 styr socialdemokraterna igen, men nu i samverkan med moderaterna.

Baron Gustaf Adelswärd uttalar sig i Östgöta Correspondenten. Han säger att han har goda erfarenheter av de flesta lokalpolitiker i Åtvidaberg:

– De är rejäla och vill väl, men problemet är personträtorna. De har vi inte råd med, inte om vi ska utvecklas.

Och på Platinagruvans pub och nattklubb, som just fått förlängt öppethållande med därtill hörande serveringstillstånd, kan diskussionen fortsätta kring om det var bättre förr. Med fotbollen, Facit och med folkhemmet.

1968

NYA BILMODELLER:

Saab 99, Volvo 145, NSU Ro 80, Mercedes 200, Opel Olympia, Ford Escort, Simca 1100

JANUARI

04 De amerikanska trupperna i Vietnam är uppe i nära en halv miljon
09 Fyra amerikanska desertörer beviljas asyl i Sverige
13 Johnny Cash håller konsert på Folsom Prison, Kalifornien
30 FNL inleder Tetoffensiven

FEBRUARI

01 En FNL-soldat avrättas på gatan i Saigon av stadens polischef Nguyen Ngoc Loan. Eddie Adams foto av avrättningen belönas senare med Pulizerpriset
19 Proffsboxning förbjuds i Sverige
21 Sveriges nye utbildningsminister Olof Palme går i täten för en Vietnamdemonstration tillsammans med Nordvietnams Moskva-ambassadör

***I have a dream*, that my four children will one day live, in a nation where they will not be judged by the color of their skin, but by the content of their character**

Martin Luther King

MARS

08 USA kallar hem sin Stockholmsambassadör i protest mot Olof Palmes deltagande i Vietnamdemonstrationen
19 Regeringsförslag om att svenska skolor ska få femdagarsvecka från hösten, ingen undervisning på lördagar
27 Yuri Gagarin, första mannen i rymden, dör i en flygolycka norr om Moskva

APRIL

04 Martin Luther King skjuts till döds i Memphis
05 Liberaliseringen, även kallad Pragvåren, under Alexander Dubceks ledning inleds i Tjeckoslovakien
06 En sifoundersökning visar att 46 procent av 12-24-åringarna inte tror på Gud, medan 22 procent säger att de gör det
11 Ett mordförsök på tyske studentledaren Rudi Dutschke i Västberlin sätter igång omfattande studentprotester i Europa
25 De t-banestationer som är mest utsatta för "ligister och fyllerister" ska få tv-övervakning

MAJ

03 Stora protester stoppar en Davis cupmatch i tennis mellan Sverige och Rhodesia i Båstad
05 500 arresteras och Sorbonneuniversitetet i Paris stängs efter studentrevolt
07 Protesterna i Paris växer till det som kallas majrevolten när även franska arbetare över hela landet går ut i strejk
12 Postnummer införs i Sverige
24 Svenska studenter inleder en ockupation av Kårhuset i Stockholm. De ordnar en demonstration under parollen "Det är rätt att göra uppror"
27 600 poliser kallas in för att övervaka upplösningen av Kårhusockupationen

JUNI

03 Popkonstnären Andy Warhol skjuts ned och skadas allvarligt av Valeria Solanis som agerat i Warhols filmer
05 Senator Robert Kennedy skjuts ned i Los Angeles efter att ha segrat i det kaliforniska primärvalet, han avlider dagen efter
08 Martin Luther Kings mördare James Earl Ray arresteras i London
28 Regeringen beslutar stoppa starkölsförsäljningen i livsmedelsbutiker i Västsverige

JULI

17 Den tecknade Beatlesfilmen Yellow Submarine har premiär i London
29 Påven Paulus VI bannlyser användning av preventivmedel

AUGUSTI

20 Sovjetunionen och övriga Warszawapakts-styrkor invaderar Tjeckoslovakien

SEPTEMBER

15 I sitt sista val som socialdemokraternas partiledare får Tage Erlander 50,1 procent i riksdagsvalet

OKTOBER

12 Olympiska spelen inleds i Mexiko City

NOVEMBER

05 Republikanen Richard Nixon väljs till USAs 37 president

DECEMBER

09 Douglas Engelbart och ett forskarteam från Stanford demonstrerar för första gången användningen av datormusen liksom ett hypertextsystem för datorer
21 Apollo 8 lyfter från jorden för att runda månen. Tv-bilderna som sändes från Apollos färd på julafton blev den hittills mest sedda tv-sändningen.

Nya ord 1968

■ Akutintag, allaktivitetshus, bankomat, beslutsnivå, betygsfri, bisexualitet, brainstorming, civilmotstånd, demotape, doldis, dominoteori, dumpa, elittänkande, ensamseglare, familjeterapi, flopstil, fota, framtidsforskning, fyllnadsinbetalning, förstärkare, gammelkommunist, garv, geggig, generalist, gräsrot, industrirobot, infravärme, innefolket, inneställe, klippkort, klona, konkurrenssamhälle, kundvagn, kärnkraftverk, livskvalitet, lägenhetshotell, lättfil, löp, maxikjol, mixer, motorhotell, multimedier, närdemokrati, offentliganställd, ordbehandling, polarisering, postindustriell, pyton, samhällsfrånvänd, second hand, servicebutik, självkem, skräpkultur, slimmad, socialförvaltning, SO-ämne, stilldrink, stordia, stugby, tajt, tekoindustri, telefonväkteri, torktumla, T-shirt, vinkling, värnpliktsriksdag.

Nyheter 1968:

- Hemspråksundervisning
- Grupp 8 bildas
- Postnummer införs
- Minicykeln
- Papperskläder
- Enprocentsmålet – att ge en procent av BNP i bistånd
- Hongkonginfluensan
- Kvartsuren
- Legoland öppnas i danska Billund
- Pendeltåg
- Elastiska strumpbyxan
- Radioprogrammet "Ring så spelar vi"
- Första uttagsautomaten installeras i Uppsala

Vad vi lyssnade på:

The Beatles "Hey Jude", "Lady Madonna"
The Rolling Stones "Jumpin´Jack Flash"
The Tremeloes "Even the bad times are good"
The Hollies "Jennifer Eccles"
Jimi Hendrix "The wind cries Mary"
Canned Heat "On the road again"
Simon & Garfunkel "Mrs Robinson"
Marvin Gaye "I Heard It Through the Grapevine"
Don Partridge "Rosie"
1910 Friutgum Company "Simon says"
Dusty Springfield "Son of a Preacher Man"
Bob Dylan "All Along the Watchtower"
Dionne Warwick (Burt Bacharach) "Do You Know the Way to San Jose"
The Hep Stars "Mot okänt land"
Mona Wessman "Gå och göm dig Åke Tråk"
Claes-Göran Hederström "Det börjar verka kärlek, banne mej"
Lill-Babs "Manolito"
Siv Malmkvist "Mamma är lik sin mamma"

Hepstars

Vad vi såg på bio och tv:

■ TV-serier:
Bombi Bitt och jag (med Stellan Skarsgård som Bombi Bitt)
Slättemölla by
Marty (Marty Feldman)
Markurells i Wadköping
High Chaparall

■ Barn- och ungdomsprogram:
Klart spår till Tomteboda
Kullamannen

■ TV-teatern gav:
Fordringsägare
Exercis
Hönssoppa med korngryn
Rötter
Jag talar om Jerusalem
Pygmalion
Påsk
Lådan (Svenska ord)

■ Film:
...som havets nakna vind
Badarna
Bamse
Dom kallar oss mods (Stefan Jarl)
Fanny Hill
Flickorna
Het snö (med Ernst-Hugo Järegård som knarkkung!)
I huvet på en gammal gubbe (Hans Alfredsson – Svenska Ord)
Jag – en oskuld
Jag en kvinna, II
Jag är nyfiken – blå (Vilgot Sjöman)
Korridoren (Jan Halldoff)
Ole dole doff (Jan Troell)
Åsa-Nisse och den stora kalabaliken
Under ditt parasoll (Sven-Ingvars)
Kärlek på sanden

■ Utländsk film:
Apornas planet (Franklin J Schaffer)
Rosemary´s baby (Roman Polanski)
År 2001 – ett rymdäventyr (Stanley Kubrick)
Barbarella (Roger Vadim)
Det våras för Hitler (Mel Brooks)

Hur såg vi ut egentligen?

Allting var tight. Oerhört tight. Delvis berodde det på att kläderna oftast var i konstfiber. Var det minsta lilla värme kletade kläderna fast vid kroppen av värmen. De nya konstgjorda materialen var gjorda för att tåla mycket, och vara skrynkelfria. Men andas, det kunde de inte. De häftade fast vid kroppen som gaffatejp. Å andra sidan var de iskalla när temperaturen sjönk.

Men det berodde också på modet. Skjortorna skulle vara slimmade, byxorna så tighta att kroppen levde under konstant press. Byxornas skärning i grenen var så maximalt tight att – ni vet vad – snarast kändes som halsmandlar.

Ovanpå detta skulle det finnas en volumiös frisyr, helst med polisonger, gärna en gedigen halskedja också och som avlutning på eländet skulle även en helt vanlig grabb ha en liten handledsväska!

Och blev vi inte uttittade beroende på denna look, tog vi det säkra före det osäkra, garderade med luktsinnet också, och stänkte på oss några milliliter Brut 33 eller Old Spice.

Ja, hur såg vi ut egentligen?

Allt detta för att imponera på det så kallade motsatta könet. De såg i sin tur ut ungefär som oss.

Jo, modet var ju unisex, tjejer och killar skulle se ungefär likadan ut, bortsett från polisongerna då.

Visst, modet hade förändrats starkt redan i mitten på 60-talet. I vår föräldrageneration såg man till att markera vuxenheten redan vid konfirmationen. Därefter var det hatt och kostym eller klänning som gällde.

Med den första ungdomskulturen ändrades det. Efter det skulle alla till London och handla i klädbutikerna på Carnaby Street eller King´s Road.

Jeansen blev på många sätt symbolen för det nya. Då liksom nu skulle de helst se lite slitna ut. Om inte annat

DALLAS
B
THIGHS CUT NORMAL.
LEATHER LABEL.
YELLOW-BLUE
1968
NORMAL WAIST.
COPPER RIVETS.
LIGHT BEIGE TRIPLE-STITCHING.
SLIM LEGS.
GUL BLA

KJOL
B
35.10
FLANELL
JUMPER
C
23.95
VONNEL
D
51.50
MANCHESTER
KJOL
E
32.50
MANCHESTER
JUMPER
F
14.25
BANLON
ungt mode i nya färger

UNGT
festligt mode
behöver inte kosta
massor av pengar!
Du vet väl att Du hittar de unga festliga kläderna hos Kapp-Ahl? Med de nya linjerna. I de rätta materialen. Och i de rätta färgerna.
Därför kan Du klä Dig ungt och modernt. Utan att det behöver kosta massor av pengar. Titta in till Kapp-Ahl får Du se!
KAPP-AHL

gick det att fixa till med lite sandpapper. Fast ett par Algotsjeans gick aldrig att få rätt, vilka verktyg som än användes.

Och blommiga skjortor! Popgenerationen svek allt som tillhörde den etablerade klädedräkten. Bar de kostym saknade den slag, bar de andra byxor än jeans var de inte svarta, blå eller grå utan röda eller plommonfärgade.

Men det var i slutet av 60- och början av 70-talet som den verkliga modeförändringen kom. Det var som om någon öppnat en bortglömd garderob och sakerna nu bara vällde ut.

Är man som jag född i Borås såg man det på lite närmare håll. Staden hade länge klätt svensken, där fanns Algots och alla de andra stora klädtillverkarna. Men när vi var åter på besök i staden efter att ha flyttat brukade släkten tala allt mer bekymrat om alla textilindustrier som slog igen.

Kläderna kom allt oftare utifrån, från länder vi hittills knappt hade hört talas om. De var betydligt billigare än de svenska kläderna, ofta häftigare också, tror jag vi tyckte.

Egentligen var det också ett annat skifte som ägde rum.

Tidigare hade kläder varit något av en långsiktig investering. Skulle man ha en ny jacka skulle det vara något ”rejält”, och helst något att växa i. Kläder var bruksföremål, som skulle tåla tid och tand.

Nu blev kläderna allt mer av modeprodukter – använda två, tre gånger och sedan aldrig mer.

Klädimporten var en sak, den klädtekniska revolutionen en annan.

Den hade pågått ett tag. Redan på de där sommarresorna i barndomen till Liseberg hade man fått nya finkläder. I nya fina material, om det nu var banlon, rayon, perlon eller nylon.

En redan varm sommardag var dessa nya kläder i konstmaterial perfekta tortyrinstrument. Eftersom min farsa körde mycket i jobbet och ofta bytte bil gick sommarresan ofta i en ny Volvo. Att han envisades med att inte ta bort plasten från klädseln (givetvis av galon) förrän den började ge med sig av sig själv gjorde knappast saken bättre där i baksätet.

Att man inte redan då lärde sig vilken verkan konstfiber kan ha på en människokropp är rätt obe-

T-shirten som budskapsbärare

T-shirtens ursprung går tillbaka till den amerikanska flottan. Under första världskriget tycks amerikanska soldater ha noterat att de europeiska bar en liknande undertröja under varma dagar. T-shirten blev först en del av flottisternas grundutrustning, och den spred sig till hela armén.

Även om europeerna hade utvecklat plagget i sig var det amerikanerna som gav det dess namn. I flottan och armén kallades det tröja av "T-type", och ibland också "T-shirt".

Det blev det senare namnet som satte sig. På 20-talet togs det till och med in i amerikanska ordböcker.

Under 30-talet spred sig dess användning utanför militära sammanhang, inte minst bland idrottsutövare och universitetsstudenter. 1939 kom den första reklam-T-shirten. Den gjorde reklam för den nya storfilmen ”Trollkarlen från Oz”.

Men det var framförallt under 50-talet T-shirten blev synonym med ungdomsmode. När James Dean bar en T-shirt under skinnjackan i ”Ung rebell” (”Rebel Without A Cause”) ville många ta efter.

I Sverige fick väl James Deans klädstil knappast några större återverkningar mer än hos den så kallade bilburna ungdomen. Men på 60-talet syntes T-shirten på allt fler unga. Och i början av 70-talet fick T-shirten sitt verkligen genombrott som reklam- och budskapsbärare.

Om det sedan är sant att en nyplacerad svensk utrikeskorrespondent i Washington anlände en av sina första dagar till Vita huset i en T-shirt med texten ”Ät mera gröt” är svårare att kontrollera. Men fullt möjligt.

Att frysa när man inte behöver. Det är dumt det.

Ni vet hur det känns att sätta sig i en kall bil. Eller att åka moped en blåsig dag. Ni vet också hur det känns att stå vid busshållplatsen en gråkall morgon. Att vara ute och fiska med kompisarna. Eller att dra ungarna på kälken en söndagseftermiddag.

Då behövs *Jac Knitting* ¾-långa kalsonger. Tillverkade av Bri-nylon. Vävda så att dom är varma när det är kallt. Och svala när det är varmt.

Dessutom är dom töjbara på både längden och bredden. Korvar sig inte. Och åker inte upp över knäna.

Jac Knitting finns i rutigt och randigt. Flera olika färgställningar. Kostar 17:75.

TEMPO

BRI NYLON

Kobra är kult.

gripligt. I stället gick man på 70-talet på diskotek i polyesterskjorta med en akryltröja ovanför.

Så här i efterhand kan man misstänka att klädtillverkarna var i maskopi med dem som sålde deodoranter och liknande. Fast rätt ofta hade man också behövt ha med sig en MUM i den där handledsväskan för att bättra på doften, eller dölja den icke önskade.

Fast könsrollerna var lika uppblöta som våra armhålor. Killar skulle vara mer feminina, och tjejer skulle vara mer maskulina. Åtminstone till det yttre. Och värst av allt var det högst upp. Redan när hårmodet föreskrev något annat än snagg på 60-talet hade killar börjat gå till damfrisörer. Nu fanns det grabbar som ägnade mer tid åt håret och fönen än sina flickbekanta.

Allt var tight, men också extremt även på andra sätt. Plötsligt skulle alla brallor vara utsvängda nertill. V-jeansen gjorde entré, smala och tighta upptill, men runt anklarna gick det att dölja en fotboll i byxbenet. Vidast nertill var nog jeans från Landlubber. Rekordet lär vara 72 cm fotvidd.

Diskolooken var en sak, men dansbandslooken nästan lika eländig. Det var samma utsvängda brallor, och till det kavajer med enorma slag och gärna platåskor.

Och överallt samma doft av Fabergé Brut 33. Dofter och dylikt hade tidigare varit begränsade till på sin höjd lite Tshania hårvatten eller en aning Brylcreme i håret. Nu hängde grabbarna plötsligt vid kosmetikadiskarna.

Vita plastmöbler och orange tyger – helrätt på 60-talet. Varför göra möbler i trä när det fanns plast?

Rislampan en av många klassiker som kommit tillbaka. Frågan är bara varför?

Lee

det är verkligen Vilda Västern det... Men LEE har en förmåga att dyka upp på de mest oväntade platser. Som t.ex. på regattan i Sandhamn. Förresten är det väl inget att förundra sig över. Folk i dag vet vad dom vill ha.
Ett par byxor att ha i båten t.ex. skall vara oömma, slitstarka och praktiska. Men, framför allt så skall dom vara välsittande. Dom skall vara LEE helt enkelt.

Unisexmodet letade sig in även till underkläderna (och tapeten!). Fast så långt som till Y-front gick aldrig tjejerna. Mer än i nödfall...

▶ 60-talet hade ju annars fött fram ett mods- och protestmode som var tvärt emot allt detta. Långt, helst okammat, hår, en grön arméparkas och basketskor i vit canvas som var försedda med lämpliga paroller eller bandnamn. Men på 70-talet var detta arv förlorat utom hos en mindre grupp revolutionärer. De riktigt tvättäkta KFML (r):arna hade dock noterat att de äldre arbetarna ofta satte på sig finkläder, och nu blev den bruna manchesterkavajen deras uniform.

Fast så långt som till ett par Jockeybyxor gick de aldrig. Det dög med jeans till kavajen.

Några andra vänstermänniskor valde den mjukare linjen med velourkläder från Mahjong. Här föddes velourmannen, en svensk klassiker sedan dess.

Vi andra hade på sin höjd en batik-T-shirt.

Men sett i backspegeln var det knappast något mode värt att eftersträva eller återuppväcka. För ingen skulle väl någonsin mer få för sig att tillverka till exempel utsvängda jeans. Eller? Jaha... ■

Janne Sundling

Märkligt nog blev arméjackorna främst ett klädesplagg för de som protesterade mot kriget.

"... å blanka skor, å gabardinkostym.
Sen e´ man klar för diskotek ..."

1969

JANUARI

■ I början av året fanns 543 400 amerikanska soldater i Vietnam

01 Moms införs som ersätter oms
06 Den amerikanske presidentens årslön höjs från 100 000 dollar till 200 000 dollar
10 Sverige erkänner Nordvietnam
10 Rasdiskriminering vid krogbesök eller uthyrning av bostäder föreslås bli straffbelagd
16 Den tjeckiske studenten Jan Palach begår självmord genom att tända eld på sig själv i protest mot Sovjets invasion i Tjeckoslovakien
20 Richard Nixon svär presidenteden i Washington DC
30 Beatles gör sitt sista liveframträdande på taket till Applestudion i London

FEBRUARI

03 Yassir Arafat väljs till ny PLO-ledare
11 Regeringen utlovar en översyn av principerna för svensk vapenexport
13 Första framgångsrika provrörsbefruktningen genomförs i Storbritannien

MARS

12 Paul McCartney gifter sig med Linda Eastman
16 Fältbiologerna demonstrerar mot planerna på att reglera Vindelälven, Kaitum och Ritsemjokk.
20 John Lennon och Yoko Ono gifter sig
23 Stockholms arbetarekommun kräver att bankerna förstatligas liksom ett samhällsövertagande av privata hyreshus
25 Ännu en tjeckisk student, Jan Zajic, bränner sig till döds i Prag.
27 All användning av DDT förbjuds i Sverige

APRIL

01 Regeringen lägger ett förslag om att förbudet mot att ordna nöjestillställningar på långfredagen, påskdagen och juldagen ska slopas.
03 33 641 amerikanska soldater rapporteras dödade hittills i Vietnamkriget
23 Sirhan Sirhan döms till livstid för mordet på Robert Kennedy

MAJ

03 President Nixon förklarar att ett av de största hoten mot det amerikanska samhället är postorderförsäljning av porr
07 Skolöverstyrelsen, SÖ, föreslår att alla betyg slopas i låg- och mellanstadiet, utom vårterminsbetyget i årskurs tre och sex.

JUNI

10 FNL bildar en provisorisk regering i Sydvietnam
16 Per Garthon väljs till ordförande i Folkpartiets ungdomsförbund och får direkt skarp kritik av partiledaren Sven Wedén

JULI

03 Brian Jones hittas död i sin swimmingpool vid huset i Sussex fem veckor efter att han lämnat Rolling Stones
14 Fotbollskriget. Sedan El Salvador besegrat Honduras i fotboll (omspelsmatchen i VM-kvalet i Mexico City slutade 3-2 efter förlängning) startade ett krig länderna emellan som pågick i två veckor.
16 Apollo 11 skjuts upp från Cape Kennedy
18 En medarbetare till senator Edward Kennedy drunknar vid en bilolycka i Chappaquiddick, senatorn smiter från platsen och anmäler sig till polisen först nästa morgon
21 Neil Armstrong och "Buzz" Aldrin landar på Månen

AUGUSTI

09 Skådespelerskan Sharon Tate, gift med Roman Polanski, och fyra andra mördas av Charles Mansonsekten.
15 Woodstockfestivalen inleds och bevistas av runt 400 000 personer

SEPTEMBER

03 Nordvietnams president Ho Chi Mihn avlider
22 Beslut om förstatligande av apoteksväsendet från 1971

OKTOBER

01 Olof Palme efterträder Tage Erlander som socialdemokraternas partiordförande, och två veckor senare som statsminister.
04 Förlikning i neurosedynmålet, runt 100 skadade barn får dela på 35 miljoner i ersättning

NOVEMBER

16 Song My-massakern avslöjas i USA. Mer än 450 civila har dödats i en attack mot byn i mars 1968.

DECEMBER

05 Sverige får sin andra tv-kanal
09 Strejken i Malmfälten, som ska vara i två månader, inleds.

Vad vi såg på bio och tv:

■ TV-serier:
Håll polisen utanför
Friställd
Bokhandlaren som slutade bada
Rekordåren 66/67/68
Monthy Pythons flygande cirkus
Tipsextra

■ Barn- och ungdomsprogram:
Herkules Jonssons storverk
Pippi Långstrump
Kråkguldet
Mumintrollet
Klas Klättermus

■ TV-teatern gav:
Fröken Julie
Den girige
Hissen som gick ner i helvetet
Se dig om i vrede
Spader Madame! (Svenska ord)

■ Film:
Eva – den utstötta
Harry Munter
Kärlekens språk (Torgny Wickman)
Made in Sweden (Johan Bergenstråhle)
Miss and Mrs Sweden
Misshandlingen (Lars-Lennart Forsberg)
Ådalen '31 (Bo Widerberg)
Den vita sporten (Grupp 13)
Åsa-Nisse i rekordform

■ Utländsk film:
Det vilda gänget (Sam Peckinpah)
Easy rider (Dennis Hopper)
Midnight cowboy (John Schlesinger)
Ta pengarna och stick (Woody Allen)
Butch Cassidy och Sundance Kid (George Roy Hill)

PUGH

Vad vi lyssnade på:

The Beatles "Get Back", "Here Comes the Sun", "Back In The USSR"
Rolling Stones "Honky Tonk Women"
5th Dimension "Aquarius-Let the Sunshine In"
Canned Heat "Going Up The Country"
Creedence Clearwater Revival "Bad Moon Rising"
Desmond Dekker "Israelites"
Eleanor Bodel "One Way Ticket"
Fleetwood Mac "Albatross"
Marmelade "Ob-La-Di-Ob-La-Da"
Move "Blackberry Way"
Pugh Rogefeldt "Här Kommer Natten"
Tommy Roe "Dizzy"
Zager & Evans "In The Year 2525"
Bob Dylan "Lay Lady Lay"
Frank Sinatra "My Way"
Burt Bacharach "Raindrops Keep Fallin' on My Head"
Lars Berghagen "Teddybjörnen Fredriksson"
David Bowie "Space Oddity"
Robert Broberg "Uppblåsbara Barbara"
Tommy Körberg "Judy min vän"
Agneta Fältskog "Om tårar vore guld"
Led Zeppelin "Whole Lotta Love"
Lill Lindfors "En man i byrån"
Elvis Presley "In the Ghetto"
The Who "Pinball Wizard"

Nyheter 1969:

- Concorde
- Adoptionscentrum
- Mysoverallen
- TV-nytt och Rapport
- Partistöd
- Lättmjölken
- Plastmöbler
- Obligatorisk med bilbälte i framsätet på nya bilar
- Dokumentärromanen
- Miljöskyddslagen
- Bootlegs (första med Bob Dylan och Rolling Stones)
- Unixsystemet utvecklas vid AT&T Bell Laboratories
- Wallraffande, Günther Wallraff kommer med sin första bok "13 icke önskvärda reportage"
- Statens Invandrarverk

Nya bilmodeller:

Citroen Ami, Renault 6, DAF 55, Datsun 1600 Sedan, Volvo 164, Audi 100, BMW 2002.

Nya ord 1969:

■ Ackordshets, (spela) Allan, avstamp, avvikare, baggis, bjussa, bredbar, brutta, dart, dassig, direktdemokrati, djurfabrik, dörrknackning, elitistisk, ergonomisk, fejs, fota, fritidsförvaltning, färdtjänst, förståndshandikappad, gegga, genbank, gnet, go-go, grammis, gratta, groupie, gummiparagraf, högervridning, innegrej, institutionsteater, isigt, kalorisnål, klipp, knut(-ar), kommunfullmäktig, krogshow, kärnfamilj, lankig, leg, lurt, management, miljövänlig, minior, mjukis, mobba, målrelaterad, näck, närmiljö, on-line, ormgrop, paj, paja, pantad, passivisera, pysa, raken, rullstolsbunden, sidoeffekt, sniff, snopp, spagettiwestern, spin off, stordator, stöta, svagpresterande, syrra, sätta på, underprivilegierad, uttagsautomat, vattenburen, vibrera, vinare, volontera, ångervecka.

Framtiden fanns i en frysdisk på EPA

Världen landade på vårt matbord. Efteråt kunde vi konstatera att den vid landning trängt undan de urkokta grönsakerna. Ingen större förlust. Värre var förlusten av söndagssteken, raggmunken, kåldolmarna och annat som kan betecknas som husmanskost som kräver långkok.

Delvis var det en bokstavlig färd. Svensken började röra på sig och åkte på charterresa utomlands. Med oss hem tog vi de nya smakerna, och smaken för det nya. ”Pajelja” och ”Sanggriia” hade ju varit så gott där på Mallorca, så varför inte bjuda på det när Sivan och Kurt kom på besök?

Delvis var det en ekonomisk färd. Plötsligt var kött, ja mat överhuvudtaget, rasande dyrt. Den mest gedigna inköpslista blev raskt förkortad när man såg priserna i matbutiken. I stället för en fransyska till söndagssteken blev det något med köttfärs eller korv.

Delvis var det en färd i tiden. Normaltillståndet var fortfarande en hemmafru som styrde över kök och hem, men allt fler kvinnor gick ut i arbetslivet. Det var inte självklart att maten skulle stå på bordet prick klockan 17, och gjorde den det var den allt oftare tillagad av något halvfabrikat av en stressad halvtidsarbetande mamma.

Fick bli fiskpinnar i stället. Snabblagat, och med någon besynnerlig sås till på flaska eller tub. Och med ett täcke Aromat ovanpå.

Vad maten innehöll hade vi inte så mycket kläm på. ”Naturliga råvaror” var än så länge ett okänt begrepp.

Den var i hög grad artificiell, alltså framställd på konstgjord väg, den nya mat vi stoppade i oss. Det var rent av som det var finare om något var artificiellt än framställt av något som naturen frambringat på egen hand.

Och om något var artificiellt var det efterrätterna. Chokladpuddingen var ett pulver som rördes samman med mjölk, citronfromagen samma sak. Och till Jell-O behövde man bara tillsätta vatten.

För en del var det också politiskt. Eftersom man ifrågasatte allt annat var det fullt rimligt att ifrågasätta också den gamla maten. Det är rätt att göra uppror!, och det gjordes också ibland grytorna.

Plankstek åt folket!

Den är gravt missförstådd, förtalad och illa behandlad av de flesta. I dag har den i stor utsträckning förvisats från finkrogarna till pizzerior och förortshak. Dess ursprung är höjt i dunkel. Men frågan är om någon annan maträtt är så 70-tal som planksteken.

Numera är den knappast det naturliga valet på finkrogen. Rätt typiskt är att när journalisten Per Andersson skriver om de som ägnar sig åt graffiti kallar han boken ”Medan Svensson åt plankstek”.

Fast den har kallats vår okända nationalrätt, och när den introducerades av Sveriges Mr Mat Nr 1, Tore Wretman, var det verkligen i de finare salongerna.

Sedan dess har planksteken blivit illa sargad i kanterna. Det finns egentligen ingen riktig definition på vad en plankstek är i dag.

Pizzeriavarianten vet vi alla hur den ser ut. Den beskrivs så här på Wikipedia: ”Plankstek är en maträtt som oftast består av nötkött och potatismos som tillagas i ugn på en träplanka. Därtill serveras en sås, ofta bernaise. Serveras vanligtvis på enklare restauranger och inkluderar ofta en starköl”.

Som ”oftast består av nötkött”? Ja, plankvärlden har som sagt präglats av viss upplösning och det finns de som rent av serverar plankstek gjord på fläskfilé eller rent av lax.

Till och med Nationalecyklopedin faller i denna grop när de hävdar att en plankstek görs av till exempel entrecote.

Men innan vi närmar oss köttbiten måste vi ta tag i det som ger rätten dess namn: plankan.

Enligt plankologerna ska en riktig planka helst vara gjort av hickoryträ, möjligen godtas ek. Hickory är att föredra då träet anses kunna bidra verksamt till köttets arom.

Köttet så. Nötkött är också en allt för vag beskrivning för att duga för en plankolog. För dessa finns bara ett val: ryggbiff. Inget annat duger, inte fuskvarianterna med entrecote eller oxfilé.

Medan sedan väntar den riktigt stora prövningen: potatisens form.

Malmökrogen Mando har snart serverat 600 000 plankstekar och hör till de verkliga planksteksfundamentalisterna i landet. 179 kronor är dagsnoteringen för den traditionella Mandoplankan sommaren 2006.

Så här ska en plankstek vara enligt dem: ”En 250 g stor ryggbiff på ekplanka, med lökringar, bearnaise eller aromsmör, mixsallad & pommes frites. Vi gör alltså enligt Tore Wretmans skola.”

Just det, Tore Wretmans planka serverades alltså med pommes frites. Just det gör att miljontals plankstekar från Mamma Mia eller Lilla Venedig faller i anseende hos det kännande släktet. Är det dessutom pulvermos är krogen mogen för dödskallemärkning.

Värt att notera är också att lökringarna ersätter den traditionella grillade tomaten i Mandos recept. Och inte spåret av haricots verts ihopbundna med bacon!

Fast redan andra Malmökrogar faller ifrån, på Sir Tobys går det till exempel att få en planka med duchessepotatis för 139 kronor.

Och den verkliga rekordhållaren, Värdshuset Godthem på Djurgården, som langat ut 1,6 miljoner plankstekar är heller inte lika fundamentalistisk.

Vad tror ni för övrigt Leif Axmyr, livstidsfången som är inne på sitt 25 år på fängelse, åt när han var på Godthem under en permission? Just det!

Och vad tror ni Tom Jones åt när han gästade Malmö den 31 mars 1999? Jo, den med ryggbiff.

Det finns också uppfattningar om vilka planksteksfolket egentligen är.

Aftonbladets Fredrik Virtanen konstaterar till exempel att ”Planksteksmänniskor lyssnar på AC/DC och Bruce Springsteen och tittar på sport.”

Men att tala om plankstek är alltså ett alldeles för vitt begrepp. Recepten varierar, och traditionen har utsatts för en rad egna tolkningar och efterapningar. Restauranger har helt enkelt plankat varandra.

Att äta var en politisk handling, så en maträtt från tredje världen var aldrig fel. Allra helst om åtminstone några råvaror hade inhandlats via en butik för solidarisk handel, som Handelsfront.

Fast visst fanns det utrymme för en och annan riktig festkväll också: Räkor med vitt vin.

Och skulle festen hållas ute i det fria var valet lika givet: Rostbiff med potatissallad.

Var det riktigt många gäster kunde det bli en gigantisk gryta med chili con carne. Ingen chili, förvisso, men ett par konservburkar med krossade tomater. Ingen carne, men köttfärs. Först flera år senare kom färdiga kryddpåsar för chili con carne.

Många, många år senare skulle maten ▶

Äckligt vin och kubansk gryta

Hur var det egentligen på 70-talet? Tidningen Vecko-Revyn gav följande tidsbild från en 70-talsfest för sina läsare 1985:

”Alla hade med sig flaskor med äckligt vin. Till det sura vinet åts sallad med hembakt cementliknande bröd eller en gryta gjord på u-landsrecept. Indonesisk gryta, vietnamesisk gryta, kubansk gryta eller palestinsk cous-cous kunde vara namnet på vad som i princip alltid var samma ko- eller broilerslamsor, simmande i vattnig med intensivt kryddad sås.

Maten åts gärna sittande på golvet med korslagda ben med papptallriken balanserande på ena knäet.

Till detta hörde ett alldeles naturligt sätt. När folk möttes på festen gällde det att bara utstöta grymtningar och nicka åt varandra – allt för stor vänlighet kunde förväxlas med borgerlig onaturlighet.”

bli huvudsaken för de medvetna, "Mat är makt" för de radikala och matsnobbism för de välbeställda, japanska kockknivar och exklusiva franska stekgrytor. Fast knappast någon tid att laga maten.

Det var under denna tid det började spridas ivilliga rykten om 70-talistbarn som trodde att fisken var lika fyrkantig som torskblocken i frysdisken.

Världen hade i alla fall intagit vårt matbord. Och inte bara matbordet. Var det bjudning hemma ställdes inte längre de stora grogglasen fram tillsammans med en hela Renat, utan nu skulle det drickas VAT 69 i samma whiskeymärkes reklamglas.

Och på vardagsrumsbordet ställdes stora skålar med ostbågar och chips. Skulle det vara riktigt fint kunde det bli dipsåser också, gjorda på gräddfil som användes till nästan allt i början på 70-talet.

Vi ungar fick vid sådana bjudningar en ranson läsk. Insidan på Merrykapsylerna studerades noggrant i jakten på Jokrar som kunde ge vinst i Merrys tävling. Förstapriset var en Rolls Royce. Vad vi nu skulle med en sådan till.

Att dricka några Merry tyngde knappast våra skallar till frukosten dagen därpå. Men föräldrarna kunde lugnt stanna i sängen, frukosten grejade vi själva. Gröt? Nej, det var i stort sett avskaffat i denna moderna tid. I stället inledde man dagen med en näringsriktig måltid bestående av ett fat Kalaspuffar eller Frostflakes, indränkta i skummjölk.

SMoke gets in your eyes

I dag ser man ytterst sällan någon som röker pipa. Och gör någon det är det i allmänhet en äldre man. Men annat var det förr!

Det räcker med att titta på reklambilderna från den tidens möbeltillverkare. Är det en kvinna med på bilden stökar hon i allmänhet omkring i köket. Är det en man sitter han i allmänhet i en bekväm fåtölj, läser en tidning eller bok – och röker pipa.

Även en man som är fullt sysselsatt med sin hobby i gillestugan har på 60-talet med självklarhet en pipa i munnen.

Pipan i sig gav ett slag intellektuell status åt piprökaren. Han, för kvinnliga piprökare fanns bara inte, såg lite viktig ut.

I dag svarar piptobak bara för någon enstaka procent av tobaksförsäljningen i landet. Men i 60-talets början ökade piprökandet snabbt. 1964 svarade piptobaken för 13 procent av den totala försäljningen av tobak, och försäljningen av piptobak hade ökat med elva procent sedan föregående år.

Piprökandet var dessutom ganska jämnt fördelat i åldrarna bland män, fast med en lutning åt de yngre. 29-30 procent av 18-34 åringarna rökte pipa, mot 25 procent av dem över 50 år.

Piprökarna var en rätt uppmärksammad skara. Tobaksreklam var fortfarande tillåten, och det var nu som Tobaksbolaget lanserade det nya märket Borkum Riff, som alternativ till gamla Hamiltons blandning och Caravelle.

Visst, det fanns motkampanjer i främst danska cigarettillverkaren Prince kändisannonser. "Även jag har gått över till Prince", deklarerade till exempel Ernst-Hugo Järegård.

Andra hakade på kändistrenden: "Känt folk röker Kent". Fast långa Bill och Look var det bara tanter som stod i tobaksaffärer som rökte.

Men Tobaksbolaget visste att komma med motdrag för att ytterligare öka intresset för piprökningen fröjder. 1963 hölls det första SM i piprökning, där nio rökare gjorde upp om SM-titeln i långpipsrökning. Platsen var piptobakens verkliga hemstad, Arvika, där all piptobak då tillverkades.

Två år senare, 1965, hölls SM i piprökning rent av i Blå Hallen i Stadshuset, Stockholm.

Men piprökandets uppgång på 60-talet var tillfällig. Snart sjönk den igen, och i dag är piprökarna som sagt ganska lätt räknade.

Fast piprökandet har fortfarande kvar ett starkt fäste i Danmark, som är det land i Europa som i särklass har högst andel piprökare.

Det är därför rätt typiskt att den svenska piptobaken, som Borkum Riff, numera tillverkas i Danmark.

Men i gamla möbelkataloger och annonser bolmar det fortfarande från de svenska hemmen.

Några milstolpar i svensk tobakshistoria:

1965 SM i piprökning avgörs i Stadshuset
1966 Premiär för Commerce Filter
1967 Snusdosorna blir runda, och förses med ett plåtlock (som var kvar till 1982).
1968 Premiär för Glenn (cigaretter)
1971 Premiär för Blend (cigaretter)
1973 Det första portionssnuset, Smokeless, har premiär.

Ivrigt betraktandes den överraskning som frukostflingorpaketet innehöll. Till det några limpmackor och ett glas O´boy.

Va? Har de slutat med vanilj- och jordgubbssmaken? Bara choklad-O´boy kvar? Får väl duga...

Fast i skolbespisningen hade förstås ingen upptäckt det nya, det utländska eller artificiella. Där såg matsedeln ut precis som vanligt: pölsa, ärtsoppa, köttsoppa med mjuk smörgås, bruna bönor med fläsk, mandelfisk, leverbiff, potatisbullar och blodpudding.

Däremot var hamburgare, pulvermos, spagetti och makaroner med ketchup helt okända begrepp för matbespisningstanterna. Så för att inte rubbas i vår näringsbalans gjorde vi vårt bästa för att tjata till oss denna kost i hemmet. ▶

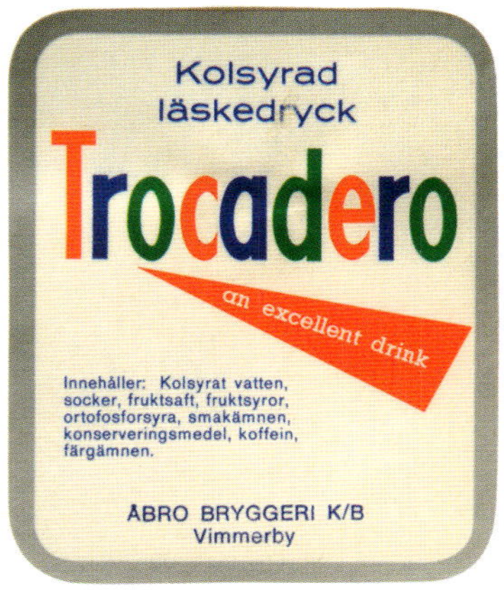

Norrlands(verkliga)guld

Trocadero – finns det något mer norrländskt? De läsklärde tvistar ibland om Trocaderons spridning över landet, men det kan anses fastslaget att Trocaderon har sitt allra starkaste fäste i de landskap som finns ovanför Dalälven.

Varför det blev så kan ingen riktigt förklara. Trocaderon var till sitt ursprung en skånsk skapelse, och presenterades av skånebryggeriet Saturnus 1953. Samma bryggeri gav oss samma år Cuba-Cola, en annan tung 60- och 70-talsdryck.

Trocaderons oerhörda tyngd i Norrland insåg jag när jag som västsvensk kom till Gävle och började jobba där 1976. I jobbet ingick att ansvara för en ungdomsgård som höll öppet några kvällar i veckan. I dess café skulle det finnas bullar från ett speciellt bageri i stadsdelen Brynäs. Men framförallt: Trocadero. Vi beställde fat på fat från Bockens Bryggeri fyllda med Trocadero.

Jag lovar, det hockeyunder som Brynäs svarade för under sina guldår byggde till lika delar på hård träning och Trocadero.

Dryckens norrländska status bekräftades också på ett drastiskt sätt våren 2006. Det svenska OS-laget i ishockey hade just tagit hem guldet och var i Stockholm för att fira innan de flesta återvände till NHL-spelet.

Peter "Foppa" Forsbergs bollande med kulturminister Leif Pagrotsky är en av höjdpunkterna från firandet. Men hur avslutade Foppa firandet?

Jo, Aftonbladet kunde avslöja att Foppa och en kompis klockan 04.37 tog sig till det nattöppna gatuköket Dag & Natt på Erik Dahlbergsgatan.

Foppa tog en korv med bröd. Till det: en Trocadero.

Exakt just så har mången norrlänning avslutat en festnatt.

SÅ GOTT

som serverat

Visst känns det oändligt skönt för en husmor att ha en konserv att ta till då och då. I all synnerhet när hon har Skara köttkonserver tillhands. Då får hon bara det godaste som finns så gott som serverat — endast råvaror av bästa kvalitet bearbetade enligt modernaste metoder och smaksatt med mästerkockens sinne för det verkligt delikata.

SKARABORGS LÄNS SLAKTERIFÖRENING

Skara konserv

SKARA

Ur vårt sortiment bl. a.:

FLÄSKKOTLETT
FLÄSKLÄGG
GRISFÖTTER
HAMBURGER-KALOPS
KÅLDOLMAR
KÖTTBULLAR
LUNCHTUNGA
NATTKORV
PANNBIFF
SJÖMANSBIFF
RIMMAD OXBRINGA
WIENERKORV
KÖTTBULLAR I SKY
KALOPS
DILLKÖTT PÅ KALV
STEKT REVBENSSPJÄLL, BENFRITT I GELÉ, MED KATRINPLOMMON
LEVERPASTEJ

På burgarfronten mycket nytt

Hamburgare ska färsbiffen heta, är rubriken på en artikel i Allt om Mat nr 8, 1974.

"Burgare är ett ord som missbrukas. Så glöm inte den lilla viktiga förstavelsen ham-. Hamburgaren är faktiskt för det mesta inte enbart dyrare utan också mycket godare än andra burgare", skriver tidningen och fortsätter:

"Utvecklingen går snabbt på burgarfronten. Medan den totala försäljningen av djupfryst konsumentförpackat kött ligger nästan stilla har delen frysta färsprodukter ökat med ca 9 procent 1972-73. Och på burgarsidan var ökningen under samma tid 12-15 procent.

Den visar inga tecken på avmattning. Vi äter ca 42 miljoner frysta burgare per år....

För att få kallas hamburgare måste varan innehålla lägst 80 gram kött per 100 gram rå vara. Gör den inte det blir det bara en burgare av biffen".

Allt om Mat gör ett gediget konsumenttest där de bland annat studerar hur mycket några burgare krymper vid stekning. Men de konstaterar också:

"Det går att sälja äkta hamburgare. Det har den amerikanska kedjan McDonalds bevisat i Stockholm. En äkta amerikansk hamburgare för två kronor."

Jo, McDonalds hade året innan öppnat restaurang på Kungsgatan, ett kvarter från Stureplan. Öppningsdagen stod det demonstranter utanför: "Stoppa USA-imperialismen!"

Inne på restaurangen vimlade det av taxichaufförer. Stadens taxichaufförer blev öppningsdagen bjudna på hamburgare och kaffe, baktanken var att de skulle lära sig adressen och visa kunderna dit.

Mässingsorkestern som spelade överröstade en del av protesterna när simmaren Gunnar Larsson, som just tagit guld i simmar-VM, steg fram och klippte av invigningsbandet.

Men egentligen hade det börjat med – grillad kyckling!

Paul Lederhausen var den som tog McDonalds till Sverige. Lederhausen AB var företaget som introducerade de färdiggrillade kycklingarna i livsmedelshallarna med de typiska roterande grillarna. När han sålde företaget, med god förtjänst, satsade han pengarna på att bygga upp en svensk hamburgerkedja med licens från McDonalds.

Då fanns vid sidan av USA, McDonalds bara i Holland, Frankrike och Tyskland.

I spåren av McDonalds etablering i Sverige skulle fler följa efter på 70-talet, som Wimpy, Carrols (som blev Clock) och Burger King som öppnade i Malmö 1976.

Fast enligt den svenska hamburgerkedjan Max var de först på plan i Sverige. Familjen Bergfors första grillkiosk, X-grillen, öppnades i Gällivare 1968. Men först 1976 tog de steget utanför Norrbotten genom att öppna restaurang i Umeå.

Hamburgerkedjor i Sverige 1975

(startade eller på väg att starta):

McDonalds, Carrol´s, Wimpy´s, Floyds, Max, Esso, Daily´s.

▶ Vår hemkunskapslärare hade däremot satt upp en plansch med kostcirkeln, av dess sju delar skulle något från varje del finnas med i dagens kost. Speciellt grönsakerna var viktiga, konstaterade hon.

Då var det inte de gamla urkokta grönsakerna hon tänkte på. Till den gamla söndagssteken serverades oftast brysselkål, lätt överkokt. Under 60-talet måste vi ha ätit enorma mängder brysselkål, brysselkålbranschen kan inte ha hämtat sig sedan dess. I en kokbok från 60-talet hittar jag rent av brysselkål inbakade i köttbullar!

Fiskgratäng var en annan paradrätt för det tidiga 70-talet, torsken hade ännu inte blivit dyr, och fanns i djupfrysta block i frysdisken. Och alla färdigrätterna var inte djupfrysta. Från livsmedelsavdelningarna på EPA (Enhetspris AB) och Domus kom nu en strid ström av grillade kycklingar. ▶

Drinkar

Grosshandlagrogg
Konjak eller Eau-de-vie blandad med Trocadero till angenäm styrka och smak.

Mahognygrogg
Eau-de-vie och sockerdricka blandas till en mahognyfärgad nyans uppnås.

Manhattan
5 cl whiskey (helst irländsk eller bourbon), 2,5 cl röd vermout, och några stänk Angostura Bitter. Skakas tillsammans med is och garneras med en skiva citron eller apelsin.

Gröna hissen
4 cl gin blandas med 2 cl Grön Curaçaõ och hälls i ett glas med is, tillsätt sedan Pommac eller Champis och garnera med en citronskiva.

Bloody Mary
Fyll ett högt glas till hälften med is. Tillsätt salt och svartpeppar efter smak och fyra stänk Tabasco. Häll i vodka eller tequila och fyll upp med tomatjuice och rör om ordentligt. Dekorera med en selleristjälk.

Men skulle det vara riktigt festligt fanns det ett givet alternativ: Fondue! Att trycka ned köttstycken med pinnar i en gryta med puttrande olja var något av det bästa som kunde inträffa på ett matbord. Varianten ostfondue blev ofta serverad bara en gång. Eftersom de flesta recept innehöll att en skvätt kirschbrännvin (och vad var det?) skulle hällas i ostblandningen och sådant saknades kletade och brändes all ost fast i fonduegrytan. Att kirschen gick att ersätta med annat instruerades vi inte om då.

Det som blev kvar hade i alla fall lite samma konsistens som Raketost, den där smörgåsosten som man skar av med en tråd. Ostfonduen ledde därför till att världen blev av med ännu ett mysterium.

Karamellfyllning i påse inte passé

Den är exakt den samma än i dag. Ingenting har förändrats i paketens utformning, eller, för den del, i smaken. Och Nöt-Crème är fortfarande användbart till tårtor och kakor.

– Jo, vi har ändrat en del. På baksidan finns streckkod och en innehållsdeklaration, det är ju krav som tillkommit. Men annars är det exakt det samma. Vi har fått både nöten på framsidan, figuren på baksidan och texten registrerade som varumärke, säger Ambjörn Printzell, ägare och vd för Printzells Fabriks AB.

Det är de som gör Nöt-Crème. Och som vet hur en Nöt-Crème ska smaka.

– Vi har inte gjort några förändringar i maken, det vore livsfarligt. Folk vet exakt hur den ska smaka, då köper de den igen.

Det var Ambjörns far som drog igång tillverkningen. Och om två bröder inte blivit osams kanske vi inte hade fått någon crème.

– Min farfar hade karamellfabrik i Mjölby. Det var tänk att min far och min farbror skulle ta över, men de drog inte riktigt jämnt. Så min far flyttade ner till Ballingslöv utanför Hässleholm och drog igång eget.

Fadern måste ha varit en framsynt och djärv karl. Han investerade i en planpåsmaskin 1959, den första i sitt slag i Sverige, som kunde förpacka livsmedel och konfektyrer.

Första idén var att göra en massa som bestod av honung, eucalyptus och menthol och lansera den som hälsoprodukt. Men det blev verkligen ingen succé.

Men sedan kom han att tänka på det som var fyllningen i de karameller som tillverkats hemma i Mjölby. Det var ju det "götta" inuti de godissugna egentligen ville åt. Så 1961 började han tillverka – Nöt-Crème, naturligtvis, och självklart i påse.

– Men ingen nappade. Inte förrän en personlig bekant till honom, en grossist i Göteborg, tog in den i sortimentet. Sedan gick det några veckor, då ringde en kioskägare i Göteborg. Han berättade att ungarna stod i kö vid hans kiosk på rasterna och vill köpa Nöt-Crème.

Sedan spred det sig i hela Sverige. Påsarna fanns snart i var unges ficka, om de ens hann så långt.

– Fast vi har aldrig någonsin gjort reklam. Det har fungerat bra ändå, och vi har ökat försäljningen hela tiden till millennieskiftet.

De senaste åren har det planat ut lite grand, till en ganska jämn försäljning på runt nio miljoner påsar per år.

Ibland hör de av någon kund, en del ringer och konstaterar förvånat att de återsett sin barndoms godis.

– Det var nog mer kundkontakter på 70- och 80-talet. Vi tar alla hasselnötterna från Turkiet. Fast då hade vi andra maskiner för att knäcka nötterna. Då kunde det hända att en bit av skalet följde med. Då kom det brev från unga töser som skrev om hur mycket de älskade Nöt-Crème, men att de hittat en bit skal i ett paket som de skickade med.

Töserna fick naturligtvis några nya påsar hemsända. Men det där med crèmens användbarhet i bakning är det väl lite si och så med.

– Nej, det tror jag inte är så mycket i dag. Men det hänger med på paketet sedan 60-talet.

"God som fyllning i tårtor och kakor, eller som pålägg på bröd och kex", står det på paketet.

1968 flyttade de fabriken från Ballingslöv närmare in mot Hässleholm. Rätt länge har de varit fyra i fabriken, förutom Ambjörn hans hustru Margareta också två anställda på deltid.

– Vi har en annan produkt, hasselnötsmassa, som verkligen används mest i bakning. Den säljs på ICA, Konsum och stormarknader.

– Ja, man kan väl säga att vi är hasselnötsspecialister, säger Ambjörn.

Och som sådana ganska ohotade:

– Jo, två gånger har det kommit andra företag som försökt sig på liknande påsar. Men de har försvunnit efter något halvår. Vi har en fördel i att vara först, säger Ambjörn Printzell.

Mest populära maträtter 1969

1. Köttbullar **2.** Pannkakor och plättar **3.** Falukorv **4.** Fläsk, rimmat och stekt **5.** Omelett **6.** Varmkorv **7.** Ärter och fläsk **8.** Bacon **9.** Strömming **10.** Pannbiff **11.** Torskfilé **12.** Pyttipanna **13.** Köttsoppa **14.** Grönsakssoppa **15.** Lever **16.** Prinskorv **17.** Kalvsylta **18.** Fläskkorv **19.** Kalops **20.** Biff

Drycken till både festmaten och vardagsmaten var i de flesta fall självklar: mellanöl. Att ölen gick att köpa i vanliga livsmedelsbutiken gjorde den tillgänglig för de flesta. Och med mellanölet storsatsade bryggerierna på att etablera öldrickandet i Sverige. Inte minst Pripps satte igång en reklamattack med hjälp av tidens ledande reklammakare: ”Three Towns är skönt!”, stod det på ölunderläggen av plåt och i annonserna.

Öl hade ju tidigare mest förknippats med det som dracks på ölhallarna. Där satt herrar och drack pilsner på pilsner (närmast motsvarande våra dagars folköl). Och alltid ur flaska.

Mellanölet kom på modern burk. När mellanölet gick ur tiden 1977 tröstdrack vi i flera år Kir.

Men var det bjudning skulle ju något också serveras efter maten, och valet var ganska givet: Irish ▶

Viktiga årtal

1953 Djupfrysningsbyrån inrättas. (Jo, de finns faktiskt fortfarande!)

1953 Coca-Cola liksom Cuba-Cola lanseras.

1954 Premiär för Pucko.

1955 Premiär för hamburgaren i Sverige på boutställningen H55 i Helsingborg.

1956 Felix lanserar ketchup på plastflaska.

1957 Felix börjar sälja djupfryst pommes frites.

1959 Familjen Liu startar Sveriges första kinarestaurang, Kinesiska muren, på Skeppsbron i Göteborg.

1961 Premiär för Festis i pyramidformad tetraförpackning.

1962 Premiär för Merry. Liknade på många sätt våra dagars Sprite.

1962 Felix lanserar pulvermoset.

1963 Premiär för Zingo. Lanserades under devisen: ”Försvinnande god”. Fortfarande en stark konkurrent till Fanta.

1964 Premiär för Aromat.

1964 Premiär för isglassen Igloo med colasmak.

1965 Premiär för Flora.

1966 Mellanölet släpps fritt.

1968 Wasabröd bildar tillsammans med ett amerikansk företag OLW, Old London Wasa, och börjar sälja ostbågar.

1968 Första svenska pizzerian öppnas i Sverige genom Bengt Wedholms Östergök på Östermalm i Stockholm.

1969 Lättmjölken ersätter skummjölken.

1973 Första svenska McDonaldsrestaurangen öppnas på Kungsgatan i Stockholm.

1977 Mellanölet får inte längre säljas i livsmedelsbutiker.

MUMS-MUMS
gott till kaffet
Désirée Edlund
Cloetta

coffee. En uppsättning irish coffeeglas var bland det mest nödvändiga i hushållsutrustningen och införskaffades i allmänhet långt före andra oviktiga saker som tallrikar, knivar och gafflar.

Med oss hem från charterresan fick vi också smaken för andra drinkar, och nu dracks det Gröna hissen och Manhattan i de svenska vardagsrummen.

Andra var betydligt djärvare i sitt val och ställde fram Bloody Mary. Vodka eller tequila blandat med tomatjuice, några stänk tabasco, lite peppar och med möjligen en stjälkselleri i drinken.

Var festdeltagarna lite radikalt anfäktade blev det dock en Cuba Libre: Havannarom och Cuba-Cola. Möjligen med en citronskiva till.

Ja, drinksmaken var inte alltid så exklusiv. Det är som när Lena Nyman i Svenska Ords revy ska ta avsked av sina föräldrar för att flytta ut på landet: ”Så klämde vi en avskedsbägare på Renat och nya Zingo med chokladsmak”.

Trollhätteglass

Företaget startade tillverkning i mindre skala redan 1933 med grundaren Oskar "Glass-Oskar" Olsson. 1962 var de uppe i 40 anställda och fanns över hela landet. 1963 lanserades 77:an, en vaniljglass med jordgubbssylt doppad i choklad. Året därpå kom en av de verkliga storsäljarna – 88:an. Vaniljglass doppad i choklad med nötkrokant. 1973 köptes Trollhätteglass av Glacebolaget (nuvarande GB Glace). Den mest udda glassen från Trollhättan var glassbollen. Den såg ut som en liten, brun fotboll. Genom att öppna en lucka i plastbollen kunde man gräva ur glassinnehållet. Den verkliga kultglassen var annars Djungelpinnen, en blandning av banan- och chokladsmak, i en glasskonsistens någonstans mitt emellan vanlig glass och isglass.

Jo, det fanns Zingo med päron- och banansmak också. De gastronomiska upplevelserna var heller inte så framstående. Det var artificiellt och snabblagat.

Fast det fanns de som ansåg det svenska köket vara en öken vid denna tid. I Vasastan i Stockholm fanns en man som i 14 år ansvarat för den mat som serverades på SAS flygningar. Nu hade han öppnat egen restaurang och ville dela med sig av matkunnandet.

Tillsammans med reklammakarna Lars Falk och Ove Pihl skapade Carl Butler en kokbok (1974) som blev en gigantisk succé. Boken har sedan dess sålts i över 240 000 exemplar.

Säg den amatörkock som inte spillt tomatpuré över sidan 40, Boeuf Bourgignon, någon gång.

Falk och Pihl blev så tilltalade av framgången att de startade ett förlag – Atlantis – som ägnade sig åt att ge ut snygga böcker, främst då med inriktning på mat.

1974 kanske var året det vände. Men det tog sin tid innan kockarnas folkupplysning fått sin verkan, och ännu syntes ingen Michelinstjärna på den svenska kroghimmelen.

Läsarnas frågor till Allt om Mat samma år visar en del av den matlagande befolkningens vilsenhet:

Vad är egentligen cous-cous?

Kan jag göra bernaisesåsen magrare?

Går torr vitlök att använda?

Nej, fortfarande 1974 var maten som den där kötträtten som serverades på allt fler halvfina ställen: Black & White.

Janne Sundling

Jorgubbs-O´boy och svart tunga

Vi öste i oss kopiösa mängder av sådant där grundbeståndsdelen var socker. Vi drack till exempel aldrig mjölk. O´boy däremot (premiär 1959). Strax fick chokladsmaken sällskap av O´boy också med vanilj och jordgubbssmak. Fast tyvärr bara under några år.

Mjölken var ett nödvändigt ont i en O´boydrink.

Något kalkhaltigt som ansågs benstärkande och närande hade däremot de nya dryckerna aldrig varit i närheten av. Coca-Cola naturligtvis. Men frågan är om inte Merry var mer gångbar. För om man samlade Merrykapsyler kunde man vinna något. Vad minns jag inte längre.

Allt sockerintag i fast eller flytande form frätte hårt på våra tänder. Där förslog inte flourtantens regelbundna besök i skolklassen speciellt långt. Och skoltandläkaren som annars tjänstgjorde på regementet skällde ut oss efter noter. Men det fanns ju så mycket som var lockande.

Ibland kunde godiset rent av ge ett slags bonus. Som det där med Merrykapsylerna. Paketen med Frostflingor innehöll små leksaker. Och om man rev av och skickade in fliken från ett visst antal paket med Kalaspuffar (premiär 1956) kunde man få ett indiantält.

Riff var ett tuggummi med lakritssmak. Fast bäst bubblor blev det av Bugg. Annars var Dixie- och Chokokolorna rätt bra på att fastna i tänderna. Rival också. Tog man i stället en Käck blev hela tungan svart.

Estrella
Estrella
pop corn
UGH! STOR HÖVDING SÄNDA DIG STÅTLIG FJÄDER-SKRUD LIKA MIN. MEN FÖRST DU ÄTA MYCKET GOD ESTRELLA POP-CORN. SEDAN SÄNDA MIG FEM TOMPÅSAR OCH EN KRONA I FRIMÄRKEN UGH!
Gör så här:
Posta senast den 7 juli 1967 fem tomma Estrella popcornpåsar jämte 1 kr i frimärken till "Estrella pop", Fack, Stockholm 200, så får du en ståtlig fjäderskrud. Lämna tydliga uppgifter om namn och adress. Utsändningen kontrolleras av Notarius Publicus i Sundbyberg. Erbjudandet gäller en gång per person och endast i Sverige.
ESTRELLA – ett Marabouföretag.
Estrella
pop corn

Det hade jag ingen aaaaning om...

Att fylla tanken för 0:88 öre litern låter väl rätt lockande. Det kunde man 1968. Omräknat till dagens penningvärde motsvarar det ett literpris på 6:54 litern.

Prisangivelserna här nedan utgår från Statistiska Centralbyråns medelpris för varorna och tjänsterna respektive år. Som jämförelse med dagens penningvärde har använts årsmedeltal för 2005.

Vara	1968	Motsvarar i dagens penningvärde	1974	Motsvarar i dagens penningvärde
Vetemjöl, 2 k	2,87	21,34	4,02	20,38
Limpa, 800 g	2,16	16,06	2,28	11,56
Mjölk, 1 l	1,03	7,66	1,34	6,79
Ost, 1 kg	11,07	82,31	15,23	77,22
Ägg, 1 kg	5,80	43,13	7,35	37,27
Stek, nöt 1 kg	17,15	127,52	22,94	116,32
Köttfärs, 1 kg	14,59	108,48	19,56	99,18
Fläskkotlett, 1 kg	14,46	107,52	19,16	97,15
Färsk skinka, 1 kg	14,97	111,31	20,08	101,82
Kyckling, 1 kg	8,25	61,34	10,99	55,73
Falukorv, 1 kg	9,41	69,97	12,67	64,24
Blodpudding, 1 kg	5,11	38,00	6,66	33,77
Torsk färsk, 1 kg	5,96	44,32	10,77	54,61
Torsk djupfr, 450 g	3,25	24,17	7,17	36,36
Potatis, 1 kg	0,82	6,10	1,29	6,54
Tomater, 1 kg	5,13	38,14	8,99	45,58
Kaffe, 1 kg	11,48	85,36	30,34	153,84
Läsk, 33 cl	0,67	4,98	1,00	5,07
Lunchmåltid	6,90	51,31	9,50	48,17
Renat, 75 cl	32,14	234:-	42,17	214:-
Mellanöl, 33 cl	0,98	7,29	1,48	7,50
Cigaretter, 20 st	4,42	32,87	5,88	29,81
Elström, 1 kWh	0,12	0,89	0,15	0,76
Herrkostym	351,95	2 616:-	508,62	2 579:-
Damkjol	45,04	335:-	78,48	398:-
Overall	35,73	266:-	65,28	331:-
Herrlågskor	74,47	553:-	105,42	534:-
Dricksglas, 12 st	14,59	108,50	20,48	103,84
Alum.kastrull	15,70	116,70	21,07	106,84
Strykjärn	52,60	391:-	60,75	308:-
Filmrulle, färg	7,32	54,43	8,16	41,38
Hårklippning, herr	8,75	65:-	16,05	81:-
Dagstidning	0,53	3,94	0,96	4,87
Biobiljett	5,41	40:-	9,64	49:-
Bussresa, 15 km	3,21	23,87	4,66	23,63
Bensin, 1 l	0,88	6,54	1,34	6,79

Äggkonstanten

Våra matvanor ändras över tiden. Sett över tiden har vår totala konsumtion av vissa varor minskat rejält. Det gäller bland annat för kaffe, socker, öl och sprit. Annat konsumerar vi allt mer av, det gäller till exempel mjukt bröd, kött, kyckling, glass, läsk och vin.

Men det finns en sak som vi ständigt tycks konsumera lika mycket av: ägg.

Även om andra vanor ändras sätter svensken i sig 10-11 kilo ägg om året. Det har vi gjort länge, och även om äggbranschen befarade en nedgång i samband med ebolaviruset tyder allt på att vi fortsätter äta 10-11 kilo ägg om året.

Se där ett ämne att hugga tag i en för en hugad forskare: den svenska äggkonstanten.

I tabellen nedan har vi jämfört konsumtionen av ett antal varor 1972 jämfört med 2000. Under samma tid ökade den svenska befolkningen med nio procent. Den normala ökningen borde alltså ligga runt nio procent, men i uträkningen nedan har vi inte tagit hänsyn till det utan bara jämfört de två årens totala konsumtion. Siffrorna motsvarar konsumtionen i miljoner kilo eller liter.

Vara	1972	2000	Ökning/Minskning i %
Mjöl o gryn	146,6	162,8	+11
Knäckerbröd	47,4	31,8	- 33
Mjukt bröd	242,4	373,7	+54
Kaffebröd	75,4	38,5	- 49
Konditorivaror	30,3	67,8	+124
Kött o fläsk	157,7	341,4	+116
Fjäderfäkött	32,9	104,5	+218
Färsk fisk	58,1	50,6	- 13
Djupfryst fisk	18,2	15,4	- 15
Ägg	89,8	94,3	+5
Matfett	164,6	140,5	- 15
Potatis	562	397,1	- 29
Socker o sirap	180,2	89,5	- 50
Kaffe	86,4	60,4	- 30
Glass	58,6	107,1	+83
Läskedryck	297,6	804	+170
Stark- o mellanöl	339,8	224,1	- 34
Vin	64	144,2	+125
Sprit	53,6	24,9	- 54

Hämtat ur receptarkivet

Slottsstek med gräddsås

Köp hem ca 1 ½ (ett och ett halvt) kg oxkött av fransyskan. Bind om den med krympta bomullssnören, så att steken bibehåller formen. Stek den i gryta ovanpå spisen i riktligt med smör eller margarin och bryn den först vackert runt om. Lägg i: 3 (tre) morötter och 1 skivad gul lök, 2-3 (två till tre) ansjovisar (behöver inte rensas, 10 krossade vitpepparkorn, 1 lagerblad och tillsätt 2 msk konjak eller 2 dl lageröl, det ger fin smak åt både stek och sås.

Låt alltsammans småputtra ett tag och späd så med 1 dl vatten och låt steka under tättslutande lock. Om vattnet kokar in späder man med mjölk. Ca tre timmars stektid får man beräkna. Låt sen steken ligga och "ta igen sig" en liten stund medan såsen lagas.

GRÄDDSÅS: Sila upp skyn. Skumma av fettet och lägg det i en såskastrull och fräs däri 3 msk vetemjöl. Späd under omrörning med den silade syn och grädde eller gräddmjölk, sammalagt 5 dl vätska blir lagom, och låt såsen koka ett par minuter. Smaka av och krudda mer, om det behövs, tillsätt soja, så att såsen blir mörkbrun. Skär upp tunna skivor av steken och bjud såsen, brynta små kulpotatisar och smörkokta morötter till samt lingon och saltgurka. **(Husmoderns köksalmanack 1966)**

Räkavocado

För 4 personer

1 (en) msk grönmögelost
¾ (trefjärdedels) dl gräddfil
¾ (trefjärdedels) dl majonnäs
1 (en) msk grovt hackade valnötter (plus några till dekoration)
2 (två) avocados
150 g skalade räkor

Gör så här:

1. Mosa osten. Rör ned gräddfilen i osten.
2. Blanda i majonnäsen och de hackade valnötterna.
3. Dela avocadorna och ta bort kärnan. Lägg räkorna i kärnhålet och höll såsen över. Garnera med en hel valnötsbit.

(Carl Butlers kokbok)

Chokladmousse

För 6 personer:

100 gram mörk choklad
½ (halv) msk Nescafé
1 förpackning syltade apelsinskal (65 g)
Saften av 1 apelsin (3-4 msk)
1 msk floursocker
1 äggula
3 dl vispgrädde

Gör så här:

1. Smält blockchokladen på mycket svag värme i en kastrull. Om chokladen blir för varm grynar den sig. Rör ned apelsinsaften och kaffepulvret.

2. Då chokladen är slät och rinnande ta kastrullen från värmen och vispa i äggulan och floursockret.

3. Låt blandningen stå så den håller sig ljummen. Vispa grädden lätt krämig – den får heller inte vara rinnande, men heller inte för hård.

4. Rör med en träsked eller trägaffel ner chokladblandningen i grädden. Rör hela tiden tills allt blir väl blandat. Vispa inte, då kan moussen bli för tjock och i sämsta fall skär den sig.

5. Bland till slut ner apelsinskalen, men spara några för garnering. Lägg upp moussen i portionsglas eller kaffekoppar eller en stor skål. Låt den stå kallt en eller två timmar innan den ska serveras.

(Allt om Mat nr 13, 1975)

Scones

Gå till matbutiken och köp en färdigmix för scones. Följ anvisningarna på paketet. Ät upp sconesbröden och släng överblivna. Scones är uthärdliga att äta nygräddade, men definitivt inte goda efter ett par timmar eller nästa dag. Serveras tillsammans med högläsning ur en Enid Blyton-bok.

Tigerkaka

150 g smör eller margarin, 1 ½ dl (en och en halv) socker, 2-3 ägg, 3 dö vetemjöl, 1 tsk bakpulver, 2 ½ (två och en halv) tsk kakaopulver.

Rör matfett smidigt tillsammans med sockret och blanda ner äggen, ett i taget, i smeten. Rör om ordentligt och tillsätt mjölet väl blandat med bakpulvret. Häll 2/3 (två tredjedelar) av smeten i en smord och bröad form och blanda ner kakao i den återstående smeten. Häll chokladsmeten i "ringlor" ner i formen och grädda kakan i ganska svag ungsvärme, ca 175 grader i ca 40 minuter.

(Husmoderns köksalmanack 1966)

Friterade bananer på kinavis

Det här behövs för fyra personer:

4 (fyra) små bananer
Till frityrsmeten:
1 ¾ (en och en trefjärdedels) dl vetemjöl
2 (två) msk olja
1 (en) dl ljummet vatten
1 (en) äggvita
Till fritering
8-10 (åtta till tio) dl olja

Tillbehör:

Ljus rinnande honung (kalifornisk)
Eller ljus sirap
1 ½ (en och en halv) dl vispgrädde

Gör så här:

1. Vispa grädden och ställ i kylen. Värm sakta upp olja till fritering i en ganska liten gryta.
2. Gör frityrsmeten medan oljan värms upp. Bland mjölet, vattnet och 2 msk olja till en jämn klumpfri smet.
3. Vispa äggvitan till hårt skum och rör försiktigt i den i smeten med en sked.
4. Skala bananerna. Lägg dem i smeten.
5. Prova om oljan är tillräckligt varm genom att lägga i en liten bit vitt bröd som snabbt ska få en brun färg. En termometer ska visa 180 grader.
6. Lyft bananerna med hjälp av ett par gafflar och lägg ned dem försiktigt i den heta oljan. Fritera bara två bananer åt gången. Det är risk för att dom kladdar ihop sig i frityren och oljan kyls ned.
7. Låt bananerna koka i oljan 3-4 minuter tills de fått gyllenbrun färg varefter de lyfts upp och får rinna av på hushållspapper.
8. Servera bananerna nyfriterade då skalet är knaprigt och bananen är mjuk och lätt mosig inuti.

Pris per portion: 3:50 (inkl olja) **(Allt om Mat nr 13, 1975)**

Sprit vi minns

Med mellanölet lärde vi oss dricka öl. På charterresorna lärde vi oss dricka vin. Genom de utländska tv-serierna insåg vi att en drink innan maten inte var fel. På 60- och 70-talet ökades vår alkoholbredd väsentligt. Och dricka brännvin, det kunde vi redan.

Ibland kan man tro att allt bara ökar och ökar. Speciellt när vi ideligen får larmrapporter om alkoholkonsumtionen. Men supandets rekordår är faktiskt 1976.

Fram till 60-talet dominerades de svenska alkoholvanorna helt av den vita spriten. Med Renat som storsäljaren.

Drack svensken någonsin vin var det fram till 60-talet i sju fall av tio ett starkvin: sherry, madeira eller portvin. Och det var knappast vid herrbordet man drack vin.

Mest av allt präglades våra alkoholvanor länge av de restriktioner som fanns. När "motboken" togs bort 1955 steg också alkoholkonsumtionen snabbt. För snabbt, tyckte nykterhetsivrare och politiker.

Knepet för att minska konsumtionen var klassiskt: höj skatten. Men Systembolaget hade redan på 50-talet en strategi som gick ut på att vi skulle dricka mindre starksprit och hellre välja de alkoholsvagare "lättvinerna".

1957 mötte kunderna uppmaningar att välja vin i stället: "Välj vin – den otvungna, glada samvarons dryck".

På ljustavlor fick kunderna upplysningar om hur vinsorterna skulle uttalas: "vä´ng bla´ng dömi´säck", en Vin Blanc Demi-Sec kostade 4:25. Sorten har funnits kvar ända fram till i dag, men är nu på väg ut ur sortimentet.

"Operation Vin" gav resultat, 1971 var vinkonsumtionen större än hela spritkonsumtionen.

Under tiden med "motbok" var spritinköpen begränsade till 2-4 liter per person och månad. Men starkölen var faktiskt totalförbjuden. Fast Stark-Porter kunde fås mot recept, det ansågs hälsosamt.

1955 blev det fritt fram också för starkölet. Pripps Blå, Falcon, Sandwalls och de andra fick plats på hyllorna på Systembolaget. Men riktig fart på ölkonsumtionen blev det först tio år senare, när ett öl klass II B – mellanölet – började säljas i Sverige. Mellanölet fick säljas i vanliga butiker och från premiären 1 oktober 1965 satte bryggerierna ständiga försäljningsrekord.

Ett tag gjordes till och med tester med att sälja starköl i livsmedelsbutiker på Västkusten. Det upphörde dock ganska snabbt.

1 juli 1977 var det slut även på försäljning av mellanöl i butik.

Den minskade ölkonsumtionen i slutet av 70-talet motsvarades av att vinkonsumtionen i stället steg. 1977 kom Kir som fick ersätta mellanölet på många fester de kommande åren. Kir var ett billigt starkvin och är egentligen en blandning av svartvinbärslikör och vitt vin.

När mellanölet försvann ökade spritkonsumtionen under flera år.

1982 stängdes butikerna på lördagar som ytterligare ett sätt att minska konsumtionen.

De som försvann:

Gauffins dubbelblandning – ett lite sött och framförallt starkt (50 procent) brännvin kryddat med anis och kummin. Uppkallat efter apotekaren i Kristianstad Gustaf Reinhold Gauffin (1799-1890).

Platins punsch – hade sitt ursprung i Carl G. Platin & Co:s tillverkning i Göteborg.

Forest Inn – härtappad whisky

Lemon Gin – gin smaksatt med citron med lägre alkoholhalt

Algerie – rött vin från Algeriet

Adom Atic – rött och sött vin från Israel

Ruby Of Crimea – rött vin från Krim i Svarta havet

Beyaz – vitt sött vin från Turkiet

Dessertvin – sött rött

Saint Vincent – rött franskt vin

Egri Bikaver – rött ungerskt vin

Sylvaner – vitt jugoslaviskt vin

Mendoza Tinto – rött argentinskt vin

Cabernet – rött bulgariskt vin

Misket Karlovo – vitt bulgariskt vin

Luberon – rött franskt vin

Chateau Jacquet – vitt sött franskt vin

Svenskarnas alkoholkonsumtion

(Omräknat till liter 100 procent alkohol)

År 1966:	**(6 liter)**
Öl klass II A	11 procent
Öl klass II B (mellanöl)	18 procent
Starköl	2 procent
Vin	13 procent
Sprit	56 procent
År 1976:	**(7,7 liter)**
Öl klass II A	2 procent
Öl klass II B (mellanöl)	27 procent
Starköl	3 procent
Vin	18 procent
Sprit	50 procent
År 2001:	**(6,5 liter)**
Öl klass II A	13 procent
Starköl	28 procent
Vin	37 procent
Sprit	22 procent

Mest sålda märken 1965:

(Siffrorna visar antalet miljoner sålda liter)

1. Renat	23,3
2. Eau-de-Vie	4,5
3. Explorer	3,4
4. Skåne akvavit	2,2
5. Svart-Vinbärs brännvin	1,6
Lättvin	22,0
Starkvin	11,3

Mest sålda vinsorter 1975:

1. Algerie	5,5
2. Beyaz	2,9
3. Parador	2,7
4. Vino Tinto	2,4
5. Perlerose	2,3
6. Ventoux	1,8
7. Roussillon	1,6
8. Chatelet	1,6
9. Egri Bikaver	1,5
10. Vallerosa	1,2

Den självförintande flaskan

Under vår barndom och ungdom skulle allt plötsligt förpackas. Tidigare hade det till och med gått bra att köpa saker i lösvikt. På Konsum hade de till och med påsar med fönster så att man skulle se vad de innehöll.

Men under 60-talet skapade teknikerna nya lösningar för förpackning.

En nyhet var den så kallade Satelloburken. Det var helt enkelt en burk av pressat papper med vaxad insida. Typiska produkter som paketerades i Satelloburkarna var till exempel Ögonkakao eller O´boy.

Tetra Pak låg bakom Satello, liksom de nya mjölkpaketen med pyramidform. 1963 hade dagens variant med det tegelstensformade paketet tagit form som prototyp.

Men Tetra Paks mest misslyckade satsning måste vara Rigello.

Förmodligen var den ett svar på den växande ölkonsumtionen efter att mellanölet släpptes fritt i livsmedelsbutikerna 1965.

Med mellanölsvågen gick bryggerierna över till att tappa öl på burk i stället för flaska.

Men Tetra Pak såg en affärsmöjlighet i en ny förpackning. Rigello var i plast med en rundad botten. Men den kunde ställas på ett bord tack vare sin omgivande pappcylinder.

Prototypen lär ha sett dagens ljus 1968, och enligt vissa uppgifter pågick tillverkningen mellan 1970 och 1982.

Företagets grundare Gad och Ruben Rausing sägs ha trott enormt mycket på den nya förpackningen.

I "Tetra : historien om dynastin Rausing" av Peter Andersson och Tommy Larsson som kom 1998 sägs att de till och med var beredda att sälja Tetra Pak för att enbart satsa på Rigello.

När den kom skrev tidningarna om flaskan "Begränsningen ligger i att den inte kan bli mycket äldre än åtta veckor, men då 90-95 procent av allt försålt öl i landet inte blir äldre än 14 dagar, är reservationen inte särskilt stark". …"flaskan är delad i en plastdel och en pappersdel. Pappersdelen gör att flaskan är sympatisk att hålla i och lätt att designa."

Jo, flaskan skulle vara självförintande: "Flaskan som gör det lite lättare att vara snäll mot naturen".

På 90-talet grävde arkeologer i Lund och fann bland annat tre intakta flaskor Rigello, sannolikt slängda under Lundakarnevalen 1974. På tjugo år hade flaskorna inte brutits ner ett dugg…

Världens bästa vin...

Kan man få världens bästa vin på Systemet? Många utlänningar påstår det. Världens bästa vin till sitt pris. Det svenska monopolet är största kund hos åtskilliga vinfirmor. Därför kan priserna pressas utan att kvalitetskraven sänks. Ett gott vin behöver inte kosta mer än omkring femman i systembutiken. Ni kommer väl ihåg vad Renat kostar?!

Vi som säljer spriten tycker inte heller att den är värd pengarna. När det finns förträffliga viner till bråkdelen av det priset.

Världens bästa vin . . .

SYSTEMBOLAGET

"För den friska smakens skull"

Ett uttryck som ofta används om TILL! Fem ord som sammanfattar resultatet av en lång satsning på produktförbättringar och smakförnyelser:

Klass I men mera smak! Röde Orm mjöd har lättölets många fördelar. Men mjöd skall drickas välkylt (+6°). Då känner man bäst den fylligare smaken.

Fatöl i "ekonomiklass". Fylligt, gott! Ändå är TILL Fatöl Special faktiskt ett klass IIA-öl.

Extra fylligt, mindre beskt! Spetsat Öl är speciellt lämpligt till skaldjur, fisk, vilt eller fågel. För många den enda tänkbara ölsmaken till alla slags rätter.

Av utvald humle och kornmalt! TILL i den blå burken visar att även bland ljust öl finns nyanser i smaken som skiljer. Friskheten är framträdande.

Burken bevarar smaknyanserna. Bättre än någon annan förpackning hindrar den ljus och luft från att påverka ölets smak och arom.

TILL-BRYGGERIER
Östersund, Stockholm, Skellefteå, Umeå, Örnsköldsvik

Upplev fjällvärlden
Semestra i fjällen i år.
Fjällvärlden tar alltid väl hand om sina gäster!

Antoni & Gehlin

LYCK HOLMS
AB · PRIPPS BRYGGERIER
LYCK HOLMS
KLASS I
BRYGGERITRADITION SEDAN 1750
VÖRTSTYRKA 6,8%. ALKOHOLHALT MAX 1,8 VIKT %.

Elva år med II B

I begynnelsen fanns pilsnern, klass II om högst 3,6 volymprocent.

I början av 1900-talet var oron stark för vad det ökande drickandet kunde ställa till med. 1920 tillsattes en utredning – maltdryckssakkunniga – som kom med ett förslag om att inga maltdrycker starkare än 3,6 volymprocent skulle tillåtas. Förslaget föranledde ingen åtgärd – till att börja med.

Men 1922 hölls folkomröstningen om ett totalförbud mot alkohol. Med knapp marginal – 51 procent mot 49 – avvisades ett förbud. I stället fick vi motbokssystemet.

Däremot blev det ett tillfälligt förbud mot starköl, först bara på ett år, men förbudet skulle leva i 33 år.

Ett år senare – 1923 – gick man över till att räkna i viktprocent, och pilsnern kunde tuffa till sig en aning – till 3,2 viktprocent. Men inte mer.

Starkare öl än så var inte tillåten, om det inte handlade om Porter. Portern ansågs nämligen hälsobringande och kunde köpas i högre styrka än pilsner på apoteket mot recept.

Den 1 oktober 1955 försvann motbokssystemet och starkölen blev tillåten att säljas på Systembolaget. Men samtidigt sattes den högsta alkoholhalten i den "fria" pilsnern till 2,8 viktprocent.

Än fanns de gamla ölcaféerna, men det starkaste som bjöds där var pilsner.

När motboken försvann ökade alkoholkonsumtionen, men mest drack folk starkare saker. Starkölen hade inte noterat någon kraftig försäljning.

Rusdrycksförsäljningsutredningen kom 1957 med förslaget att ett svagare starköl på 3,6 viktprocent skulle få säljas – men bara på Systembolaget.

Fast regeringen var djärvare än så och tyckte att detta det nya ölen skulle kunna få säljas i vanliga livsmedelsbutiker. En stark tillskyndare lär ha varit finansminister Gunnar Sträng. Om det var ölet eller stärkta statsfinanser han värnade ska vi låta vara osagt. Men regeringsförslaget föll i riksdagen.

Fast ölvännerna gav sig inte, och förslaget återkom i riksdagen – nu under sitt nya namn: Mellanölet. Återigen sade riksdagen nej.

Året därpå hade riksdagsopinionen svängt tillräckligt för ett Ja. Mellanölet kunde börja säljas i butikerna från den 1 oktober 1965.

Så här beskrevs mellanölets ankomst i Kvällsposten:

"Över 2000 bilar med 50 miljoner flaskor av 31 olika sorters mellanöl rullade i natt ut från 56 svenska bryggerier. Från Danmark kom färjorna fullpackade med danska lastbilar med mellanöl. Den ordinarie fordonstrafiken hade fått stå tillbaka för ölbilarna. Från Stockholm flög tre plan med öl till Malmö, Göteborg och Luleå. Det var inledningen till det stora Ölkriget."

Det nya mellanölet gladde många – inte minst reklambranschen. Den nya, unga reklamgenerationen sattes att göra säljande reklam åt bryggerierna. "Three Towns är skönt " förklarade unga människor i annonser och på ölunderlägg.

Mellanölens framgångar fick kritikerna att agera. Inte minst blev mellanölet åtkomligt också för de riktigt unga, och Bryggeriföreningen och livsmedelshandeln gick 1970 in i en frivillig överenskommelse om en 18-årsgräns för inköp. Två år senare blev 18-årsgränsen lag.

Men kritikerna ger sig inte. Och nu utbryter en vild politisk debatt om procentsatser i öl. En linje går ut på att sänka alkoholhalten till 3,2 viktprocent i mellanölet. Men i stället fattar riksdagen beslutet att ta bort mellanölet från 1 juli 1977. Det starkaste ölet som får säljas i livsmedelsbutiker blir efter detta folkölets 2,8 viktprocent.

(3,6 viktprocent alkohol motsvarar 4,5 volymprocent i dag)

Antalet ölbryggerier och produktionen av öl (miljoner liter).

År	Bryggerier	Produktion
1960	82	209,7
1965	57	257,0
1970	48	394,4
1976	27	370,3
1979	21	282,6
1983	16	244,8
1990	13	368,0
1993	13	413,3
1995	28	440,3
1999	22	399,9

Källa: Svenska Bryggareföreningen

Puck och dosa och en rökare från "Stisse"

Mycket hände 1968. Det är ett magisk, mytomspunnet och hyllat och förtalat år. Året för majrevolten i Paris, protesterna mot Vietnamkriget och svarta medaljörer som höjde den knutna näven mot den amerikanska flaggan under prisceremonin vid OS i Mexico.

Men 1968 var också det vändningsåret för de svenska snusvanorna.

Ända sedan 20-talet hade den svenska snuskonsumtionen minskat konstant år efter år. Nu vände det plötsligt och 1969 ökade den i stället.

Den tråkiga förklaringen är att alla larmrapporter om rökningens effekt på hälsan gav resultat. Rökare slutade röka och började snusa i stället.

Men andra orsaker spelade en roll. Redan årtalet i sig kan ge en antydan. En tid med en världsomfattande vänsterrörelse. Vänstern växte sig starkare också i Sverige, även om den numerärt aldrig var särskilt stor. Men vänstern och deras åsikter blev opinionsledande och styrde uppfattningen om vad som var inne och ute hos bredare folkgrupper.

Vänstern tog ställning mot USA, inte minst utifrån vad som hände i Vietnam.

Och vad var mer amerikanskt och kommersiellt än rökning? Snusandet blev tidigt betydligt mer utbrett i den tidens vänsterrörelse än på andra håll i samhället. Att snusa svenskt snus var mer politiskt korrekt än att röka amerikanska cigaretter.

Överst på vänsterns egen tio-i-topp-lista över snusmärken var Röda Lacket helt ohotat. Förmodligen gav namnet goda associationer. Rött var rätt! Att det var ett märke som hade sitt ursprung hos tobaksfabrikören och högerpolitikern Carl Swartz var inte lika känt.

Alla hade sett byggnadsarbetare snusa, och visste att snuset hörde hemma på arbetsplatserna. Och även i den nya tidens proletära miljöer, som vid löpande bandet på bilfabrikerna, var det snus som gällde. Röka kunde man bara göra på rasterna.

Alltså tog vänstern till sig snuset, och gjorde det till en del av vänsteridentiteten. I bakfickan eller kavajfickan fanns en dosa Röda Lacket eller Grov. Ett lika givet val som att dricka Cuba-Cola i stället för Coca-Cola.

En andra förklaring är att Svenska Tobaksaktiebolaget genom vändningen övergav sin pessimistiska tro på snusets framtid. I stället började man marknadsföra snuset, inte minst som ett alternativ till rökning. Säkert spelade den nya runda dosan en roll. Men samtidigt utvecklades också produkten på dosans insida.

En tredje viktig förklaring till snusets frammarsch är att snusandet fick en allt starkare ställning i idrottens värld. Det dåvarande Svenska Tobaksaktiebolaget såg till att sponsra Tre Kronor med snus. När laget for iväg på hockeyturneringar såg bolaget till att det fanns med åtskilliga stockar snus.

Ishockeypucken och snusdosan har samma form, och nästan samma storlek. Om det rent fysiska sambandet dem emellan också förstärkt snusandet bland hockeyspelare är väl mer osäkert.

Sambandet ishockey och snus är också statistiskt fastställt. Huddinge sjukhus gjorde 1996 en större studie om snusandet bland idrottsmän. Undersökningen visade att snusandet var mycket mer utbrett bland ishockeyspelare än andra idrottsutövare.

En av de mest givna i Brynäs All Star Team genom tiderna är målvakten Wille Löfqvist. Han kom till Brynäs från Gävleklubben Strömsbro 1968 och blev ordinarie målvakt i A-laget året efter. En position han behöll till 1983. Kontakten med hockeyn har han kvar, i dag driver han restaurangen på hemmaarenan Gavlerinken.

– Jo, det var nog lika förr, det var de äldre som snusade mest då också. Sen började vi andra snusa, och blev äldre..., säger Wille Löfqvist.

– Jag snusade själv i runt 20 år. Fast jag kom in i det tack vare golfen faktiskt. Jag spelade golf redan innan jag började med hockey på elitnivå. Och det var rätt vanligt bland golfarna då att snusa.

Wille hann ta sex SM-guld med Brynäs, och var länge andremålvakt i Tre Kronor, med ett OS-brons 1980 som höjdpunkt. Men hur vanligt var det att elitspelarna snusade då? Han stegar fram till ett foto på guldlaget från 1977. Det var åren när Brynäs slog Färjestad i finalmatcherna med 6-2 och 9-3. "Krobbe" Lundberg gjorde tre mål i den avslutande matchen.

– Tja få se, en, två, tre... femton. Av det här laget på 27 personer var det 15 som snusade. Krobbe var bland dem.

I samma lag spelade fortfarande Tord Lundström och Lars-Göran Nilsson, kvar var också backen

Stefan Persson som sedan blev NHL-proffs, och givetvis Stig Salming vars bror Börje några år tidigare blivit proffs i Toronto.

– Man la ju ofta in en prilla direkt efter matchen. Det där tyckte fotograferna var kul, så när man hamnade i tidningen sen stod man där med snus rinnande mellan tänderna. Det hände rätt ofta att man fick brev eller att folk skrev insändare om det. Man borde visa sig som ett bättre föredöme som idol än att skylta med att man snusade, skrev de, säger Wille Löfqvist.

Men även rökarna fanns på landslagsnivå. Stefan "Prosten" Karlsson, Brynäs, och Stig-Göran "Stisse" Johansson, Södertälje, hörde till de riktiga rökarna i Tre Kronor säsongen 1969/70 även vid sidan av planen.

– Jo, det hände att de gick in på toaletten under periodpausen och tog en rök.

Numera är det ingen som röker. Pekka Lindmark (målvakt i Tre Kronor och klubblagen Malmö och Färjestad) var säkert den siste i elitsammanhang.

En annan spelare och målvakt som fortsatte i hockeyvärlden som tränare är Christer Abrahamsson. På 60-talet målvakt i Leksand, och i slutet av 60-talet Leif "Honken" Holmqvists främste konkurrent om målvaktsjobbet i Tre Kronor, med 117 landskamper på meritlistan.

Han liksom tvillingbrodern Tommy Abrahamsson lockades 1974 över till proffslivet i USA. Men bröderna Abrahamsson gjorde ingen succé i New York Rangers och fick i stället spela i farmarlaget New England Wahlers i Hartford.

Tvillingbröderna Abrahamsson kom till Leksand från Falu Godtemplare.

– Jag började väl snusa i den vevan, 1963, när vi kom till Leksand. Vete fan hur de lura på mig det på något vis. Vi var ett ungt gäng som kom in i klubben då, vi var15-16 år. Men min morfar hade snusat, och brorsan började han också. Och jag snusar än. Det har blivit många lass snus sedan dess, säger "Abris", Christer Abrahamsson.

Det var just med "Abris" generation snusandet tog fart på allvar i hockeysammanhang.

– Jag kan inte minnas att de äldre snusade. Det var nog vår generation, vi som var födda 1945 och framåt, som började. Tumba tog väl lite någon gång, men han spexade mest med det.

– Men när man åkte iväg med landslaget var det fin service. Det första materialaren Åsbrink såg till var att det låg rör med snus med i packningen. De fick det väl direkt från Tobaksbolaget, tror jag. De flesta använde nog som jag Ettan.

– Fast det fanns ju de som rökte fortfarande. Stisse? Haha… Jo du, han var storrökare. Mats Åhlberg från Leksand rökte också.

Snusvanorna väckte ofta förvåning utomlands.

– När du åkte till USA och Kanada fick du ju ta med dig. De hade något som hette Copenhagen, men det var helt annorlunda mot vårt snus och inte alls det samma. När jag var i Kanada första gången 1968 tittade de konstigt på en när man la in snus. Det var alltid lika kul att bjuda: Varsågod och smaka! Sedan såg man hur de skiftade färg och sprang ut och spydde.

– Det var lika när vi spelade i Hartford. Om det var jag eller brorsan som lagt ut en paj som råkat hamna på isen. Och du – det var tvärstopp. De trodde det var en sten eller något som hamnat där så de stoppade spelet och beordrade att isen skulle spolas om.

Hur och varför de starka kopplingarna mellan snuset och ishockeyn uppstod tycks ingen riktigt exakt veta. Fast kopplingen dosa och puck hittar jag också i en text av den amerikanske journalisten David M Shribman i den kanadensiska tidskriften Macleans. Han återger berättelser om att lanbrukarbarn i norra USA brukade spela hockey med hemmagjord utrustning: en snusdosa inlindad i isoleringstejp som puck och brallor fyllda av tidningspapper som benskydd.

Låter rätt tveksamt i mina öron. Och pucken har väl snarast en längre historia än isoleringstejp.

Enligt uppslagsböckerna spelades ishockey med puck första gången redan 1860 i den kanadensiska staden Kingston. Först på 1890-talet spreds hockeyn till USA och Europa.

Faktiskt var det ett tobaksbolag, Imperial Tobacco, som framställde de första samlarbilderna på hockeyspelare. Den första serien med ett antal kanadensiska spelare kom 1910-1911 och är i dag guld värd på samlarmarknaden.

UTAN SOCKER
MÖRK
HALSTABLETT
Cloetta
Cloetta
bjuder dig
på tandvänliga tabletter
Det är inte bara när man slutar röka som man vill ha något gott att suga på. MÖRK halstablett, utan socker, har vi gjort för dig som äter mycket tabletter och för alla Er andra som vill ha en god tandvänlig tablett som friskar upp.
Cloetta bjuder alla som är rädda om tänderna på den första asken MÖRK halstablett. Skicka in en tom ask MÖRK halstablett plus namn och adress (texta) till Cloetta, 590 60 Ljungsbro så får du 1:25 plus porto. Erbjudandet gäller en gång per person till den 28 februari 1975.
Cloetta har också en sockerfri tablett med 4 olika fruktsmaker.
Cloetta
Cloetta
FRUKT
TABLETTER
UTAN SOCKER
Cloetta
MÖRK
HALSTABLETT
UTAN SOCKER

1

STORA
goda Cloetta
CENTER
NU...
större
rulle
FLERA BITAR
mera gott
mjuk toffeefyllning
i läckraste mjölkchoklad !
GODARE OCH GODARE OCH GODARE FÖR VARJE BIT !
TAG DET RÄTTA-TAG Cloetta
CENTER
kampanjen våren 1963

1970

Valutor:
1 dansk krona motsvarade 0:69 kr, 1 finsk mark motsvarade 1:22 kr, 1 franc motsvarade 0:92 kr, 1 norsk krona motsvarade 0:74 kr, 1 pund motsvarade 12:53, 1 dollar motsvarade 5:08, 1 mark motsvarade 1:49.

JANUARI

01 Proffsboxning blir illegalt i Sverige
01 Sjukronorsreformen genomförs – ett läkarbesök ska kosta patienten sju kronor
19 Den tyske narkotikabrottslingen Karl Paucksch häktas i sin frånvaro i Stockholm. Han antas ligga bakom runt 70 procent av smugglingen till Sverige.

FEBRUARI

04 Gruvstrejken i Malmfälten tar slut efter nära två månader
09 Momsen höjs till 14 procent på vissa varor

MARS

02 Rhodesia utropar sig som självständig republik, apartheidpolitiken fortsätter.
12 Elransonering under en månad i Sverige
25 En tillfällig lag gör telefonavlyssning möjlig i jakten på narkotikabrottslingar
29 En 14-årig Ingemar Stenmark vinner junior-VM i slalom

APRIL

01 Sveriges television börjar regelbundet sända i färg
28 Demonstranter kastar ägg på den nya amerikanske ambassadören i Sverige, Jerome K Holland. USA har låtit ambassadörsposten vara vakant i ett år.

MAJ

06 Runt 10 000 personer deltar i den hittills största svenska demonstrationen mot Vietnamkriget i Stockholm
08 Beatles släpper sitt sista album – Let it be
29 Pehr G Gyllenhammar utses 35 år gammal till ny chef för Volvo

JUNI

06-07 Stora raggarbråk i Stockholms city och Vaxholm
12 Den första Gärdesfesten inleds i Stockholm
20 Sveriges svar på Woodstock – en musikfestival på Mantorp blir ett jättefiasko med bara 2 000 besökare
21 Brasilien vinner VM i fotboll genom att i finalen slå Italien med 4-1

JULI

01 Möjligheterna att få förtidspension ökas
01 Handeln med preventivmedel släpps fri
03 Den sista Amazonen tillverkas på Torslandaverken efter att ha byggts i 15 år

AUGUSTI

11 Socialdemokraterna utlovar en tandvårdsförsäkring i valrörelsen
27 Prisstopp införs på matvaror
28 En värnpliktig döms till böter efter att han vägrat att klippa sig
29 Miss Mässing avgörs i Västerås, tio nakna kvinnor gör upp om titeln.

SEPTEMBER

04 Salvador Allende blir president i spetsen för Chiles första vänsterregering
18 Jimi Hendrix dör i London av kvävning av sina egna spyor under stark påverkan av narkotika och alkohol
20 Socialdemokraterna går tillbaka i valet, men sitter kvar i regering med stöd av vänsterpartiet kommunisterna. Valets segrare är centern som ökar 4,2 procent.
21 Gatustrider i Köpenhamn i samband med att Världsbanken håller möte i staden

OKTOBER

04 Janis Joplin dör 27 år gammal av en överdos
09 Röda khmererna tar makten i Kambodja
09 Allmänt prisstopp inför i Sverige
15 De första hyresgästerna flyttar in i norra tornet i World Trade Center i New York. Det dröjer två år tills hela byggnadskomplexet står klart.
16 Universitetsläraren och black pantheraktivisten Angela Davis grips och anklagas för delaktighet i mord
25 Utbrytning ur KFML när revolutionära KFML (r) bildas
25 OK och staten sluter överenskommelse om att bygga ett nytt storraffinaderi i Brofjorden utanför Lysekil

NOVEMBER

14 Strid i moderata samlingspartiet om partiordförandeposten. Gösta Bohman besegrar Yngve Holmberg.

DECEMBER

11 Polis beslagtar en målning av konstnären Peter Dahl där en person som tros föreställa prinsessan Sibylla blottar sitt kön
16 Sex personer dödas under omfattande strejker och protester i de polska hamnstäderna

■ Sverige är 1970 världens näst största skeppsbyggarnation efter Japan. Största varven är Eriksbergsvarvet och Götaverken i Göteborg, Kockums i Malmö, Öresundsvarvet i Landskrona och Uddevallavarvet.

■ Nettoinvandringen till Sverige var 50 000 invånare. Ursprungsland för de största invandrargrupperna: Finland 41 556, Jugoslavien 8 812, Grekland 3 170, Danmark 3 001, Norge 2 653, USA 1 447, Tyskland 1 369, Polen 1 095, Storbritannien 890, Turkiet 841.

Ny bilmodeller:

Ford Pinto, Opel Manta, Citroën GS, Toyota Corona, VW K 70, NSU Ro80

Vad vi lyssnade på:

Chris Andrews "Pretty Belinda"
Creedence Clearwater Revival "Down on the corner", "Looking out my Backdoor", "Up Around The Bend", "Travelin' Band"
Edison Lighthouse "Love Grows"
Crosby, Stills, Nash and Young "Woodstock"
Mungo Jerry "In the summertime"
Neil Diamond "Cracklin Rose"
Norman Greenbaum "Spirit in the Sky"
Tony Christie "Yellow River"
White Plains "My Baby Loves Lovin"
The Pipkins "Gimme dat ding"
Lasse Berghagen "En enkel sång om frihet"
Simon & Garfunkel "El Condor Pasa", "Bridge Over Troubled Water", "Cecelia"
The Kinks "Lola"
Chicago "25 Or 6 To 4"
Miguel Rios "Song Of Joy"
Beatles "Let It Be"
Edwin Starr "War"
John Lennon "Working class hero"
Contact "Hon kom över mon"
Anita Hegerland "Mitt sommarlov"

Nyheter 1970:

- EVR, Electronic Video Recording tippas bli det dominerande systemet för programkassetter
- Tidningen Allt om Mat
- Apoteksbolaget AB
- Halvledarminnet
- Synthesizern börjar säljas

Under 1970 har 773 svenska män avtjänat straff för totalvägran

Vad vi såg på bio och tv:

■ **TV-serier:**
Röda rummet
I regnbågslandet
Söderkåkar

■ **Barn- och ungdomsprogram:**
Frida och hennes vän
Beppes godnattstund

■ **TV-teatern gav:**
Spader Madame (Svenska Ord)

■ **Film:**
Ann och Eva – de erotiska
Baltutlämningen (Johan Bergenstråhle)
Cowboy in Sweden
Grisjakten
Kamrater, motståndaren är välorganiserad
Gruvstrejken 69/70
Jänken (Lars Forsberg)
Lyckliga skitar (Vilgot Sjöman)
Den ståndaktige kyrkoherden
En kärlekshistoria (Roy Andersson)
Mera ur kärlekens språk
Nana
Pippi Långstrump på de sju haven
Rötmånad (Jan Halldoff)

■ **Utländsk film:**
MASH (Robert Altman)
Soldier blue (Ralph Nelson)
Aristocats (Walt Disney)
Moment 22 (Mike Nichols)

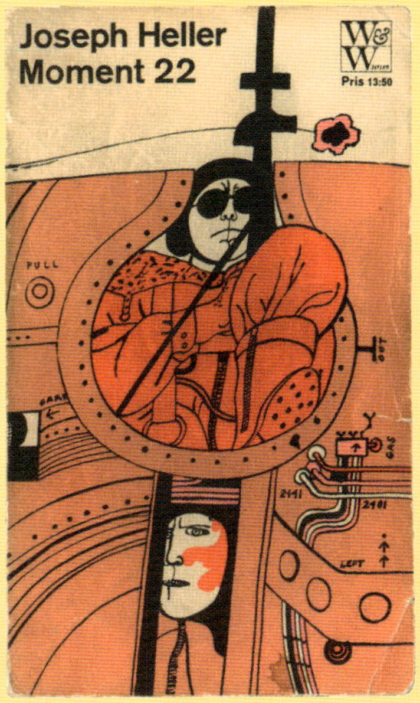

Nya ord detta år:

■ Afrofrisyr, användarnära, arbetsbrist, arbetslivserfarenhet, assist, bananrepublik, barfotaläkare, barnsköta-re, beteendeterapi, betongghetto, bodybuilding, bokkafé, bottennapp, brakskiva, break, brickbord, bruksvär-deshyra, brustablett, dagavdelning, datanät, disco, doa, egotripp, elitism, enzymtvättmedel, etablissemang, fjuttig, flextid, flumma, framförhållning, funka, fyrbackslinje, förhandlingsbar, galleria, generationsklyfta, ge-nomskärare, glödbädd, grundbult, gulag, hormoslyr, hårddata, hårdvara, inflationstakt, jämförpris, klarspråk, knalltransport, knyta sig, kolfiber, konspiratorisk, kroppsnära, kroppsspråk, kupévärmare, kvart, larmrapport, livskamrat, luftkudde, lågvattenmärke, lägesrapport, marktäckare, massmedial, miljögift, mys, mörkertal, personbevis, plockepinn, pluralistisk, problematisera, programvara, prylgalen, rattfylla, regionalpolitik, röd-strumpa, servicebostad, socialpornografi, styrmedel, SYO, temanummer, totalvägra, trekammarbrunn, tuff, uppknuten, utanförskap, vårdlinje, vårdnadsbidrag, väljarbarometer, zoom, återvinning, äggklocka, övervinst.

Källarstudier i svartvitt sex

Ulf Brunnberg valde kondom.

De hade fnasiga kanter, gulgrått papper och ett grumligt rastertryck där man mer anande än verkligen såg något.

Men tidningar som Kavalkad, Piff, PinUp, Top Hat och Paris-Hollywood gläntade på dörren till det okända, och gav den första försmaken av sexualitetens förmodade fröjder.

Med dagens ögon var de tämligen oskyldiga. Det var mest nakna bröst, även om hårigt orakade sköten kunde skymtas här och där. I stort sett var det samma nakenhet som idag levereras av kvällstidningarnas söndagsbilagor och dokusåpornas videoskval.

Men de ögonen hade inte en blyg pojke på det tidiga sextiotalet. Förundrade läste vi de noveller som var tidningarnas huvudsakliga innehåll.

”Hon drog upp klänningen med ena handen och sökte hans lem med den andra. Den stod som en skeppsmast.

Han trängde in i henne.

Det gick nästan ögonblickligen för dem båda, men inte på något ytligt sätt.

Han kom i långa ryck. Det var precis som när någon fått napp och flötet gång på gång dras ner i djupet.

Känslan spred sig i allt vidare ringar inom henne. Spasm följde på spasm som de små vågorna i ett vatten och vattnet, mjukt, eftergivet, mottagande, var hon själv.”

Metat, det hade vi ju gjort, så det där med flötet gick att förstå. Men resten av bildspråket var ganska svårt att begripa. Och det trots att citatet ovan är ur Askungen, en följetong i Top Hat skriven av författaren och kulturpersonligheten Per Meurling.

Han var inte den enda skribenten som tjänade extra som pornograf, men få stod med sina egna namn. Mattias Andersson uppger i sin utmärkta bok ”Porr – en bästsäljande historia” att så väl Lars Norén som Per Olof Ekström och P O Enquist skrev porrnoveller under pseudonym.

Alla var dock inte lysande stilister. En helt anonym författare beskriver ett möte på Södermalm i Stockholm på detta sätt i ett nummer av PinUp, citatet är ordagrant och med bevarad syntax:

"– Jag heter Ulla, sa hon plötsligt.

– Kul sa jag. Olle.

Sen lossnade det för henne och jag fick höra en ganska tårdrypande historia som jag tog med en nypa salt. Den var så vanlig. Men jag hade ingenting emot att spela tröstarens roll sa jag frågande henne frankt:

– Ulla. Ska vi gå hem till mej?

Och Ulla, hon är förstås en stilig kvinna: "Välpumpad i varje tum och allt satt på de rätta ställena och med rätta proportioner. En liten pangärta som kände hettan i kroppen och som inte riktigt visste om hon skulle acceptera den som ett faktum eller fortsätta spela oskuld. Nåja. Det fick bli en senare fråga."

Själva samlaget var den naturliga slutpunkten och klimax i alla noveller. Signaturen "A More" skriver i PinUp, årgång 1964:

"De kysstes hett och vilt, hon lättade villigt på sig när han drog ner hennes trosor, nu skilde ingenting dem åt, hon mötte honom villigt och med all den ungdomliga åtrå hon kunde uppbringa, som en vildinna sporrande hon honom till verkliga kraftprestationer, ständigt fordrade hon mer, gav sig själv hän fullkomligt."

Det var det hela, efter fyra sidors trånande beskrivningar av putande bröst och fuktiga läppar.

Men det var bilderna som lockade mest.

Miljöerna, modellerna och poserna var genomgående ganska lika, någon större fantasi krävdes inte av fotografen. Det var unga och ibland medelålders kvinnor som poserade framför kameran, ofta iklädda strumpor och strumpeband eller negligé, ett tidstypiskt 60-talsplagg. Men man hittar förstås avvikelser, ofta i form av ganska avtändande huvudbonader: Pälsmössor, plommonstop, schalett och basker till exempel. Vissa var inte avklädda alls, utan sträckte ut sig i bikini och log mot fotografen.

Det var en tid då silikonbröst, fitness och helkroppsvaxning var helt okända begrepp. Nakenheten i sig var sensationell nog, i det grova rastret syntes breda bakar, minimala behag och svällande bukfett.

Märkligt nog konsumerades porrtidningarna i grupp bland oss pojkar. Någon hade med sig en eller ett par nummer, och tillsammans studerade vi de svartvita bilderna.

Och platsen för detta var alltid en garanterat föräldrafri yta. Ofta var det ett tomt eller uppbrutet källarförråd, eller ett prång i något av de väl tilltagna skyddsrum som fanns i 50-och 60-talets bostadsområden.

Om kriget kom, eller när kriget kom, så skulle man med sand släcka fiendens brandbomber, sandhinkarna stod prydligt uppställda efter väggarna. Men nu släckte vi i stället vår törst efter kvinnlig sinnlighet i källardunklet. ▶

Porrtidningarna hade alltid ett lätt mytiskt ursprung. Någon hade hittat en trave i soprummet, en annan hade stulit några av en morbror, en tredje hade hittat några nummer i en trapp. Det var aldrig någon som vidgick att de hade köpt dem. Och kanske var det sant. Att själv gå ner till tidningsnasaren och lägga upp 1:25 för en PinUp eller 2:10 för en Top Hat, det fanns liksom inte på kartan.

Förmodligen var det många fäder som blev bestulna på sina tidningar. Men det var det få som berättade om att det var pappas tidningar, det var ju lite skamligt med porrtidningar, det förstod vi väl. Att sitta hemma hos föräldrarna och bläddra i Piff eller Top Hat, det var alldeles otänkbart. Så det fick bli skyddsrummet, eller någon annan undanskymd vrå.

Några par fanns inte på bilderna. De antydde inte ens att det fanns en man närvarande, för att inte tala om sådana totala tabun som munsex eller homosexualitet. Att sådant kunde existera, det berättade inte den tidens porrtidningar. Och den blygsamma sexualundervisning man fick i skolan gav inte särskilt många svar. Kondomer och porrtidningar salufördes i myntautomater på någon bakgata. De enda kvinnor vi hade sett nakna var våra mödrar, och så porrtidningarnas rasterkorniga pappersdamer.

De självsäkraste grabbarna förklarade sturskt att ”dom gjort det”. Med vem var ganska oklart, för de flickor som var närmast tillgängliga, våra klasskamrater, ansågs vare sig vackra eller i övrigt attraktiva. Någon påstod att han ”hade gjort det” med sin syster. Jag har svårt att tro att det var annat än enfaldigt skryt. Jag tror inte någon av oss ens hade pussat en flicka när vi var i porrtidningsåldern.

Alla texter var inte porrnoveller. Synd och moral är ett tvillingpar, så också i porrtidningarnas värld. I en artikel i PinUp 1964 beskrivs hur den lovande gymnasisten Arne går under i Stockholms jazzträsk:

”– För första gången blev jag konfronterad med nattlivet i Gamla Stan. Jag blev först både chockad och förvirrad. Vad som var inrymt i den valvbågade källaren var inget annat än en tonåringarnas ohämmade köttmarknad. Tobaksröken hängde som drivor mellan de fuktfläckiga väggarna, i varje prång satt öppet hånglande par. Och här och var kunde man se fickflaskor vandra från mun till mun. Och från en improviserad estrad skar gälla trumpetstötar som vassa knivar genom luften, medan ett batteri ilsket spottade fram sina virvlar.”

Han dricker sprit, röker marijuanacigarretter och dansar twist och så går det förstås illa. Arnes gravida flickvän Majken hamnar på skyddshem och Arne själv döms till ungdomsfängelse, allt avklarat på drygt två sidor.

Författaren Karsten Sommer avslutar sin samhällsengagerade text med orden:

”Finns det något hopp för Arne?

Låt oss hellre fråga: Finns det något hopp för det kollektiv av tonåringar som sugits ned i den nattlivets häxkittel, som sjuder i Gamla Stans källarprång?”

FIB
aktuellt
Nr 6 • 2 februari 1971 Pris 2:– inkl moms I DANMARK 4:90, I FINLAND FMK 2:40, I NORGE 4:85 inkl moms
Färgextra!
DET STÖRSTA FLICKREPORTAGE NI NÅGONSIN SETT: 16 SIDOR OM CARINA I GAMBIA!
MANNEN SOM SKA ÅKA SKIDOR TILL SYDPOLEN!
aktuellt-foto: Siwer Ohlsson
feb

Box 5155, Malmö.

DIVERSE

Hembiträde, 19 år, mörk, smärt, 170, allm. intr., önskar bek. med pojke i pass. åld., gärna lite blyg, helst från landsbygden. Svar till »G.19», GÖTAS Annons-Tjänst, Malmö 1.

SJUKVÅRDSARTIKLAR

LYXPROVSATS

3-dubbel kontroll, stämplade. 36 st. lyxgi glidmedelsbehandl. 5 olika märken 18:—. 48 st. lyxgi, 4 olika märk. 14:—. 60 st. lyxgi, 5 olika märk. 15:— + häft m. 24 bilder. Portofritt. OBS. PRISET: Sänd omg. det jag understrukit.

Varuimporten, Box 8046, Örebro 8

Exklusiv reklamsats

med idel kvalitetspreventiv — Englands och USA:s ledande märken!
6 Durex Gossamer med sensitol
6 Durex Coral Supertrans, lyxförp.
6 Durex Transparent. Extra tunt
6 Durapac (F. d. Guldmyntet)
6 Tex Sidenkv. Lättgl.
6 Tex Transp. Extra finish (UB)
Sammanlagt 36 st + boken KONSTEN ATT ÄLSKA + Nyutk. INTIMA RÅD och PREVENTIVA METODER samt Bildbilaga.
Alltsammans ENDAST 18:— kronor.
Angiv ☐ med beh. ☐ utan beh. Diskret förpackning. Privat avsändare.
Beställ kvalitet — beställ från

ANCORA Box 12222 Stockholm 12

Namn: ....
Adress: ....
Postadr.: .... Se 1-64

Extra LYX provsats nr 30

3 Durex Gossamer d. 12:—
6 Grand-Paris-Lyx d. 7:—
MÄRKESVAROR tunna och välkontrollerade
6 Don Pedro, Guldfp. d. 5:50
15 Princess, e. tunn d. 3:50
Fysiologi o. teknik, ill. 3:75
ALLTSÅ 30 ST. LYXKVALITÉER + 1 ILL. BOK FÖR ENDAST KRONOR 10:— Portofritt.

Kontrollerade och godkända enl. Kungl. Medicinalstyrelsens bestämmelser.

Lyxsats 60
18 Grand-Paris-Lyx 12 Don Pedro, USA
24 Prinsess e. tunn 6 Metallfolie, orig.
Alltså 60 st. A-märken för ENDAST 15:—

Mannens och kvinnans sexuella känslor, 144 sid. — 21 kap. — 42 bilder. Endast 10:—.

Storköpspriser
4 ds. Durex Gossamer m. sensitol .... 30:—
6 ds. Durex m. fl. kvalitetsmärken .. 20:—
6 ds. Princess U.S.A. latex 16:50
Fraktfritt + oms.

Postgiro 15 27 15. Om likvid medföljer ordern ingen avsändare. Mot postförskott privat avsändare. Egen import. Lägsta priser. Vår garanti. Full returr. Markera det som önskas.
Namn: ....
Bostad: ....
Postadr.: .... Se 1-64

PARTILAGRET URANIA AB JÖNKÖPING 1

1966 varnades i tidningen Paris Hollywood för LSD. I en påstått självupplevd artikel berättar författaren hur han hamnar i en gigantisk sexorgie i kosmos, efter att ha konsumerat en dos LSD.

Och de sensationellt syndfulla sålde säkert. Några strödda rubriker ur PH-special: ”Inga, en 16-årig flicka, som förfördes av 60-årig teaterdirektör! Ung svensk blondin på flykt undan musiker i Israel! Nakendansös våldtogs i Stockholm! Dansös utvisad för lösaktigt leverne! Ung sångare bestal nattlig partner! Känd kompositör och artist grundlurade ”tjänstvillig” sångare! Narkomaner och alkoholister bland filmens och scenens stjärnor!”
Den sortens nyheter fanns inte i den vanliga pressen, eller i radion, där farbror Sven och Sigge Fürst regerade. PH-specials nyheter i avsaknad av allt som kunde identifiera de inblandade, och mer än förnamn nämndes aldrig. Om historierna över huvud taget var sanna, det vet bara Johnny Tholwar, som skrev nöjesnotiserna i Paris-Hollywood.

De obskyra porrtidningarna nådde förbluffande stora upplagor. Curt Hson sålde 40 000 exemplar av Piff, medan Riff, Raff och Modell Naturell från samma förlag låg på mellan 15 och 25 000 exemplar. Alla såldes dock inte i Sverige. Med den tidens lagstiftning var det en lönsam hantering att smuggla svenska porrtidningar till våra grannländer, och Hson blev en förmögen med en egen Rolls-Royce som symbol för framgången.

Om detta visste vi dock ingenting, när vi begrundade de nakna damerna i Piff och Raff. Över huvud taget var vårt kunnande begränsat, vi hade mycket dimmiga begrepp om vad erotiken egentligen gick ut på. Begreppet ”tjejbaciller” var levande, och det skulle dröja några år till de första klassfesterna då man fick dansa tryckare i mörkret. Jag tror snarast att porrtidningsläsandet var en del av det förbjudna, som var så roligt att göra just för att det var förbjudet. Slänga smällare i trapphus och spränga postlådor, palla äpplen eller bryta upp källarförråd, det spelade liksom ingen roll vad det var, bara det var förbjudet.

De tummade porrmagasinet hade också en viktig roll i den omfattande byteshandel som ständigt pågick. De kontanter vi hade var bara småsummor, som räckte till en igloo isglass eller en påse kolaremmar. Så porrtidningarna blev en slags informell valuta.

**”På fredagskvällen bubblar det i blodet, man är kåt
vi skulle gå på Vågen och dansa oss en låt
vi grundade med groggen, Greven, Plast och jag
och fredagsdrömmen växte om en flicka varm och glad”**
Ulf Dageby ”Livet är en fest” 1972

Jag växte upp i Västerås, i ett 60-talsområde där det vimlade av ungar. Och i vår pojkvärld fanns det en handfull ting av mer substantiellt värde. Slidkniven var helig, men mycket annat var bytesobjekt. Det kunde vara skruvmejslar, avbitartänger, stålkammar eller gembellor gjorda av bockade cykelekrar.

När dessa ting skulle byta ägare krävdes det ofta någon form av valuta. För hur skulle man byta ett förstoringsglas mot en fickkniv? Det gick bara om ägaren till förstoringsglaset lade in två porrtidningar i transaktionen.

Och verktygen var viktiga för att få tillträde till de vindar, källare och hissrum som vi såg som våra domäner. Den stålkam som fanns i var pojkes bakficka hade några av tänderna bortbrutna. Men den som redskap kunde man peta undan kolven i de flesta dörrlås och ta oss in där vi ville. Det var först senare som alla dörrar fick skyddsbleck som stoppade den enkla manövern.

Skruvmejseln kunde, med hjälp av en hammare, forcera nästan alla hänglås. Och därmed fick vi tillgång till undanskymda krypin där vi var i fred för de vuxna, och där vi kunde göra förbjudna saker, som att läsa porrtidningar. På så sätt slöts en cirkel, där gamla nummer av Top Hat och Kavalkad ingick med samma självklarhet som enkla inbrottsverktyg och dunkla källarförråd.

1971 försvann lagen om sårande av tukt och sedlighet. Därmed började porren gå en annan väg. Magasinen fick färgtryck, och både bilder och text blev betydligt mer explicita. I en allmän frigjordhet klev kulturdebattörer fram och krävde rättigheter åt alla möjliga sexuella minoriteter. Men då var redan mina dagar som intresserad porrtidningsläsare över.

Min familj flyttade upp sig, från en lägenhet i miljonprogrammets hjärta till ett prydligt kedjehus i stadens utkant. Där fanns inga spännande källare att utforska, och jag kom till en värld där vare sig gembellor eller porrtidningar värderades särskilt högt. De barn som fyllde norra Vallbys vita villor gjorde sina läxor, och var intresserade av musik och böcker. Det fanns inga källarförråd att bryta upp, alla hade eget rum och det fanns dessutom både garage och hobbyrum i de flesta hus. Enda gångerna jag fick briljera var när någon hade tappat bort sin cykelnyckel och jag kunde visa hur enkelt man kunde slå upp ett cykellås med en träsko.

Medan porrtidningarna försvann ur mitt liv tog i stället Lektyr, Se och Fib/Aktuellt porrtidningarnas plats när det gällde att exponera bara bröst och naken hud. Och till skillnad från Piff, Top Hat och allt vad de hette var det på den tiden tidningar som såldes öppet och utan skam. ▶

Svensk synd på vita duken

Ett tag var Sverige näst intill synonymt med landet där yppiga blondiner sprang omkring nakna och gjorde DET med vem som helst, var som helst. Åtminstone på film. Först var filmerna ganska oskyldiga, sedan blev de lite råare, sedan kom inga alls.

Filmexperterna härleder den svenska synden på film tillbaka till 1951 och Arne Mattsons film "Hon dansade en sommar".

Framför kameran tog Ulla Jacobsson och Folke Sundquist av sig kläderna och badade nakna i midnattssolens sken vid sjön Anten utanför Alingsås.

Plötsligt hade stora skaror av utländska biobesökare upptäckt svensk film, och anledningen var inte att Garbo eller Ingrid Bergman lockade. Nej, det var Ulla Jacobsson utsträckt på stranden med två nakna bröst fullt exponerade som drog.

Men sedan kom ju den seriösa filmregissören Ingemar Bergman och höjde svensk films anseende, invänder kanske någon.

Jojo, det räcker med att titta på hans tidiga **"Sommaren med Monika"** från 1953 för att inse att han lärde sig hur en celluloidrulle ska dras redan några år tidigare. Filmens amerikanska titel ger en aning om hur den kunde betraktas: **"Monika – the Diary of a Bad Girl"**.

Signalsystemet funkade. Svensk film var lika med naket. Att det sedan var ganska lite naket var inte alltid ett bekymmer.

Lars-Magnus Lindgrens båda 60-talsfilmer **"Änglar finns dom?"** och **"Käre John"** med Jarl Kulle och Christina Schollin var rena matinéfilmerna, men som svenska filmer hittade de fram till en publik också utanför de svenska Roxy-, Saga- eller Cosmoramasalongerna.

Nu låg de utländska salongerna och biljettkassorna vidöppna.

1965 kom **"Jag – en kvinna"**, och amerikanska tonåringar lärde sig stava till Essy Persson, visserligen inte blondin, men naken.

Med lite hyfsade nakenscener gick det att skruva in lite vad som helst i handlingen, publiken kom ändå. Regissören Vilgot Sjömans **"Jag är nyfiken gul"** från 1967 är djupt samhällskritisk, men det var inte den begynnande proteströrelsen som köade utanför de utländska biograferna. Det var naketpubliken.

Lika samhällskritiska var inte de filmer som följde. De hade i stället namn som **"...som havets nakna vind"** eller **"Eva – den utstötta"**.

En sorts höjdpunkt i denna svenska filmvåg kom 1969 med regissören Torgny Wickmans **"Ur Kärlekens språk"**. Nu var det slut på larviga antydningar, och korta skymtar av det som man visste alla intresserade sig för. I stället levererade denna upplysningsfilm (?) ett riktigt samlag, utfört utan någon hast i full belysning och där varje rörelse åtföljdes av kommentarer av sexologen Maj-Britt Bergström-Wahlan. Torrt och sakligt beledsagade hon sexakten som om den vore en fotbollsmatch.

Filmen förbjöds i USA, men importören drev saken ända till Högsta domstolen som 1971 bestämde att filmen kunde släppas fri. Den första filmen följdes av **"Mera ur kärlekens språk"** (1970).

1976 kom **"Taxi driver"** med Robert DeNiro. Allt annat än svensk synd. Men när han i filmen bjuder ut kampanjmedarbetaren Betsy (Cybill Shepherd) på bio är det en Kärlekens språk-film de tittar på.

Torgny Wickman och Kärlekens språk-filmernas producent, Inge Ivarson, hade verkligen hittat ett framgångsrikt koncept. Mellan den första och andra Kärlekens språkfilmerna hann de med en gladporrfilm, **"Kyrkoherden"**. Förutom kyrkoherden själv, Jarl Borssén, finns det en rad bekanta namn i rollistan som Cornelis Wreeswijk, Kim Anderzon, Tor Isedal och John Elfström (mest känd som Åsa-Nisse).

Boråssonen Inge Ivarson hade börjat som filmproducent redan på 40-talet och gjorde 1963 **"Tre dar i buren"** med Thore Skogman and Anita Lindblom. Då och då dyker också Sven-Ingvars upp i handlingen, bland annat är det här **"Ett litet rött paket"** får sitt genomslag.

Men med den nakna svenska syndens genombrott får Inge Ivarsons satsningar en helt annan profil. Eller vad sägs om filmer som **"Som hon bäddar får han ligga"** (1970), **"Firmafesten"** (1972), **"Smutsiga fingrar"** (1973), **"Anita – ur en tonårsflickas dagbok"** (1974), **"Porr i skandalskolan"** (1974), **"Flossie"** (1974), **"Molly – familjeflickan"** (1977) eller **"Ta mej i dalen"** (1977)? Fast nu var det förstås inte så mycket gladporr längre. Den senare av filmerna beskrevs med orden: "En saftig hårdporrfilm om livet på landet inspelad i Sverige".

Ju hårdare det blev desto mer tvekade också de svenska skådespelarna. Allt oftare fick utländska porrskådisar hyras in, och det upptäckte också publiken. När alla andra gjorde allting mycket mer närgånget hade den svenska synden på film mist sin glans. "Swedish erotica" fanns inte mer.

▶ Det stora förlagshusen skämdes inte heller, utan räknade glatt in pengarna som rullande in. Bonnierägda Åhlén & Åkerlund gav ut Se och Fib/Aktuellt medan Saxon & Lindström hade Lektyr som sitt flaggskepp.

Och när hormonerna började vakna så var det inte det inte de sotiga trycksakerna från Hson som lockade, utan snygga flickor i färg, fotograferade av Siwer Ohlsson. De visade upp ungefär lika mycket som i det tidiga 60-talets porrtidningar, det vill säga nakna kvinnobröst och blottade höfter. Men det räckte långt för en ung man som knappt hade pussat en flicka då heller.

Faktum är att även textinnehållet påminde om mixen i gamla Cocktail eller Piff, det vill säga sex och skandaler, men nu spetsat med en del sprit och idrott. Det är ungefär samma ämnen som i dag fyller kvällstidningarna, om än i något sobrare form:

"Den nya metoden som gör alla män till bättre älskare" lanserade Lektyr i juli 1970. Tidningens reporter Arne Lemberg berättar också målande om fulla svenskar i Polen. I FIB/Aktuellt i februari 1971 berättade Grynet Mollvig, Christina Schollin, Eleanor Bodel och Monica Zetterlund hur dom vill bli älskade. Och 17-åriga Lena Heijel visade brösten på mittuppslaget, och berättade att hon tyckte om att sy kläder, dansa, och läsa Hemingway.

”Var tredje kund i Rinkeby Centrum snattar”, påstod Lektyr i april 1972. Tidningen gjorde också ett djuplodande reportage om prostitution i den blivande OS-staden München, med prislistor och allt.

Och medan damerna i Piff och Kavalkad vare sig hade namn, ålder eller ens nationalitet, så var herrtidningarnas flickor individer, med intressen och bostadsort. Vissa blev till och med celebriteter på sina tidningsframträdanden.

Två namn lyste med särskild kraft: Christina Lindberg och Leena Skoog. Christina Lindberg var inte bara docksöt på ett lite barnsligt vis, hon var också synnerligen bystig i en tid då alla mått kom från naturen. Lindberg medverkade i en rad filmer där just hennes kropp exponerades hårt, varav Rötmånad av Janne Halldoff var de mest kända. Hon nådde internationell ryktbarhet i sin roll som enögd hämnare i ”Thriller – En grym film”. I ”Anita – den utstötta” spelade hon mot Stellan Skarskgård, som gjorde en insats i älskarrollen.

I dag är Lindberg flygjournalist och chefredaktör för tidningen Flygrevyn.

Leena Skoog försökte exploatera sina talanger som sångerska på singelskivor som ”Ta mig inte nu” och ”Jag har så svårt att säga nej”. De är i dag samlarobjekt bland vänner av suncadelica, det vill säga udda musik. Hennes insjungning av Serge Gainsbourgs ”Je t´aime... moi non plus”, i svensk version ”Jag älskar dig så” uppskattas fortfarande här och var, och är omskriven på en japansk hemsida.

Skoog medverkade också på vita duken, som badflicka i ”Åsa-Nisse i rekordform” samt som allmänt naken i ”Laila (17) vaknar” och ”Laila (17) badar”, alla tre inspelade 1969.

Hon hade stjärnstatus bland utvikningsmodellerna och var söt på ett ganska vardagligt sätt, frågan är om hon inte personifierade ”girl next door”-drömmen mer än någon annan.

Leena Skoog gjorde ett sorgligt sista framträdande i offentligheten 1996 när hon berättade om sin cancer. Hon gick bort i sjukdomen 1998.

Nedgången för herrtidningarna, den kom på 1980-talet. De bara brösten i softat motljus ersattes av mer och mer porr, och men det hjälpte inte. 1983 hade Lektyr 97 000 i upplaga men gick ändå med förlust, fyra år senare gick hela förlaget i konkurs.

Men då hade jag för länge sedan slutat köpa den sortens tidningar. I 70-talets början tog jag mina första trevande steg med den första riktiga flickvännen, och då var det bara pinsamt att ha en tummad ”Fibban” bredvid sängen.

För att inte tala om Cocktail eller Kavalkad. Det var ju tidningar för småpojkar. ■

Per Wikström

Källor: Förutom antikvariskt inhandlade exemplar av porr- och herrtidningar kommer flera uppgifter i denna text från ”Porr – en bästsäljande historia” av Mattias Andersson.

Kondomkungen

Automaterna fanns på undanskymda, men strategiska ställen. Kännetecknande för en automatkund var att denne ständigt tittade sig omkring, för att se om någon noterade inköpet. För det var ju gummi det handlades med. Adamssons gummi.

För att skaffa sig skydd var fortfarande högst skambelagt. Fast det skulle ändra sig under 60-talet.

Fram till 1937 hade Sverige en lag som förbjöd både spridandet av information om preventivmedel och import av kondomer. När lagen togs bort öppnade Nils Adamsson, dåtidens kondomkung, en sjukvårdsaffär som sålde kondomer. Samma sak gjorde RFSU, Riksförbundet för sexuell upplysning, startat av Elise Ottesen-Jensen. Från 1952 kunde kondomer även säljas hos frisörer, på apotek och i butiker med specialtillstånd. Fast att skylta med sina sexualvanor var känsligt, och när lagen från 1959 även medgav att kondomer fick säljas i automater var det efterlängtat. Rask dök det upp Nils Adamsson-automater lite här och var i de svenska stadslandskapen.

1964 blev p-pillren tillåtna och från 1966 tilläts även spiralen.

Men det var full fart även på kondomförsäljningen, och framförallt RFSU började profilera sig (sic! RFSU Profil hette storsäljaren) genom intensiv reklam.

När de i slutet på 60-talet fick statliga pengar att starta ett eget testlaboratorium i Jakobsberg, tyckte många att det gått för långt när de gick ut och berättade om testerna i en stor reklamkampanj i tidningarna: ”Sveriges känsligaste penis finns i Jakobsberg”.

Men nu var den sexuella frigjordheten här, Inge och Sten svarade på läsarnas sexfrågor i Expressen, och i stort sett alla beteenden var normala enligt deras uppfattning.

1969 startade RFSU en egen butikskedja under namnet ”Blommor och bin”. Förutom kondomer såldes också kläder, och som mest fanns det ett 40-tal butiker i landet.

Från 1970 gick det bra att sälja kondomer utan speciellt tillstånd, och Adamsson-automaterna blev mindre anlitade.

Den fräcka tonen i reklamen fortsatte, som i RFSU-kampanjen ”Ikväll får 107 svenskar gonorré” eller ”I kväll får tio Malmöbor gonorré”.

Också kondomerna blev fräckare – 1972 kom den svarta Black Jack. Två år senare den knottriga Näcken.

Även Nils Adamsson tuffade till sig. De valde tidigt samma väg, att i sina butiker också börja sälja annat, som sjukvårdsartiklar, babyutrustning och barnkläder. 1976 hade företaget helt ändrat inriktning, preventivmedelsdelen såldes och butikerna fick nytt namn och inriktning på barnkläder: Polarn O. Pyret.

Adamsson tuffade också till sig i reklamen. Ett lite mindre lyckat drag var att ge kondomerna samma namn och förpackning som kända cigarettmärken, som Blend och Marlboro. Svenska Tobak AB som ägde varumärket Blend stämde Adamsson i tingsrätten. Och denna fann att: ”Likheten mellan utformningen av de två produkternas förpackningar kunde leda till ett antagande bland konsumenter att ett samband förelåg mellan de två företagen, trots att det rörde sig om varor från två helt olika varuslag”.

Ola Håkansson (Ola & The Janglers) och Tommy Körberg (Tom, Mick & Maniacs) valde också kondom.

1971

JANUARI

01 Begreppet stad avskaffas och ersätts av kommun

25 Idi Amin tar makten i Uganda och upplöser parlamentet och de politiska partierna

27 Sverige har slagit Europarekord i antalet bankrån med 52 rån under 1970

28 Saco tar ut kommunanställda i strejk, och varslar om ytterligare strejker.

29 Nobelpristagaren James J Watson varnar för ”människoodling” genom provrörsbefruktning

FEBRUARI

05 Fler Saco-medlemmar strejkar

07 Kvinnlig rösträtt genomförs i Schweiz

14 Oljestaterna runt Persiska viken enas om högre oljepriser

14 Den nya gruppen Festfolket uppträder för första gången i Göteborg. Gruppen kommer senare att kallas sig ABBA.

17 Pornografin släpps fri i Sverige

19 Lockout mot 30 000 Saco-medlemmar, bland annat 25 000 lärare.

24 Regeringen föreslår utlokalisering av statliga verk med 6 300 statsanställda

MARS

01 Under ett civilmål i tingsrätten i Söderhamn skjuter en hemmansägare från Bergvik ned domaren, sin motpart liksom de två advokaterna.

09 Saco-konflikten slut efter regeringsingripande

16 Socialstyrelsen lanserar ett tioårsprogram för att ge svenska folkets sundare matvanor och öka motionerandet. Kostcirkeln får premiär.

18 Traktordemonstration i Jönköping mot regeringens jordbrukspolitik

19 Regeringen fattar det slutliga beslutet att inte söka medlemskap i EEC

APRIL

05 Kalmar verkstad meddelar att de ska sluta producera ”postbilen” Tjorven

07 Två kroatiska terrorister skjuter Jugoslaviens ambassadör i Sverige

08 Högsta domstolen förklarar att THX-doktorn Elis Sandberg gjort sig skyldig till olaga läkemedelstillverkning

14 Pingpong-diplomatin blir ett begrepp när amerikanska bordtennisspelare tas emot i Kina

MAJ

12-13 Almstriden i Stockholm. Demonstrationer och protester mot att ett antal almar ska fällas för att ge plats åt en tunnelbaneuppgång.

18 En av norra Europas största inomhusarenor – Scandinavium – invigs i Göteborg

22 Kongress för homosexuella i Uppsala

23 Det nya expresståg som invigs klarar sträckan Stockholm-Göteborg på 3 timmar och 58 minuter

JUNI

01 Långhåriga värnpliktiga måste använda hårnät under övning menar överbefälhavaren

02 SAS köper Vingresor

10 Gösta ”Fåglum” Pettersson vinner Giro d’Italia

14 Lars Leijonborg besegrar Per Garthon som ordförande för folkpartiets ungdomsförbund Fpu med röstsiffrorna 50-49

21 Thorbjörn Fälldin blir ny centerledare efter Gunnar Hedlund

27 En tolvårig flicka i Göteborg blir Sveriges yngsta mamma genom tiderna när hon föder en pojke

JULI

03 Jim Morrison i The Doors hittas död i sin lägenhet i Paris

07 Häftig debatt efter att regeringen beslutat lägga ned låginkomstutredningen

11 Den socialistiska regeringen i Chile utmanar utländska intressen genom att nationalisera landets koppargruvor

30 Apollo 15 landar på månen och de två astronauterna Scott och Irwin utforskar månens terräng

31 Stort raggarbråk i Stockholm med 300 raggare inblandade

AUGUSTI

01 Livsmedelspriserna stiger efter nytt jordbruksavtal. En liter mjölk kostar nu 1:39 kr

09 Antalet arbetslösa beräknas nu till 107 000

11 Johnny Cash framträder för första gången i Sverige inför en publik på 14 000

SEPTEMBER

13 Efter en revolt i Atticafängelset i New York skjuts 43 personer ned när fängelset stormas

14 Det första serietillverkade exemplaret av stridsflygplanet Viggen kraschlandar och brinner upp

25 Vilgot Sjömans Nyfiken gul har spelat in 75 miljoner kronor i USA vilket är rekord för en utländsk film

OKTOBER

27 Harry Schein anmäler TV2 till radionämnden efter att de visat en Åsa-Nisse-film. Schein menar att detta strider mot kanalens uttalade strävan att erbjuda god underhållning.

NOVEMBER

18 Arvtagaren i Wallenbergimperiet Marc Wallenberg begår självmord

18 Riksdagen beslutar att ta bort tillsatsen av flour i dricksvattnet

DECEMBER

03 Teleförbindelsen via satellit mellan Skandinavien och Nordamerika invigs genom stationen i Tanum

04 Krig mellan Indien och Pakistan

06 Bangladesh (Östpakistan) erkänns av Indien

09 Alla produktion av uran vid Ranstadsverket vid Billingen ska läggas ned

17 BP tillkännager att de satsar tre miljarder kronor på oljeutvinning i Nordsjön

Vad vi lyssnade på:

Buffy Sainte-Marie "Soldier Blue"
Rolling Stones "Brown Sugar"
Joan Baez "The Night They Drove Old Dixie Down"
The Raiders "Indian Reservation"
Lynn Anderson "Rose Garden"
T Rex "Hot Love, Get It On"
Rod Stewart "Maggie May"
Janis Joplin "Me And Bobby McGee"
Tom Jones "She's A Lady"
George Harrison "My Sweet Lord"
Lobo "Me And You And A Dog Named Boo"
Isaac Hayes "Theme From 'Shaft'"
The Doors "Riders On The Storm"
John Lennon "Imagine"
Lalla Hansson "Anna och mej"
Agneta Fältskog "Dröm är dröm och saga saga"
Family Four "Vita vidder"
Elton John "Your Song"
Led Zeppelin "Stairway to Heaven"
Al Green "Let's Stay Together"

Nyheter 1971:

- Bildandet av Fria Proteatern 1971
- Filmhuset
- Riksdagshuset (tillfälliga) vid Sergels torg invigs. Blir senare Kulturhuset.
- Konsumentombudsmannen (KO)
- Kostcirkeln
- Enkammarriksdagen
- Den första hela processorn, Intel 4004
- Oljetillgångarna i Friggfältet mellan Norge och Storbritannien upptäcks
- Miljöcentrum med Björn O Gillberg startar
- Greenpeace bildas i Kanada
- HV 71 (bildas när Husqvarna IF och Vätterstads IF går samman)
- ISSN-numren på böcker
- UEFA-cupen har premiär
- Femöringen blir lägsta mynt

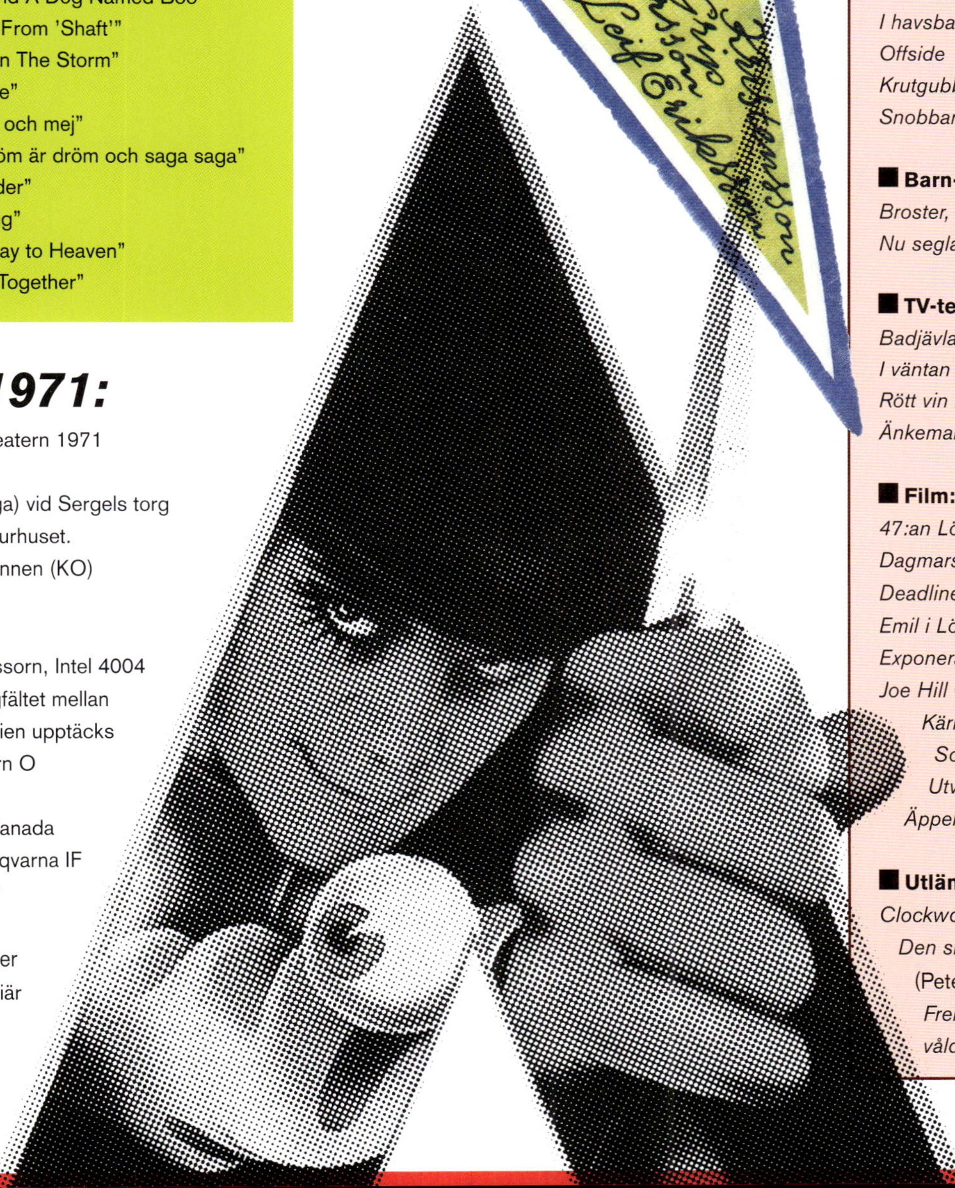

Nya ord 1971:

■ Akupunktör, anställningsskydd, AP-fond, barracudatält, befrielserörelse, bilbälte, briefa, cyborg, datorisera, frånluft, gästarbetare, inkontinent, KO (Konsumentombudsmannen), loftgång, lyxsanera, matchstraff, nostalgiker, nyfattigdom, pilotstudie, pisksnärtskada, pluralism, portföljbärare, sensor, sexism, suicidera, teatergrupp, telefonkedja, transfer, tuffa till, väggspel, överskruv.

Vad vi såg på bio och tv:

■ **TV-serier:**
Kvällsöppet
Halv sju
Familjen Ekbladh
Hem till byn
I havsbandet
Offside
Krutgubbar (Dad's army)
Snobbar som jobbar

■ **Barn- och ungdomsprogram:**
Broster, Broster
Nu seglar Pip-Larssons

■ **TV-teatern gav:**
Badjävlar (Lars Molin)
I väntan på Godot
Rött vin i gröna glas
Änkeman Jarl

■ **Film:**
47:an Löken
Dagmars Heta Trosor
Deadline
Emil i Lönneberga
Exponerad
Joe Hill (Bo Widerberg)
Kärlekens XYZ
Sound of Näverlur
Utvandrarna (Jan Troell)
Äppelkriget (Svenska ord)

■ **Utländsk film:**
Clockwork orange (Stanley Kubrick)
Den sista föreställningen (Peter Bogdanovich)
French Connection – lagens våldsamma män (William Friedkin)

Från Andy Pandy till en död papegoja

Vi var den första svenska tv-generationen. Vi hade knappt lärt oss prata och gå innan vi vinkade adjö till Andy Pandy i rutan.

Andy Pandy tillbringade sin dygnsvila i en sorts korg, och när det var dags för oss att gå och lägga oss föregick Andy med gott föredöme genom att stänga in sig i denna korg.

Uppväxten fortsatte på samma sätt med att vi via tv-rutan fick instruktioner om vad vi skulle göra. Genom att det bara fanns en kanal och alla såg samma program blev det en i högsta grad monolitisk formandeprocess. Alla delade samma upplevelser.

Gårdagens avsnitt av Helgonet? Jo, självklart hade alla sett samma avsnitt där Roger Moore tog itu med barska bovar och satte igång biljakter i sin vita Volvo P1800. Simon Templar var ett måste att följa. Lika självklart som att en sen rysare av Francis Durbridge fick oss att borra ned ansiktet lite extra i kudden när det var sängdags.

Vi fick oss till livs en bild av världen där allt var svart eller vitt. Ja, färg-tv kom ju först i slutet av 60-talet, och garvade gjorde man knappast åt det som kom i rutan.

"Skäggen", ett gäng herrar i kostym, som satt runt ett bord och rapade ibland ansågs oerhört utmanande, men vi förstod dem inte och tyckte definitivt inte de var roliga. Ibland, eller snarare varannan vecka var det "Hvar fjortonde dag", med Ulf Thorén. Lite roligare kanske, åtminstone det ständiga inslaget med vargflocken på isen som man trodde skulle bli överkörd av en båt. Men herr Thorén träffade inte alltid rätt.

Sattes man att titta på Hyland hörna var det enda roliga när Carl-Gustaf dök upp som gubben i lådan. Var det något roligt överhuvudtaget kördes det om och om igen så att man snart tröttnade. Den som inte sett sketchen "Skattkammarön" ur tv-programmet Estrad från 1967 minst 83 gånger har inte tittat på svensk tv.

Och var det "lördagsunderhållning" var det självskrivet att Lasse Holmqvist eller Lennart Hyland skulle svara för den. Även ett nytt program var som en gammal repris, och skulle någon sjunga var det nästan alltid Svante Thuresson, Östen Warnerbring eller Gals and Pals.

Humor på tv kom först när någon upptäckt att det gick att importera också brittiska humorprogram, inte bara någon enstaka deckare eller naturprogram från savannerna.

De amerikanska ”The Dick Van Dyke Show” eller ”The Lucy Show” var sådana amerikanska sitcoms som passade svensk tv lika dåligt som en familjeflicka på en raggarsammankomst.

Vi fick hålla till godo med de svenska tv-kändisarnas misstag som underhållning i stället, som när metereologen Karl-Einar Karlsson slog huvudet i kartan en kväll när han skulle vända sig om och presentera vädret.

Nå, vad var det då som formade oss? Vad var den svartvita, eller snarare gråtevens poltergeist? ▶

Buskis och busskisar

Det finns bra och det finns dåliga tv-program. Så finns det de som är så dåliga att de nästan blir bra. Buskisen har alltid haft en klockarkärlek till tv-mediet, men aldrig har det varit mer buskis än i Buss-kisarna.

Att ”Buss-kisarna” fick detta svenska namn måste handla om en ironisk släng av översättaren. På engelska hette den ”On the buses”. Seriens manusförfattare Ronald Wolfe och Ronald Chesney hade först presenterat sin idé för BBC som sade tvärnej. Nystartade London Weekend Television nappade däremot och det gjorde Sveriges Television också så småningom.

Serien började visas på brittisk tv 1969 och utspelade sig på bussar och i ett bussgarage. Till Sverige kom den 1972.

Chaufförerna Stan Butler (Reg Varney) och Jack Carter (Bob Grant) ägnar sig serien igenom åt att köra buss men också att jaga konduktriser som de tar längst bak i bussen och hånglar med och klämmer på. Allt övervakas av den elake Inspector Blake (Stephen Lewis), seriens stora behållning.

Detta varvas med hemmainteriörer från Stans hem. Han bor med sin mor, systern Olive och dennes man Arthur. Svågern ägnar sig i huvudsak åt att läsa tidningen och att undvika ha sex med sin fru.

”Blakey” hittar alltid något att kritisera hos sina chaffissar, och är alltid lika triumferande varje gång han kommit på något.

Sexskämten haglade, allt var vulgärt, kritikerna skrev ned serien och publiken, åtminstone den brittiska, älskade den.

Den blev en långkörare med totalt 74 halvtimmeslånga avsnitt. Och när inte det räckte gjorde samma gäng också tre spelfilmer som alla drog stor publik. Serieformatet såldes också till ett amerikanskt tv-bolag, men deras produktion blev inte någon större succé.

Serien som sålde färg-tv i USA

Den tekniska utvecklingen har alltid påverkat tv-utbudet. Så var det också på 50-talet. När de första svenskarna glodde storögt på de första tv-sändningarna hade amerikanska tv-tillverkare och tv-bolag redan en diskussion igång om hur man skulle få fart på försäljningen av färg-tv-apparater.

– Vi behöver en bred, underhållande tv-serie i färg, det är det enda som kan få fart på försäljningen, sade någon i något styrelserum. Och tv-bolagens programmakare gick hem och funderade.

Den 12 september 1959 hade NBCs försök premiär: Bonanza.

Tv-serien som skapades för att öka efterfrågan på färg-tv blev den mest framgångsrika någonsin.

Serien spelades i olika omgångar in ända fram till 70-talet. Fast de svenska ungar som i början fascinerades av Little Joe, Adam, Hoss och Ben fick naturligtvis nöja sig med svartvit teve.

Den första tv-serien regisserades av Robert Altman (senare berömd för filmer som Short cuts, MASH).

I Sverige var det Michael Landon (1936-91) som blev den störste hjälten som Little Joe. Han återkom senare också i tv-serien "Lilla huset på prärien".

Pernell Roberts som Adam Cartwright hade också sina tillskyndare. Liksom den grove Dan Blocker som Hoss.

Fast pappa Ben betraktades nog av de flesta som en rätt butter och dyster figur. Fast kanske är han den med det mest intressanta levnadsödet.

Lorne Greene (1915-87) var inte ens amerikan. Han föddes i kanadensiska huvudstaden Ottawa.

Egentligen skulle han bli kemiingenjör och började läsa till det på Queens-universitetet i Kingston. Men intresset för studentteatern tog allt mer över, så i stället för kemi blev det skådespeleri. Han fick stipendium till en teaterskola i New York.

Men åter i Kanada väntade i stället jobb på kanadensiska radion, CBC. Under andra världskriget tjänstgjorde Greene som flygofficer i Royal Canadian Air Force.

Tillbaka i Kanada bestämde sig Lorne Greene för att starta en radioakademi i Toronto. Och för att underlätta nyhetsuppläsares och radiopratares tidspassning lär han ha utvecklat ett stoppur som gick baklänges.

Greene gjorde också lite inhopp då och då i televisionens program. Inte minst ville många använda sig av hans djupa, mörka röst.

1954 gjorde han debut på film, och det var när han hade en roll i westernserien "Wagon train" 1959, som Bonanzas producent upptäckte honom.

Lorne tillfrågades om att spela Ben i den nya serien, och svarade: "Ja, men jag har tre villkor: Den måste bli en succé, jag måste bli stjärna och tjäna en massa pengar på serien".

Jo, tevehistorien skulle visa att alla tre villkoren kunde uppfyllas. Och Lorne själv gjorde minst sagt en övertygande rollinsats. Pappa Ben blev på många sätt sinnebilden för hur en fadersgestalt skulle vara, stark, övertygande och förstående.

En körtid från sent 50-tal till in på 70-talet (sista avsnittet premiärvisades 1973) får väl kallas en övertygande succé.

Efter att Bonanza lades ner spelade Lorne Greene titelrollen i en deckare på NBC, och hade en ledande roll i en science-fictionserie på ABC. Båda blev dock rätt kortlivade. Däremot återkom han i rutan som presentatör av en serie med naturfilmer, "Lorne Greene's New Wilderness".

Fast det fanns faktiskt planer på att återuppväcka Bonaza, med en ny generation Cartwrights på gården. Men Lorne Greenes vikande hälsa, och död den 11 september 1987 omöjliggjorde det.

"Han var Ben Cartwright ända till sin död", kommenterade Michael Landon sin tevepappas död.

Jo, händelserna. Att vi direkt och omedelbart kunde ta till oss det som hände i världen även på fjärran platser.

När John F Kennedy sköts i Dallas fattade också jag som sexåring att något allvarligt hade hänt. Världen skulle aldrig bli sig lik trodde jag när jag såg farsans bekymrade min.

Det fortsatte med de omedelbara och dramatiska händelserna. De som var lätta att ta till sig. I Biafra (i dag en del av Nigeria) pågick ett krig som vi inte begrep särskilt mycket av. Men vi förstod att små svarta barn led och hade ont om mat. Vilket genast togs till förevändning för att vi skulle äta upp allt vad vi tilldelats av även de mest vidriga

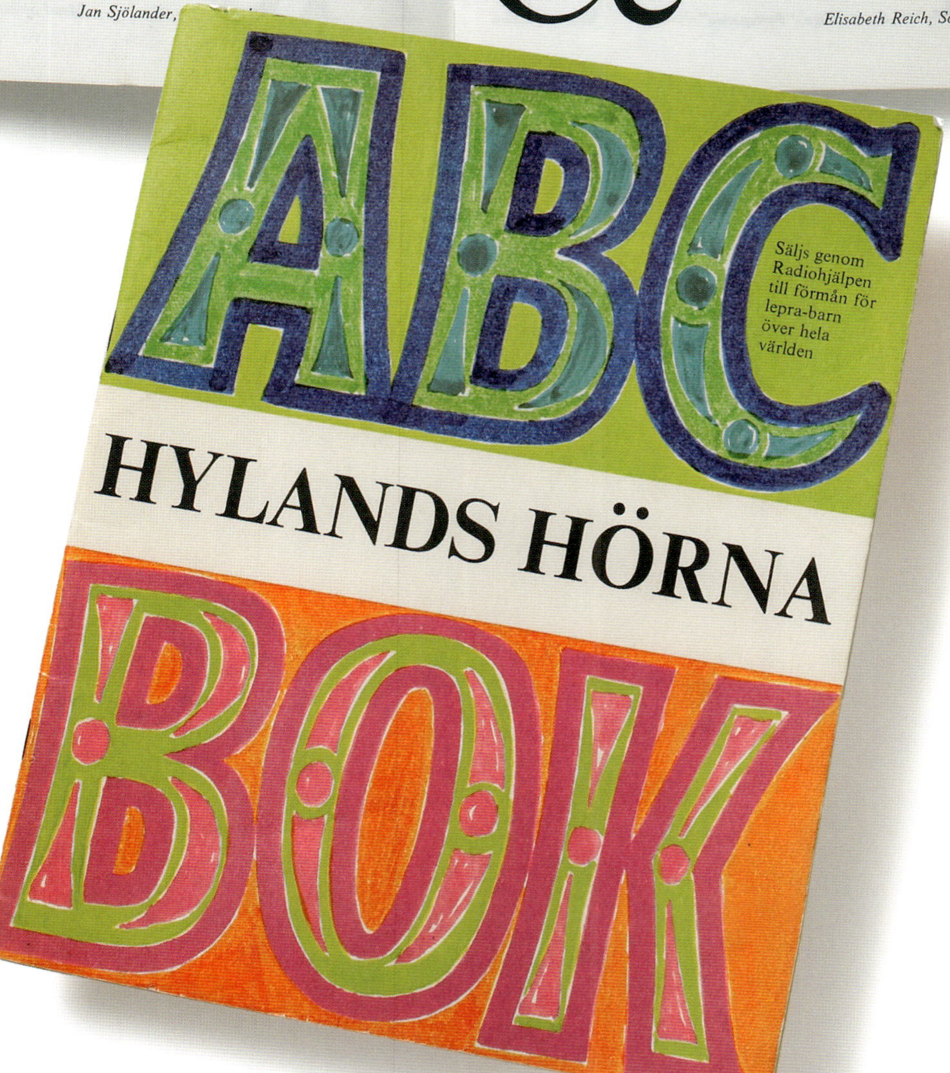

När Hylands hörna sändes stod nationen stilla. 1966 inbjöds tittarna att skicka in verser till Hylands ABC-bok.

Deckar-klassiker

Jason King

Kanske ingen stor höjdare som deckare, men Jason King etablerade verkligen snobbdetektiven. Jason King skulle vara engelsk författare av kriminalromaner men i researchen för sina historier råkade han alltid in i riktigt skumma saker. Jason hade kvinnotycke, och spenderade förmodligen hela sina författararvoden på dem, liksom på sammetskavajer och kråsskjortor.

Peter Wyngarde spelade Jason King i 26 entimmesavsnitt åren 1971-72.

Kojak

Den skallige New Yorkpolisen Kojak måste ha gett godisklubborna ett uppsving på 70-talet. Theo Kojak, spelad av Telly Savalas, hade sin bror George Savalas, som kollegan detektiv Stavros i serien.

Mellan 1973 och 1978 spelades hela 125 entimmesavsnitt av Kojak in.

I slutet på 80-talet kom Savalas rollfigur tillbaka för en kortare serie Kojakavsnitt. 1993 dog Savalas i prostatacancer 69 år gammal.

Peter Falk som kommissarie Columbo.

Columbo

Tv-histriens mest förvirrade kommissarie lyckades på något sätt ändå alltid lösa gåtorna han sattes att lösa i Los Angeles. Peter Falk som Columbo i en skrynklig trenchcoat blev en antihjälte och tv-favorit. Inte heller hans bilval tydde på klass, han körde omkring i en gammal Peugeot 403. Allt tydde på att Columbo närmade sig en lösning när han frågat ut den misstänkte och är på väg därifrån, men ångrar sig och vänder sig om: "Just one more thing".

Han var den tänkande polisen, som inte ens bar pistol. Och hans riktiga förnamn avslöjades aldrig, men Columbologerna hävdar att det var Philip eller Frank. Totalt spelades 45 avsnitt på 90 minuter in mellan 1971 och 1988.

Snobbar som jobbar

En osannolik kombination av karaktärer, men en jättelik tv-succé. I "The Persuaders", som serien hette på engelska samarbetade Tony Curtis som den smarte amerikanske miljonären Danny Wilde, med den engelskt överklassige Roger Moore som Lord Brett Sinclair. De två figurerna förs samman av en domare som vädjar till dem att hjälpa till att lösa till synes olösliga brott. Samtidigt som de gör en massa kvinnliga erövringar, och testar snabba bilar lyckas de som i förbifarten lösa kriminalgåtorna. 24 entimmesavsnitt spelades in 1971-72.

H 45 Tony Curtis

McCloud

Sätt in en sheriff från västern mitt i brottslighetens New York och se hur han funkar. Det var i grova drag upplägget för McCloud. Sam McCloud från Taos, New Mexiko sätts att jobba i 27 distriktet i New York, och beter sig och fortsätter se ut som han var kvar i New Mexiko. Dennis Weaver spelade McCloud i de 46 avsnitt som spelades in 1970-77.

Helgonet

Med Simon Templar spelad av Roger Moore som senare dök upp som James Bond. Roger Moore spelar gentlemannen Simon Templar, en sofistikerad och redan från början välbärgad person. Templar rörde sig på båda sidor om lagen, men kunde ofta uträtta mer än vad de tafatta poliserna kunde. Helgonet byggde ursprungligen på en serie skapad av Leslie Charteris för radion. Som tv-serie gjorde den stor succé och visades i runt 80 länder. Den spelades in mellan 1962 och 1969. För svenskar utgjorde Helgonets val av bil en speciell känsla. Han använde en vit Volvo P 1800.

▶ rätterna från skolbespisningen eller middagsbordet därhemma. Och vi fick ta med oss pengar till skolan och lägga dem i en ihopvikt bössa av papper. Hjälp Biafrabarnen!

Att Sverige dessutom visade upp en flyghjälte som inte stod Biggles efter – Carl Gustaf von Rosen – förhöjde dramatiken och gjorde den snudd på nationell.

De vandrade på månen, och vi följde allt i direktsändning. Ett litet steg för en människa, men ett stort för televisionen.

Bobby Kennedy blev mördad han också, liksom Martin Luther King. På Arne Thoréns upphetsade röst förstod vi allvaret.

När en FNL-soldat sköts ner på gatan av Saigons polischef betydde det förmodligen mer för Vietnamrörelsen än aldrig så flammande appeller. När Jan Palach tände eld på sig själv på Vaclavplatsen i Prag i protest mot den sovjetiska invasionen fattade åtminstone några av oss att inte heller kommunismen var ett alternativ.

Tristessen i det vanliga tv-utbudet bröts av de dramatiska händelserna och möjligtvis av någon timme pop per månad.

Drop-In var säkert ett mycket vällovligt försök, det kunde varit sämre. Kersti Adams-Ray gjorde sitt bästa. Men allt som hörde ungdomskulturen till hanterades på något sätt som om det vore explosiva varor.

Vi tog tillflykten till radion i stället. Inte mycket bättre där, men äldre och mer internationellt bevandrade kamrater och syskon hade lärt oss att ratta in Radio Luxemburg. ▶

Statsvetaren Solo

En kväll visar tv en ny brittisk serie, "Hustle", eller "Svindlarna" på svenska. Man slötittar ända fram tills dess att en bekant figur dyker upp i handlingen. En äldre gentleman som i serien kallas Albert Stroller.

Men det är ju Mannen från U.N.C.L.E! Napoleon Solo!

Som av en tillfällighet visar tv samtidigt några gamla avsnitt av 60-taletsserien. Och teorin styrks om att Napoleon Solo, eller snarare Robert Vaughn, är tillbaka i rutan.

I Mannen från U.N.C.L.E. var Vaughn tillsammans med David McCallum som den förment avhoppade ryssen Illya Kuryakin de goda som stod i ständig kamp med det onda imperiet bakom THRUSH. Tydligare än så kunde knappast det kalla kriget beskrivas, frihetsälskande amerikaner mot hemska östeuropeer eller asiater som hade planer på att dra världen i elände.

Robert Vaughn hade redan i början av 60-talet uppnått en viss ryktbarhet som skådis. I westernfilmen "The Magnificent Seven" (Sju vågade livet) från 1960 spelade han mot Steve McQueen, Yul Brynner och Charles Bronson. Men det är naturligtvis som Napoleon Solo vi minns honom.

I ett minnesvärt tv-inslag från 4 maj 1966, inför den svenska premiären av serien, intervjuas Vaughn av Sveriges Televisions Gun Olhagen. Redan här inser man att Vaughn var rätt udda Hollywoodprodukt, för han berättar att han håller på att doktorera i statskunskap, och är politiskt aktiv.

– Så filmandet är egentligen en hobby? undrar Olhagen.

– Nej, filmandet är mitt jobb. Det är politiken och studierna som är min hobby, svarar Vaughn.

Något mer får vi inte reda på då. Men Vaughn var mycket aktiv demokrat i Kalifornien, och de fanns starka krafter i partiet som ville att han skulle ställa upp i guvernörsvalet i Kalifornien 1966. Vaughn som tillhörde den liberala flygeln i partiet, och som republikanerna rent av beskrevs som kommunist, valde dock att avstå från kandidaturen. I stället blev en republikansk Hollywoodkändis vald: Ronald Reagan.

Men Robert fortsatte att spela Napoleon Solo, under fyra år spelades 104 avsnitt in av serien om United Network Command for Law and Enforcement.

Visst, rätt var det var kunde det komma en poplåt i ”Melodiradion”, gediget inbäddad i dragspel och schlagers. Och ville det sig väl kunde C-G Hammarlund klämma in något riktigt ungdomligt i ”Sveriges Bilradio”. Fast då pratar vi inte Rolling Stones eller något sådant, utan snarare Ray Adams med ”Violetta”.

Nej, veckans höjdpunkt inträffade lördagar mellan 15 och 16: Tio i topp.

Var det sommar kunde man ta med transistorn ut och kvarterets ungar samlades på en gräsmatta någonstans i närheten.

Klas Burling, Carl-Eiwar och de andra farbröderna (trodde vi i alla fall) var väl rätt okey. Men det var musiken som drog.

”This could be the last time, this could be the last time,

Baby, the last time, I don´t know,

I don´know....”, sjöng Jagger och vi anlade en viktig min som tydde på att vi exakt förstod vad han sjöng om.

Vissa lördagar noterade Sveriges radio en publik på 3,5 miljoner lyssnare!

WESTERN-KLASSIKER

ALIAS SMITH & JONES

Två brottslingar som försöker slå sig in på den smala vägen. Kassaskåpssprängaren Hannibal ”Joshua Smith” Heyes och revolvermannen Kid ”Thaddeus Jones” Curry slår sig ihop för att leva ett liv i lagens anda. Guvernören har lovat dem eftergift för tidigare brott om de kan visa att de håller sig undan bråk i ett år. Men det är en hemlig deal och det finns fortfarande många skummisar där ute som vill locka in Smith och Jones i dåligheter eller göra upp om gamla oförätter.

Pete Duel spelade Joshua Smith i den första omgången men efter att han begick självmord på nyår 1971 ersattes han i serien av Roger Davis. Ben Murphy spelade Thaddeus Jones. Sally Field som senare spelade med i bland annat Forrest Gump och Norma Rae förekommer också i handlingen. Mellan 1971 och 1973 spelades 50 entimmesavsnitt av serien in.

HIGH CHAPARRAL

Henry Darrow som Manolito.

”Blicken blir stirrig, jag känner mig virrig, var gång jag ser High Chaparral: Manolito! När jag ser Manolito!”

Hur många tv-serier är förunnade att bli en Lill-Babsschlager? Inte många, men High Chaparral och i synnerhet Manolito fick vara med om det.

Serien ska utspela sig på 1870-talet. Big John Cannon flyttar med sin fru Anna Lee, sonen Billy och brodern Buck till Arizona för att etablera vad han hoppas ska bli en större boskapsfarm. Fast det finns åtminstone två stora hinder: det karga landskapet, och – inte minst – apacher. Och som om det inte skulle räcka – en fientlig granne på den mexikanska sidan gränsen i form av Don Sebastian Montoya. Anna Lee dödas ganska tidigt i handlingen, och John tvingas in i ett arrangerat äktenskap med Victoria, dotter till Don Sebastian Montoya. Men in på High Chapparal flyttar även Victorias bror – Manolito.

Serien spelades in under åren 1967 till 1971, och totalt gjordes 98 avsnitt.

Leif Erickson spelade Big John, Mark Slade spelade sonen Billy Blue, och Linda Cristal gjorde rollen som den olyckliga Victoria. Men som sagt, mest uppmärksammad blev Henry Darrow, som den gladlynte medhjälten Manolito.

Covers – på film

Vissa saker kommer alltid tillbaka. Det finns låtar som coversband alltid kommer att spela. Och det finns intriger och upplägg som alltid kommer igen på tv och film.

För det finns covers på film också. Gamla tv-serier som någon minns eller letar upp och som bildar grunden till ett nytt filmmanus.

En sådan är "Jagad" ("The Fugitive"). Filmen som kom 1993 visar hur Harrison Ford som Dr Richard Kimble flyr efter att ha blivit anklagad för mordet på sin fru Helen. Marshal Samuel Gerad, spelad av Tommy Lee Jones, blir närmast besatt av fallet och sparar ingen möda för att fånga in Kimble.

Intrigen var precis den samma i den ursprungliga amerikanska tv-serien The Fugitive. Mellan 1963 och 1967 spelades hela 120 avsnitt in om Dr Kimbles jakt undan rättvisan. Eller snarare hans jakt på den enarmade man han visste var skyldig till mordet på hustrun. David Jenssen spelade Dr Kimble i tv-serien som också var en långkörare på svensk tv.

Några år senare, 1966, började "Mission: Impossible" sändas i USA. Serien handlade om en grupp agenter som sattes på de mest omöjliga uppdrag, och hade en tung prägel av kalla kriget över sig.

Upplägget var alltid det samma. Gruppen mottog sina uppdrag via ett förinspelat bandmeddelande, och det slutade alltid på samma sätt: Den anonyma rösten förklarade att inom en kort stund kommer detta meddelande att förstöras.

Agenterna i specialstyrkan såg alltid lika förhäxade ut när de såg hur bandet med meddelandet brann upp. Mest upphetsad av dem alla var alltid agent Rollin Hand, spelad av Martin Landau. Serien spelades in i 171 avsnitt och har i omgångar visat i svensk tv under namnet "På farligt uppdrag".

En tid medverkade Leonard Nimoy i serien, mer känd som Spock i Star Trek, också det en tv-serie som så småningom blev film.

Mission: Impossible blev film 1996, 23 år efter att sista avsnittet av tv-serien spelades in. Tom Cruise spelade huvudrollen i filmen, liksom i de två uppföljarna.

Andra tv-serier som blivit film är 70-talsserierna Charlies änglar och Starsky and Hutch.

Till slut fattade de att det behövdes större eterutrymme även för det nya, så P3 startades som en renodlad melodiradiokanal. Och nu fick nya Kvällstoppen kanske ännu större status än Tio i topp.

Men väntan framför tv´n fortsatte. Det skulle dröja innan vi upptäckte frälsningen genom program från "bebese" eller "ajtivi".

Visserligen hade redan "Dr Finlays journal" letat sig in även i svensk tv. Men hur upphetsande var det att följa en brittisk distriktsläkare 178 avsnitt? I Forsytesagan fanns åtminstone Susan Hampshire.

Men en föraning av vad som skulle komma fick vi genom "Rör inte knappen" (Do Not Adjust Your Set). Det lanserades som ett barnprogram, och att det gjordes av bland annat Eric Idle, Michael Palin och Terry Jones sade oss inte så mycket då.

De första avsnitten visades i brittisk television 1967, och det var förmodligen året efter den började visas på svensk tv. Efter detta genrep kom det som på allvar fick fjällen att falla: The Monty Pythons Flying Circus.

Säg "norwegian blue", och alla ser den stendöda papegojan framför sig. Med Monty Python kom humorn på allvar till tv-rutan. Och efter Monty blev det något av en ketchupeffekt. Allt brittiskt köptes in och visades, allt var inte bra. Men där fanns riktiga höjdare som Fawlty Towers med John Cleese, som av något besynnerligt skäl kallades "Pang i bygget" på svenska. Vi fick Tommy Cooper, Marty Feldman, Dave Allen, det fortsatte med Rowan Atkins, Absolutely Fabulous (Helt hysteriskt) fram till våra dagars Little Britain.

Vi hade ju redan lärt oss att det mesta av den bästa musiken kom från Storbritannien, så att de även bästa tv-programmen skulle komma därifrån kunde knappast ifrågasättas. ▶

Sexolympiaden

Tänkt dig ett samhälle där en stor del av uppmärksamheten riktas mot ett liv som levs nästan som på riktigt, men i tv-rutan och där en producent klipper ihop det som ska vara verklighet.

Jo, jo, jag vet att tv-utbudet till stor del ser ut så numera, och att fenomenet kallas dokusåpa. Folk trängs i ett antal rum, på en ö, i en bar eller något annat och vi förväntas titta på eländet.

Men 1968 fanns inga tv-såpor. Fast samma år kom Sexolympiaden, eller "The Year of the Sex Olympics".

Den brittiska tv-filmen utspelar sig i ett framtidssamhälle som helt domineras av televisionen. Tv styrs av en samhällselit som använder tv som medel för att kontrollera de människor som anses lågpresterande.

Människor är avtrubbade på riktiga känslor, och överbefolkningen är ett så stort problem att den styrande eliten sett till att tv-sex ska ersätta fysiskt sex för den stora massan. Det finns två sorters; konstsex och sportsex.

Och nu, just detta år, är det sexolympiad!

Trots det sviker publiken, tittarsiffrorna sjunker vilket riskerar innebära att de styrande förlorar kontrollen över folket.

TV-chefen Ugo Priest utvecklar dock ett helt nytt tv-koncept: En realityshow där tv-tittarna får följa ett par som blivit strandsatta på en öde ö utan all modern teknologi. I "Live Life Show" följer kameror parets alla rörelser 24 timmar om dygnet.

Det kanske inte är att undra på att manusförfattaren Nigel Kneale på 50-talet stått bakom en filmversion av George Orwells 1984 som ansågs så skrämmande att den blev omdebatterad i brittiska underhuset.

Sexolympiaden från 1968 ansågs som en mörk komedi om ett tillstånd som vi aldrig skulle kunna hamna i. Eller?

Självklart kom också den bästa fotbollen från England, de hade ju vunnit VM 1966. Och bilderna på de engelska klubblagen från Rekord-Magasinet eller Året Runt var de mest åtråvärda. Till det bidrog säkert att några fotbollsspelare närmade sig rockstjärneidealen, som George Best.

Därför blev starten av Tipsextra den 29 november 1969 ytterligare en höjdpunkt. Att sedan alla matcher inte var så välspelade eller spännande i den engelska vintern, att en Wolverhampton-Ipswich inte alltid skapade nervdallring, var en annan sak.

Bara några veckor senare blev den enda svenska tv-kanalen till två, även om TV2 bara sände 20 timmar per vecka från starten. De två kanalerna skulle konkurrera om tittarna "i stimulerande tävlan".

Men även i denna oerhörda röra, med hela två program, fick vi tittare små instruktioner utfärdade då och då. När ett nytt program började på den andra kanalen blinkade en pil uppe i det högra hörnet.

I min tv har jag i dag tillgång till 44 kanaler, utan att ha ansträngt mig genom att beställa några filmkanaler. De flesta av dem tittar jag aldrig på.

Vi var de barn som lärde sig förstå något av verkligheten genom att den visades upp för oss i rutan. Dagens barn ser på tv och det är oklart både för dem och för oss vad som är verklighet och vad som är på låtsas, eller om det möjligen faller in under den tredje kategorin – dokusåpans.

Men de ser det i färg, snart i HDTV, och de ser det i hur många kanaler som helst.

Jo, redan för en massa år sedan slog Springsteen fast det: Fifty-seven channels and nothin' on...

Fast så har det väl egentligen alltid varit, men med en del brittiska undantag. ■

Janne Sundling

TV I DAG

18.00—18.20 Den varma jordens land

Ett program ur skol-TV-serien "På Island", som främst vänder sig till mellanstadiets elever.

18.30 Gänget

Del 1: Nobben.
I två program får vi möta ett mopedgäng och vara med om dess tillvaro. Manus har skrivits av kriminalreportern Lars Thornell, 24, på Sveriges Radios Eko-redaktion. Regissör: Ulf Schenkmanis, 34.
Trots att programmen är regisserade är de ändå dokumentära. Detta är de unga mopedisternas liv. Som en röd tråd genom handlingen går en trofé.
Medverkande är ett gäng från en numera splittrad teatergrupp i Filipstad. Dem ni möter heter i verkligheten Ronald Brandel, Lars Andersson, Malte Jansson, Tord Röstlund och Jan Svensson.

19.00 Aktuellt

19.30 Väder, meddelanden m m

19.35 Läs, hör och se

En liten löpsedel som handlar om höstens vuxenundervisning i radio och TV. Programmet kommer också i repris den 21/9.

19.45 Efter valet

Kvällens öppna programtid ägnas troligen den inrikespolitiska situationen efter socialdemokratins jordskred

20.15 Dans med Bob Azzam på Club Opera

Bland gästerna finns Charlotte Walker, 24, fästmö till Svenne Hedlund, 23, den egentliga huvudfiguren i Hep Stars, som också finns med i programmet. Vidare kommer ni att få höra Pia Degermark, 18, sjunga. Hon lär dock vara bättre skådespelerska än sångerska. Slutligen dekar också den engelske musikern och sångaren Georgie Fame, 25.

20.50 Hvar fjortonde dag

Ulf Thorén, 39, kommer med sitt första "Hvar-program" för hösten. Egentligen skulle det ha sänts redan i fredags, men då det innehåller en del politiska inslag väntade man med det till efter valet.

21.05 Innanför murarna

Av Henri Nathansen.
Regi: Torben Anton Svendsen. Scenografi Sture Pyk och Jakob Wraae.
Personer: Gamle Levin — Poul Reumert; Sara Levin — Clara Pontoppidan; Hugo, Jakob, Ester — Martin Hansen, John Price, Kirsten Rolffes; Dina — Karen Berg; Sara — Kirsten Norholt; Meyer — Jörgen Reenberg m fl.
Pjäsen hör till klassikerna inom dansk teater och berättar om en konflikt inom en judisk familj — en dotter vill bryta mot familjetraditionen och gifta sig med en icke-judisk man. Pjäsen sänds i repris.

23.30—23.40 Nyheter och väderlek

DANSK TV

17.30—18.00 För flickor och pojkar. Äventyr vid Skagen. 19.30 Nyheter och väder. 20.00 Djurens karneval. Bulgariska TV:s bidrag till Montreux-festivalen 1968. Medverkande studenter från konservatoriet för dramatik i Sofia. 20.20 Fredens nederlag. Illusionerna som brast 1929—31. 21.20 Kontakt. Magasin om familj och samhälle. 21.45 Nyheter. 21.50 Böcker. Om ny och äldre litteratur. Inge Kranold och Erik Wiedemann. 22.10 Nyheter.

TV I MORGON

SKOL-TV: 8.30—8.55 Teknologi 2. 14. Kraftöverföring — projekteringsstadiet. 9.15—9.35 Naturkunskap 1. 3. Att kartlägga jorden. 10.15—10.40 Konstruktion M — produktion M. 2. Svetsning — metoder och kontroll. 13.00—13.25 Kemi för er i 8:an. 2. Att skilja olika ämnen från varandra. 13.30—13.55 Musik — Franz Berwald. 1. Franz Berwald (1796—1868) — tio bilder ur en tonsättares liv förmedlade av Ingemar Leijonborg.
16.30—16.50 Trolliskopet. Program för barn.
18.00—18.20 Allting rör sig. Ur skol-TV:s "Kraft och rörelse".
18.30 Kan du lära dig företagsekonomi? Test inför höstens gymnasiekurs.
18.45—18.55 Godnattstunden med Beppe Wolgers.
19.00 Aktuellt, väder och meddelanden.
19.35 Inte när barnen hör. Engelsk familjeunderhållning.
20.05 Oljevägen. Bo Bjelvenstam berättar om den landsväg som genom Rhodesiakrisen blivit livsviktig för Zambia.
20.25 Laredo. Ny Västern.
21.15 Jobba i stort. Ett reportage om internationella storföretag och fackliga problem.
21.45 Nyheter och väderlek.
21.55—22.30 Thelonius Monk i Stockholm. Jazzkonsert.

RADIO I DAG

P1

VECKANS PAUSFÅGEL
GRANSÅNGAREN

13.00 Börsnoteringar, grammofon.
13.15 Doktorn har ordet — leg. läk. B. Wistedt. (Umeå.) Repris kl 19.45.
13.30 För oss äldre: Aktuellt.
14.00 Resa i Sovjetunionen — Helga Backhoff Malmquist berättar från Pjatigorsk.
14.15 Vivaldi: Pierre Pierlot spelar Oboekonsert C-dur op. 8:12. I Solisti Veneti. Dir: C. Scimone.
14.25 Julius Fucik-melodier med Hälsingborgs radioork. Dir: L. Lindgren.
1. Marinarella, uvertyr. 2. Der alte Brummbär, komisk polka. Fagottsolist: Ingvar Barkelid. 3. Traumideale, vals. 4. Salve Imperator triumfmarsch.
15.00 Riksronden.
15.10 Jolo på drift i Sverige.
15.45 Vägen till Agnes — hur når böckerna sina läsare? Reportage av C. M. von Seth.
16.15 Småbarnskvarten: Resa med Kacklan — Inga Gill läser en berättelse av Maud Lundqvist.
16.30 För flickor och pojkar: Bokbubblan.
17.00 Nyheter, sjörapport.
17.15 Berättardags: Sotarpojken 10 — Göran Graffman läser ur Lisa Tetzners bok.
17.30 Grammofonmusik.
1. Älvsborgs kustartilleriregementes marsch (Rydberg). Marinens musikkår i Stockholm. 2. Tack för att du älskar mej (Hatch — Trent — Anderson). Towa Carson. M. Olssons ork. 3. Karusellhambo (Grahn). Ådalspojkarna, dragspel. 4. Ta't lite lugnt (Erling—Linden). The Telstars. 5. A banda (Hollanda). Mauriats ork. 6. Doj-doj (Carlberg — Wolgers). Monica Nielsen. 7. Die Schönbrunner (Lanner). Wiener Symph. 8. Ach wie ist's möglich dann (folkmel.). Erich Kunz. Wiens statsoperaork. 9. Intermezzo A-dur op. 76:6 (Brahms). J. Katchen, piano. 10. Ur Don Carlos (Verdi). Maria Callas. 11. Preludium ur L Arlésienne-svit nr 1 (Bizet). Residentieork., Haag.
18.15 Löpsedeln.
18.20 Meddelanden.
18.25 Vädret.
18.30 Nyheter, dagens eko.
19.00 Årtal, notiser och melodier — Cilla Ingvar, Per-Erik Lindorm och Lars Widding.
19.45 Doktorn har ordet — leg. läk. Börje Wistedt. (Umeå.)
20.00 Kommer vi varandra närmare? Lars Hansegård om Japans tekniska och ekonomiska utveckling.
20.30 Är detta demokrati? Representanternas marknad. En serie som skall belysa begreppet "demokrati".
21.00 Nyheter.
OBS! — kulturkvarten. Repris tisd. kl 11.40.
21.15 Vårt Mexico — Magnus Faxén och Günter Stiel.
21.30 Sport idag.
21.45 Andakt.
21.50 Vädret.
22.00 Nyheter, eko.
22.15—22.45 Ung och dansk — Radioreportrar från Norden samtalar med dansk ungdom. Svensk reporter: Kristina öström.

P2

Norrbottensdistriktet:
17.25—17.30 Pohjoiskalotti uutiset. Nyheter på finska.
17.30—17.45 Norrbottnisk valsummering.
17.45—18.15 Pohjoiskalotti. Nordkalottprogram på finska.
östra distriktet:
18.00—18.15 Skolrutan — Inför Musik som kommer.
18.00—18.15 Skolrutan.
Smålandsdistriktet:
18.00—18.15 Skolrutan — inför Musik som kommer. Information för lärare.
Södra distriktet:
18.00—18.15 Skolrutan — information inför Musik som kommer.
18.15 Löpsedeln.
18.20 Nyheter på finska.
18.25 Vädret.
18.30 Nyheter, dagens eko.
19.00 Liten löpsedel om höstens vuxenutbildning i radio och TV.
19.15 Grammofonmusik.
19.30—22.45 Musikradion.
19.30 Tontolvan — Tipstävling — gissa och kryssa. Repris torsd. kl 9 i P1.
19.45 Danskt lätt — Göteborgs symfoniork. spelar under ledning av Grethe Kolbe.
1. Gade: Säteruvertyr. 2. Horneman: Volmer och Tove ur Gurresvit. 3. Nielsen: Tuppdans ur "Maskerad".
20.00 Amadeuskvartetten.
1. Haydn: Stråkkvartett g-moll op. 74:3. 2. Beethoven: Stråkkvartett B-dur op. 18:6.
20.55 Musikaliskt intermezzo.
21.10 Amadeuskvartetten.
3. Brahms Stråkkvartett a-moll op. 51:2.
Direkt från Musikaliska Akademien.
21.45 Amerikansk kvart.
1. Varèse: Offrandes, för sopran och kammarork. a) Chanson de la-haut (Huidobro). b) La croix du sud (José Juan Tablada). Solist: Dona Precht, sopran. Columbias symfoniork. Dir: R. Craft. 2. Young spelar I've found a new baby. L. Young, tenorsaxofon, Nat King Cole, piano, och Buddy Rich, trummor.
22.00 Gamla hälsingepolskor — H. Westling och E. Olsson.
22.15—22.45 Müthel: Konsert d-moll. Solister: Eduard Müller, cembalo, Heinrich Göldner och Otto Steinkopf, fagott, Konsertgrupp ur Schola Cantorum Basiliensis. Dir: A. Wenzinger.

P3

13.00 Regionalradion: Idag.
13.05 Sändningsuppehåll.
15.30 Melodiradion.
16.00 Barnens melodiradio: Alla har vi varit små! Lennart Kjellgren. (Malmö.)
16.15 Hallå igen! Eva Blomquist.
17.30 Svenskpop 68 — Urban von Rosen.
18.00 Löpsedeln.
18.05 Bitte på grammofon.
18.15 Regionalkvartarna.
18.30 Grattis. Pophälsningar med Jerry Williams.
19.30 Tvärs Lyssna och tyck.
19.45 Melodiradion.
20.45 Lexikonleken — Olle Pahlin.
21.00 Du — Plattor! Beppe Wolgers.
21.45 Melodiradion.
21.50—22.00 V. distriktet: Nyheter.
21.50—22.00 S. distriktet: Nyheter med Sportbilaga.
22.00 Jazzglimtar från USA — C. Dahlgren.
22.30 Melodiradion.
23.00 Nyheterna.
23.05—24.00 Nattsextetten: Allan Sherman, Teddy Edwards, Shel Silverstein, Indianmusik från USA, Four Tops, Charlie Ventura.

RADIO I MORGON

TISDAG 17 SEPTEMBER
PROGRAM 1

6.00 Morgoneko. **6.15** Arthur Grumiaux spelar Kreisler. **6.20** Andakt, teol. kand. Anne-Marie Fryxelius. **6.30** Nyheter, vädret. **6.40** Matbörsen. **6.45** Musikprogrammet Aurora. **7.00** Nyheter. Mozart-mässa. **7.15** Andakt, pastor S. Lindberg. **7.30** Morgoneko. **7.45** Tidningskrönika. **7.50** Hovmusik. **8.00** Nyheter, vädret. **8.15—9.00** Barnens tisdagsmorgon. **9.00—10.30** Morgonklang: Melodistunden; **9.20** Uppslagsboken; **9.30** Kärleksfiol; **9.45** George Malcolm spelar Rameau; **10.05** Lätt musik. **10.30** Radioföljetongen — En flykting korsar sitt spår. **11.00** Nyheter. **11.10** Melodier på svenska. **11.40** OBS! — kulturkvarten. **11.55** Grammofon. **12.00** Klockspel, dagens dikt, grammofon. **12.17** Tidningskrönika. **12.25** Vädret. **12.30** Nyheter, eko. **12.45** Sjörapport, grammofon. **12.58** Tidssignal (12.57.55). **13.00** Börsnoteringar, grammofon. **13.15** Vem har trappstädningen? **13.30** Familjespegeln. **14.00** Korta visiter i det svenska barndomslandet. **14.15** Varför inte kammarmusik som sommarnöje? **14.45** Från internationella orgelveckan i Nürnberg. **15.00** Riksronden. **15.10** Jolo på drift i Sverige. **15.45** Att leva i kloster. **16.15** Småbarnskvarten. **16.30—17.00** För flickor och pojkar. **17.00** Nyheter, sjörapport. **17.15** Berättardags: Sotarpojken. **17.30** Grammofonmusik. **18.15** Löpsedeln. **18.20** Meddelanden. **18.25** Vädret. **18.30** Nyheter, eko. **19.00** Sånt som slog 1958 — Tage Danielsson. **19.45** Vem har trappstädningen? **20.00** Bokfönstret. **20.30** Arbetsförmedling och rättshjälp i Brooklyns negerghetto. **21.00** Nyheter. OBS! — kulturkvarten. **21.15** Om Modern femkamp. **21.30** Sport idag. **21.45** Andakt. **21.50** Vädret. **22.00** Nyheter, eko. **22.15—23.00** Hundar — pjäs av Ted Hughes med bl a Märta Dorff, Curt Masreliez, Per Myrberg, Hanny Schein och Sven-Eric Gamble.

TISDAG 17 SEPTEMBER
PROGRAM 2

Skolradio: **9.00** Konst- och musikhistoria; **9.20** Vid insjön; **9.40** Fun Time; **9.55** Cataluna y los catalanes; **10.15** Gehen wir essen! **10.30** Femmans musik; **10.55—11.15** What is California? **18.15** Löpsedeln. **18.20** Nyheter på finska. **18.25** Vädret. **18.30** Nyheter, eko. **19.00** Brush-up Time. **19.25** Grammofon. **19.30—22.45** Musikradion: Rikstyckarna; **19.55** Verk av Bernhard Crusell; **20.20** Porträtt av Ravel; **21.10** Musik vid Chapel Royal; **21.30** Nytt från EMS; **22.00—22.45** Count Basies ork.

TISDAG 17 SEPTEMBER
PROGRAM 3

0.00 Melodiradion. **5.00** Nyheter. **5.59** Senaste nytt. Därefter varje timme t o m kl. 21.59 utom kl. 18.59 och 19.59. **6.00** Melodiradion. **6.10** Nyheter på finska. **6.15** Melodiradion. **6.45** Din soldat. **7.15** Melodiradion. **8.15** Nyheter på engelska och tyska. **8.25** Melodiradion. **11.05** Matbörsen. **11.10** Melodier på svenska. **12.00** Det ska vi fira. **13.00** Regionalradion: Idag. **13.05** Melodiradion. **13.30** Skivor till kaffet — Bertil Perrolf. **14.30** Melodiradion. **15.00** Sextetten. **16.00** Barnens melodiradio. **16.15** Hallå igen! **17.30** Pop 68. **18.00** Löpsedeln. **18.05** Evert Taube. **18.15** Regionalradion. **18.30** Kvällstoppen. **19.30** Tvärs. **19.45** Möte med grammofonen. **20.45** Lexikonleken. **21.00** Musik för hela familjen. **21.45** Melodiradion. **23.00** Nyheterna. **23.05—24.00** Melodiradion.

1972

JANUARI

21 Reklamskatt införs för att minska mängden reklam

30 Den blodiga söndagen i Derry, Nordirland, 13 katoliker dödas

FEBRUARI

07 Storbritannien beslutar gå över till meter- och litersystemet

28 Nixon och Mao möts i Peking

MARS

14 Regeringen vill inrätta ett särskilt konsumentverk

15 Maxstraffet för grovt narkotikabrott höjs från sex till tio år

APRIL

01 Giftermålsfrekvensen under 1971 – 39 795 gifta par – var den lägsta i Sverige sedan 1868

15 Kjell Isaksson sätter nytt världsrekord i stavhopp med 5,54

MAJ

07 Finansminister Gunnar Sträng föreslår en höjning av arbetsgivaravgiften från två till fyra procent

25 Utredning föreslår enhetliga daghemstaxor

26 Trots motstånd beslutar riksdagen att mellanölet ska vara kvar, men en 18 årsgräns införs för inköp

26 Första SALT-avtalet om begränsningar av kärnvapen undertecknas av Breznjev och Nixon

29 Barnstugeutredningen föreslår att alla barn från sex års ålder ska ha rätt till förskola

30 PFLP-attentat på Tel Avivs flygplats med 30 döda

JUNI

01 Andreas Baader, Jan-Carl Raspe och Holger Meins grips i Frankfurt

07 En kommitté föreslår att inga särskilda skäl ska krävas för skilsmässa

09 En av de mest omskakande bilderna från Vietnamkriget publiceras, med den nakna flickan Pahn Thi Kim som flyr efter en napalmbombning av en by

16 Ulrike Meinhof arresteras i Hanover

20 Flygtrafiken på Bromma ska ha upphört till 1978

20 Avtal mellan LO och SAF om pension från 65 i stället för 67 års ålder

JULI

01 Lag om att radio- och tv-handlarna måste rapportera alla som köpt tv

01 4 000 tomma lägenheter i Göteborg

09 Björn Borg, 16, vinner juniorfinalen i Wimbledon

13 Den liberale George McGovern blir demokraternas presidentkandidat

AUGUSTI

02 Kraftig ökning av villabyggandet, som svarar för lite mer än en tredjedel av alla nybyggda lägenheter

11 Paul McCartney bötfälls efter att ha fört in marijuana i Sverige under ett turnébesök i april

13 Sverige beslutar om 150 miljoner i omedelbart bistånd till Nordvietnam

18 15 interner rymmer från specialavdelningen på Kumlafängelset

SEPTEMBER

06 OS i München avbryts under ett dygn efter att Svarta September tagit gisslan i OS-byn

14 Chocksiffror om arbetslösheten som nu är uppe i tre procent

15 Sju personer åtalas i Watergateaffären, efter ett inbrott i demokratiska partihögkvarteret

22 Självrisken i hemförsäkringen dubblas till 200 kronor efter allt fler inbrott

25 Norge säger i folkomröstning nej till EEC-medlemskap

30 Volvo köper en tredjedel av holländska biltillverkaren DAF

30 Den 6 070 meter långa Ölandsbron invigs

OKTOBER

02 Danmark säger i folkomröstning ja till EEC-medlemskap

04 Efter en lång debatt avslår (s)-kongressen kravet på att förstatliga bankväsendet

NOVEMBER

04 Hundratals ungdomar ockuperar Hagahuset i Göteborg och kräver att det ska vara kvar som allaktivitetshus

04 USA beväpnar Saigonjuntan kraftigt inför en förväntad vapenvila i Vietnam

08 Richard Nixon omvald som president, segrande i 49 av de 50 delstaterna och med över 60 procent av rösterna, en av de allra högsta röstandelarna i amerikansk historia

13 En orkan med vindstyrkor upp till 55 m/s drabbar norra Europa

18 Sverige har gått om USA i antalet tv-apparater per 1 000 invånare; 401 i Sverige mot 399 i USA

21 Svenska regeringen positiv till att bygga en bro- och tunnelförbindelse Malmö-Köpenhamn

DECEMBER

14 Riksdagen beslutar att i alla företag med mer än 100 anställda ska det finnas en arbetare och en tjänsteman i styrelsen

18 USA återupptar bombningarna av Nordvietnam sedan fredsförhandlingarna brutit samman

23 Olof Palmes protestuttalande mot USA:s bombningar kallas det skarpaste som uttalats i något land

Vad vi såg på bio och tv:

TV-serier:

Bröderna Malm
Ett köpmanshus i skärgården
N.P. Möller, fastighetsskötare
Skärgårdsflirt
Busskisarna (On the Buses)
Columbo
Onedinlinjen

Barn- och ungdomsprogram:

Bamse – världens starkaste björn
Barnjournalen
Barnen i höjden
Niklas önskedjur
Tårtan

TV-teatern gav:

Sandlådan
Kvartetten som sprängdes
Ett resande teatersällskap
Spöksonaten

Film:

47:an Löken blåser på
Bäddat för lusta
Firmafesten (Jan Halldoff)
Drömsex i 3-D
Jag heter Stelios
Mannen som slutade röka (Tage Danielsson)
Nya hyss av Emil i Lönneberga
Nybyggarna (Jan Troell)
Viskningar och rop (Ingemar Bergman)

Utländsk film:

Cabaret (Bob Fosse)
Den sista färden (John Boorman)
Gudfadern I (Francis Ford Coppola)
Långt ner i halsen (Deep throat)

Vad vi lyssnade på:

Gilbert O´Sullivan "Matrimony, Alone Again"
Hot Butter "Pop Corn"
Daniel Boone "Beautiful Sunday"
Ted Gärdestad "Jag vill ha en egen måne"
Don McLean "American Pie"
Neil Young "Heart Of Gold"
Lou Reed "Walk on the Wild Side"
Stevie Wonder "You Are the Sunshine of My Life"
Michael Jackson "Rockin' Robin"
Hootenanny Singers "Omkring tiggarn från Luossa"
Elton John "Crocodile Rock"
Cat Stevens "Morning Has Broken"
Derek and The Dominos "Layla"
Dr. Hook and The Medicine Show "Sylvia's Mother"
Alice Cooper "School's Out"
Chicago "Saturday In The Park"
T Rex "Metal Guru"
Van Morrison "Jackie Wilson said (I´m in heaven when you smile)"
Rolling Stones "Angie"
Pugh Rogefeldt "Jag är en liten pojk"
Blå tåget "Staten och kapitalet"
Moot the Hoople "All The Young Dudes"
Deep Purple "Smoke on the Water"

Nyheter detta år:

- Oskarshamns första kärnreaktor tas i bruk
- Världsarvskonventionen
- Den nya matematiken (mängdlära)
- Kodak Pocket Instamatic
- Stockholms Enskilda Bank och Skandinaviska Banken går samman till Skandinaviska Enskilda Banken
- Bra Böckers första lexikon
- Sturup ersätter Bulltofta som Malmös flygplats
- C – nytt programspråk för datorer
- Dödsstraffet i krigstid avskaffas i Sverige
- GB fusionerar med Trollhätteglass
- International Potato Center, bildas och öppnar huvudkontor i Lima, Peru
- Grävande journalistik (Watergate)
- Jämställdhetsdelegationen tillsätts
- Servicebutiker (efter att affärstiderna släppts fria)
- Första skottsekunden

Nya ord detta år:

Anpassningsgrupp, basta, borrplattform, breddidrott, burgare, clubstek, decentralisering, display, elitserie, fax, flexa, genomlysa, gulla, hausa, hemspråk, info, kiosklitteratur, klockradio, knallsensation, kulturchock, könskvotera, lättmargin, motionsslinga, processor, rikstäckande, ro-ro-fartyg, schemalagd, ställa upp, tafsig, vinnarhål, åldersdement, återbruk.

Puch Florida,
1972 års modell.

Förutsägbara bilar utan ett baklyselyft

Det är inget kul längre att spana in bilar. Allt är så förutsägbart.

Så gott som alla tillverkare följer principen om sexårscykler för sina modellserier. År noll kommer nya VW Golf, efter tre år ansiktslyfts samma Golf och ytterligare tre år senare dör den och avlöses av en helt ny Golf, som ansiktslyfts efter tre år för att dö ytterligare tre år senare.

Annat var det förr, då smattrade det av högst synliga nyheter på varje årsmodell. För den som var skarpsynt, vill säga.

Jag var skarpsynt, mycket skarpsynt. För hur skulle man annars på hundrafemtio meters håll kunna skilja ut en VW-bubbla av årsmodell 1964 från en VW-bubbla -69?

Det kunde jag.

Själv såg jag det som en fråga om så mycket mer än bara skarpsynthet – det var snarast en livsstil att hålla örnkoll på hur modellerna utvecklades, eller snarare hur de inte utvecklades – en verklighet jag mitt i all skarpsynthet hade mycket svårt att ta till mig.

För mig var alltid ett flyttat och förstorat baklyse på en bilmodell en avgörande förändring, ett klart fall av modellutveckling. För det borde väl alla fatta, att om baklyset flyttats upp en bit och pumpats upp i storlek så var ju det ett stort steg framåt.

Herregud, kunde det finnas en större drivkraft för ägaren av tidigare årsmodell att skaffa den nya årsmodellen än att kunna visa upp ett nytt och större baklyse?

Givetvis inte.

Som en klar krydda i tillvaron för en kille som vid sextiotalets början passerat sju var att mellan dessa avgörande förändringar av de vanligaste bilmodellerna även åse de verkliga förändringarna, de verkliga nyheterna, de revolutionerande stegen framåt. De som satte mottagligheten för nya ideer på extremt hårda prov.

Jag säger bara Ford Anglia med inåtlutande bakruta, Renault 16 med trolleritricket halvkombi, Volkswagen K 70 med motorn hädiskt placerad framtill, Volvo 66 med misstänkt Dafliknande drag, Chev-

rolet Corvair med ett märkligt senkommet VW-inspirerat stuk, AMC Pacer med hjulhus som satte en ny standard för det den bilåkande mänskligheten dittills hade kallat baksäte.

Det var inte alltid som dessa revolutionärer i biltillverkarland blev långlivade. Chevrolet Corvair blev det inte, trots att den med motorn i bak tog sig fram över stock och sten och genom eld (nåja) och vatten i Brasiliens djungler utan mankemang. Det visste jag eftersom GM-återförsäljaren på Björkgatan i Uppsala lett detta i bevis med den neutralt informativa film om den nya Chevan som visades inför försäljningspremiären.

Vi var många grabbar och säkert en del tjejer också i kvarteret som varje år tog oss till den öppethusdag som de snälla bilsäljarna bjöd in till. Närheten till GM-hallen på Björkgatan styrde nog vid denna tid rätt starkt min svaghet för jättekoncernens produkter, och då främst Chevrolet och Opel.

Det var med tungt hjärta jag tvingades konstatera senare att ”Corven” inte precis blev den succé som varje normalt funtad bilfilmsskådare där och då tog för givet. En viss Ralph Nader, amerikansk konsumentguru, tog nämligen till orda i en bok och förklarade att Chevrolet Corvair var ”trafikfarlig oavsett hastighet” (”unsafe at any speed”). Bilhistoriker påpekar samtidigt att GM själva bäddade väl för Corvairs död – i sparivern underlät man nämligen, mot ingenjörernas vilja, att ge bakvagnen den kraftigare upphängning som krävs när idén att placera den tunga motorn baktill absolut skulle förverkligas.

Om detta visste jag inget när jag under sextiotalets inledande år förgäves spanade i kvarteren runt Österängen i Uppsala efter nyinköpta Corvair. Somligt står klart först senare i livet.

Inte speciellt mycket senare i livet stod vår familj inför byte av bil. Den Ford Taunus 12 M som pappa köpte sprillans ny 1953 hade gett upp. Av någon anledning som jag hoppas att farbror Olle, under många år familjens ”hovleverantör” av personbefordran ▶

Volvo P 1800 – Helgonets bil.

Vad kostade bilarna förr?

Var det dyrt att skaffa ny bil på 60- och 70-talet? Vi har gjort en jämförelse mellan Volvos mest sålda bilmodell respektive år. Då ser det ut så här:

1965

Mest sålda bilmodell var Volvo Amazon. En ny sådan kostade 16 000 kronor. I dagens penningvärde motsvarar det 134 000.

En Volvoarbetare fick jobba i 1904 timmar för att tjäna ihop till en sådan bil (oräknat skatter o dyl).

Volvos VD Gunnar Engellau hade å andra sidan kunnat köpa 34 Volvo Amazon för sin årslön (558 000 kr).

1975

Mest sålda bilmodell var Volvo 244. En ny sådan kostade 30 800 kronor. I dagens penningvärde motsvarar det 142 000.

En Volvoarbetare fick jobba i 1509 timmar för att tjäna ihop till en sådan bil (oräknat skatter o dyl).

Volvos VD Pehr Gyllenhammar hade å andra sidan kunnat köpa 21 Volvo 244 för sin årslön (674 000 kr).

Upptäckarbilen – Citroën 2 CV. Jan Myrdals favoritbil.

Varför kör "Bra-Bra" så bra?

Foto Åke Hylén

BMC 1100

AUSTIN · MORRIS · MG

Sveriges nya kvinnliga stjärnförare, Barbara "Bra-Bra" Johansson, är inte bara en fantastisk tävlingsbilist. Hon vet att vagnens konstruktion och kvalité i sista hand fäller utslag i den hårda konkurrensen. Därför kör hon BMC 1100. Den ger trygghet vid ratten och säker och bekymmersfri vardagskörning.

BMC

BMC SWEDEN AB · SÖDERTÄLJE 2

de fordon, en dag ska förklara för mig så avlöstes Forden av en Vauxhall Victor, troligen en 59:a. Den brittiska bilen med de klart USA-inspirerade linjerna (panoramavindruta och fenor i bak) blev inte långlivad på Oxelgatan i Uppsala.

En sak som jag dock under många år därefter orättvist höll upp som ett bärande argument mot Vauxhall Victor var att biljäkeln var omöjlig att köra med mindre än att föraren höll i ratten. Pappa undslapp sig nämligen vid ett tillfälle att Victorn var en kass bil med orden:

– Man måste hålla i ratten när man kör den, sa han.

Detta tog jag till mig; en bil som man var tvungen att ratta, vilket skräp! Den ”riktiga” bil vi bytte till efter Victorn, en Peugeot 403 -57, måste följaktligen ha kunnat köras utan grepp om ratten. För det var en bra bil, den låg så bra på vägen, sa mamma. Och den var så bekväm, sa pappa.

Den var mossgrön och hade en vev i handskfacket som framsätespassageraren kunde trycka in i liksom ett nyckelhål på instrumentbrädan och börja veva infernaliskt – om det trista skulle inträffa under häftigt regn att vindrutetorkarmotorn lade av. Jag kan inte komma ihåg att sådan olycka någonsin drabbade oss.

Men en annan olycka drabbade familjen en februaridag, kan det ha varit 1963? Hur som helst var det mammas födelsedag och hela familjen hade varit i Stockholm och firat detta. På väg hem passade morsan på att köra av vägen med hela familjen efter den långa nerförsbacken vid Krogtorp på dåvarande E 4, strax norr om Märsta.

Det kändes lite kymigt där och då, men eftersom allt var bättre förr så avlöpte det hela utan större problem. Ingen skadades. Mamma satt lätt fastklämd, men blev strax framdragen av hjälpsamma förbipasserande. Vi tre barn i bak, där man enligt den tidens norm satt säkert även utan bälte (mamma och pappa satt fastspända med tvåpunktsbälten), kröp ur bilen och ut i den mjuka snön. Bilen hade landat på taket.

Undrar om kanske också Peugeot måste köras med händerna på ratten, tänkte jag där i kylan. Och tvingades erinra mig att även om pappa sagt att Vauxhallen inte gick att köra med mindre än att man hade händerna på ratten så kunde jag inte direkt belägga att vare sig mamma eller pappa brukade framföra Peugeoten utan handpåläggning.

I denna mycket avgörande stund slipades definitivt en mycket kantig del bort i min uppfattning av hur pass bokstavligt somligt i det svenska språket ska förstås. Och Vauxhall Victor fick samtidigt viss upprättelse; det var förstås bilens oprecisa snäckstyrning och säkerligen illa inställda framvagn som gjorde att mamma och pappa fick klistra knogarna runt den vilt skakande engelska ratten. Däremot var det skakfritt för samma knogar runt den franska ratten; Peugeot var helt enkelt en bättre bil. Och det var morfar och inte farbror Olle som sålt den till oss.

Morfar var förresten en verkligt ombytlig bilägare. Och uppenbarligen hade han inte lyssnat på talet om bångstyriga Vauxhall. För plötsligt en dag kom den erfarne bilbytaren hem till mormor på Fruängsgatan i Nyköping med en sprillans ny Vauxhall Velox.

Du milde tid vilken stor och lyxig bil! Men redan då sade mitt sinne för smak att den gallgröna färg den sexcylindriga vagnen var lackerad i sänkte helhetsintrycket.

Länsbokstav

Hur fan kör dessa stockholmare? Jo, visst var det lättare att känna en hemvist för bilaggressionerna förr när bilarnas registreringsskyltar bar länsbokstav? Fram till 1 januari 1972 fanns länsbokstäverna. Och länsbokstaven med tillägg av en etta tilldelades landshövdingens tjänstebil i varje län.

Det här var länsbokstäverna:

A	Stockholms stad
B	Stockholms län
C	Uppsala län
D	Södermanlands län
E	Östergötlands län
F	Jönköpings län
G	Kronobergs län
H	Kalmar län
I	Gotlands län
K	Blekinge län
L	Kristianstads län
M	Malmöhus län
N	Hallands län
O	Göteborg- och Bohuslän
P	Älvsborgs län
R	Skaraborgs län
S	Värmlands län
T	Örebro län
U	Västmanlands län
W	Kopparbergs län
X	Gävleborgs län
Y	Västernorrlands län
Z	Jämtlands län
AC	Västerbottens län
BD	Norrbotten län

PUCH trimmad för blixt-ax
'65
PROVKÖR
hos
Svenssons
Motor
Vännäs

Ur försäljningsbroschyren 1968:

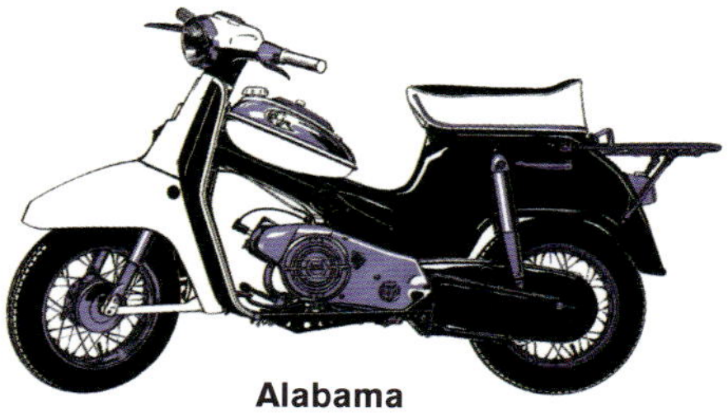
Alabama

Dakota

Florida

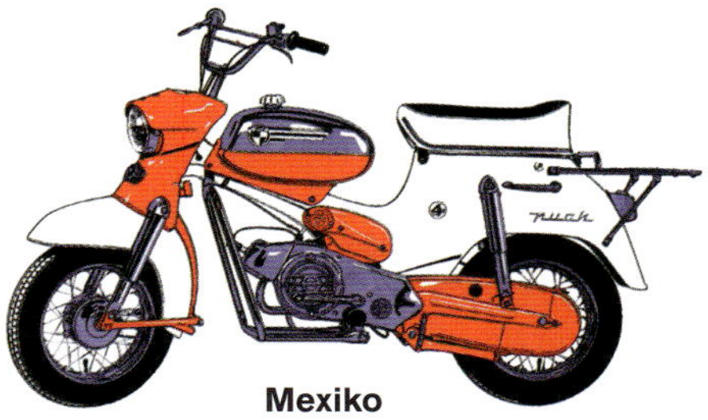
Mexiko

MS-automatic

PUCH
MOPEDER

Puch en tonårsdröm

"Köper moped gör väl så gott som varje fartsugen grabb så snart han fyllt 15 år, den hägrande gränsen för mopedåldern".

Så skriver Teknikens Värld 1966 när de gör tester av 14 mopeder: Crescent Topper, DKW Special, Fram Comet, Komar, Kreidler Florett Super, Puch Dakota, Puch Florida, Rex Monza TT, Rusch, Suzuki, Zündapp Sport, Crescent Skoterett, Puch Alabama och Vespa 50 Moped.

Hemma på vår gata hade det räckt med två: Puch eller Zündapp. Det fanns liksom inga andra alternativ.

Min äldre bror hade året innan fått/jobbat sig till en ny moppe. Den bar märket Silverpilen! Besynnerligt tyckte vi. Någon hävdade att det var en Husqvarna, det vill säga en Crescent, det vill säga en Monark. Det stämde säkert, för under 60-talets tidiga år hade tre större svenska mopedtillverkare i praktiken gått samman till en.

Silverpilen var märket på en motorcykel som Husqvarna tillverkade, designad av Sixten Sason. Samme man som designade Saab fram till 99:an, liksom de klassiska Hasselbladskamerorna. Om han också gjorde moppen är väl mer tveksamt. Husqvarna lade över mopedtillverkningen på Monark redan 1961. Så mysteriet med mopeden Silverpilen får inte riktigt sin förklaring.

Fast – det var ju ändå Puch eller Zündapp som gällde.

Allra helst en Puch Dakota kunde matcha en Zündapp, båda modellerna såg lite mer ut som motorcyklar. Puch Florida gick an den också, även om den var mer cykellik och inte alls påminde om en motorcykel.

Fast vid Puch Alabama gick gränsen. Det var en gubbmoppe, och min blivande tyskalärare Fleisher hade en sådan. Han såg rätt kul ut när han körde den, för han satt blixtstilla på den och rörde sig inte en millimeter bakom framskärmen ens i kurvorna.

Amerikanska delstater fick namnge Puchmodellerna, åtminstone trodde alla det tills det dök upp Puch Monza, Mexico och Maxi.

Själva ordet moped lär ha uppstått ur kombinationen motor och pedal – moped. 1952 tilläts de i Sverige, men mopedens verkligt stora decennium var 60-talet. Uppgifter säger att det fanns en halv miljon mopeder i Sverige i mitten på 60-talet. Och inget lands ska ha varit lika mopedtätt som Sverige.

Puch tillverkades i österrikiska Graz fram till 1987, och det finns rent av ett Puch-museum i staden.

Zündapp gjordes i tyska Nürnberg och tillverkades fram till 1984.

Vad som hände med Silverpilenmoppen är däremot högst osäkert.

Känner du inte till Volvo 66 så vet du inte vad småbilsklassen har att erbjuda dig. Ja, vi vet – urvalet är stort. Det finns bilar med motorn på längden och motorn på tvären, med drivning fram och drivning bak. Men det finns bara en enda småbil med helt steglös automatväxling – Volvo 66. Och du hittar inte många andra bilar med den väghållning som man får genom att placera motorn fram och "växellådan" bak. Som på Volvo 66. Redan det gör Volvo 66 så helt annorlunda och rolig att köra att det är ovanligt oklokt att inte provköra den ordentligt innan man fastnar för något annat. Hur ska du annars veta vad du riskerar att gå miste om? Titta också på garantierna när du ändå är i farten. Volvo har marknadens klart starkaste.

VSG *Ingen annan bil har ett så omfattande garantipaket som Volvo. 1 års nybilsgaranti. 1 års verkstadsgaranti. 3 års/6.000 mil servicekostnadsgaranti. 5 års vagnskadegaranti.*

VOLVO 66

DÅ ÄR DET TRYGGT ATT HA BIL.

Det tog inte lång tid förrän jag själv såg till att sänka värdet ytterligare på morfars nyinköp.

Det skedde när jag, sittande i mammas knä i framsätet, testade framdörrsöppningen vid ankomsten till morfars sommarstuga utanför Nyköping.

Dörren for upp mycket lätt. Och träffade mitt i prick en sten intill.

Morfar blev arg, mycket arg på sitt annars så älskade barnbarn. Minns inte exakt vad som hände sedan, bara att även morfar blev kortvarig som Vauxhallägare. En redigt tysk Ford Taunus 17 M ersatte den "krockskadade" engelsmannen.

Hemma i Uppsala körde en granne runt i en bil av trä. Nej, det var ingen lådbil – en sådan hade dock jag och mina båda bröder förfärdigat i samma veva. Grannen körde Ifa, ett blårökande tvåtaktsbestyckat bygge med kaross av trä.

De kallades föraktfullt för spånkorgar, de där Iforna, tvåtaktarna som kom från Östtyskland. Nu var inte träkarosser, eller träramar heller för den delen, något kommunistiskt påhitt ägnat att inbilla mänskligheten att denna ideologi än en gång förmått ge människorna överlägsna lösningar på problem där kapitalismen hela tiden kör vilse. Att bygga bilar i trä är förstås bara en förlängning av häst och vagnkulturen.

Den kulturen lever vidare än i dag – genom lådbilen. Den där racern som barn inbillade sig var en riktig bil (och fortfarande gör).

Testad i tävling visade den sig i vår version inte bli någon vinnare.

Gudarna ska veta att vi försökte, jag och mina två bröder, assisterade av mamma och pappa. Tävlingen hette Kalle Ankaloppet, vill jag minnas, och kördes i uttagningsheat runtom i Sverige.

Uppsala är rätt platt som bekant, förutom där rullstensåsen bryter av.

Lärdomsstadens alpina centrum Sunnerstabacken är helt avhängig denna rullstensås. I en utdragen kurva av dess kant, utan

minsta utmaningar i form av trixiga svängar, kördes Uppsaladelen av Kalle Ankaloppet. Vi satte lillebror Håkan, som än i dag är klart kortast och nog även lättast av oss tre bröder, vid spakarna (som fungerade som styrinrättning) och hoppades att hans ringa vikt skulle ge vårt team fördel.

Icke då, det som visade sig avgöra loppet var hur smart man varit vid valet av hjul. Vi hade små sådana hämtade från någon mindre lyckad barnvagnskonstruktion. En annan tävlande hade stora, ekerförsedda hjul, kanske var det rentav cykelhjul. Tummåttet var hur som helst imponerande.

De vann! Och vi kom nog långt ner i resultatlistan, trots Håkans extremt fokuserade insats. Men vad hjälper fokus om inte hjulen är med?

Jag minns hur det vinnande ekipaget rullade ifrån allt annat, med en fart som trots att banan var enkel satte dess förare på hårda prov. Väghållning och styrning visade sig nämligen inte vara vinnarfordonets styrka, tyngdpunkten hade hamnat alldeles för högt.

Men vad gör det, för även om det vinglade högst betänkligt lyckades ju killen hålla åbäket på rätt köl. Och han vann.

Historien förtäljer dock inte hur det gick för honom i finalen. Den kördes nämligen på Skansen i Stockholm, nedför krokiga backar som krävde sin man eller kvinna – och lådbilar med bra väghållning och fokuserade förare. Som vår asfaltslickande Låd-Ferrari, framförd av min extremt koncentrerade och tävlingsinriktade lillebror.

Där någonstans tog min faibless för lådbilar slut, hädanefter skulle det för min del handla om riktiga bilar. Därmed inte givet att det behövde handla om mina bilar, mamma och pappas Mercedes 190 var nog den första bil jag körde.

Övningskörning var det som gällde, med en bil vars hastighetsmätare skrek som en stungen gris så fort kvicksilvret kröp under fem minusgrader.

Philipsons, den tidens Mercedesrepresentant i vårt land, påstod sig gång efter annan ha reparerat felet. Och familjen for vidare, bara för att åter konstatera att kylans inverkan på mätarens ljudliga ackompanjemang var i sak densamma.

Hur som helst, som övningskörningsbil var Mercan schysst, en egentligen rätt sävlig vagn som dock imponerade på grannskapet. De 80 hästkrafterna gjorde inte den oljeslukande västtysken speciellt snabb, men den utstrålade trygghet.

Varför jag några år in på 70-talet fann mig sittandes bakom ratten i en Simca 1100 var ett exempel på den kamratliga stämning som rådde i gymnasieskolan under denna tid. En av mina lärare, som uppenbarligen stod ut med min begränsade förmåga att ta till sig hennes biologiundervisning, övningskörde med mig inför själva uppkörningen. Vilken bil, den franska halvkombin med "sportig" golvväxelspak (den var väl en halv meter lång) uppfattades av den körkortslängtande ynglingen som både tuff och snabb.

Simcan tjänstgjorde även vid själva uppkörningen – som dock fläckades av att den fick göras om; en miss i en av Uppsalas då blott två rondeller fällde mig. Försök två gick bättre och när trafikinspektören hivade upp det förberedda kortet ur fickan och överlämnade det till den godkände var lyckan total. På Stångjärnsgatan strax intill, efter rogivande eftertanke under ett tiotal minuter, fick den blekgula Simcan bekänna färg.

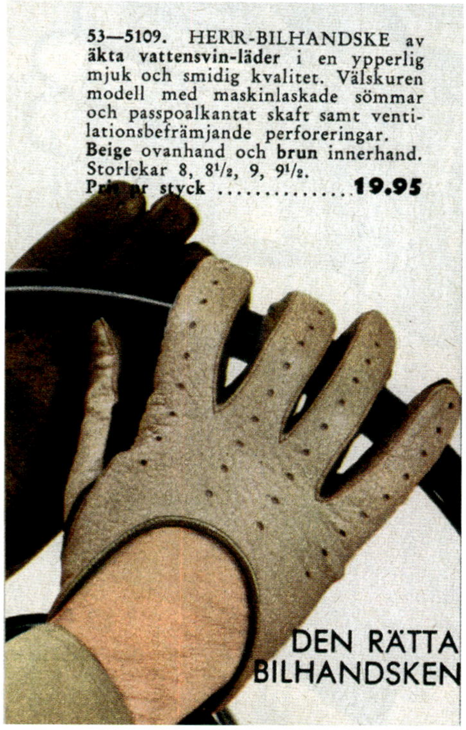

”Ut i naturen – bilburen” hette en kampanj på 60-talet som gick ut på att det faktiskt gick att lämna bilen lite då och då. Och då var det handske av som gällde.

Det var fortfarande fråga om en sportvagn, kom jag fram till efter att respektlöst ha varvat ur frökens 1100. Det kändes bra att för första gången få köra bil helt allena.

Var bilens ägare då befann sig kan jag inte erinra mig. En tacksamhetens tanke till henne är definitivt på sin plats än i denna dag. Samt till myndigheterna som vid denna tid, tidigt 1973, lät mig och alla andra ta körkort för både personbil och tung motorcykel utan att en enda meter på motordriven tvåhjuling krävdes. Och i mitt fall slutade notan på 280 kronor, avgiften för teoriprov och uppkörning. Har uppfattat att det kostar lite mer i dag ...

Mamma och pappa drabbades vid denna tid av total prestigelöshet – de köpte en Renault 4, ”skrytbilen”, och lät mig ta över Mercan. Som definitivt sjöng på sista versen. Väl medveten om vad oljeförbrukningen betydde för urgröpningen av mina blygsamma inkomster minns jag ändå hur jag med avsevärd stolthet rattade Mercedesen var ▶

Det skenande italienska kylskåpet

Nästan alla av oss gör sin första färd på egen hand på tre hjul. Och det finns de som hävdar att en trehjuling är bästa sättet att fortsätta färdas vidare i livet.

I Svenska MC-bilklubben samlas de skaror som hyllar den felande länken mellan bil och MC.

Den lite elaka tolkningen är naturligtvis att MC-bilarna eller microbilarna är varken eller. Inte bil. Inte MC.

Men det finns en hel del som ser tjusningen i dem, och har man en gång styrt in så är det lätt att fastna i (de tre) hjulspåren.

Och när de är ute med sina fordon löper de aldrig risken att inte bli uppmärksammade. Här talar vi inte om någon vanlig mäklarmoppe i form av dussin-BMW eller något sådant. Här pratar vi om bilar som om nostalgi var ett drivmedel skulle kunna färdas hur långt som helst.

För svänger du runt i en BMW Isetta, Messerschmitt, Heinkel eller Fulda är det knappast så att du omärkligt smälter in i omgivningen.

Alla är nyfikna. Alla vill veta mer och många vill minnas.

– Det var väl därför jag skaffade min Isetta 1978. Jag kom ihåg att jag sett något liknande hos grannen till min morfar och mormor. Jag såg en under en presenning i Uddevalla. Då brann det till – Den ska jag ha, tänkte jag, berättar Lars Gustafsson. Han är med i Svenska MC-bilklubben och en av arrangörerna till klubbens årliga Trollhätteträff.

Det är heller ingen större risk att bli utan parkeringsplats med en trehjuling. En Isetta får oftast plats på tvären i en parkeringsruta, och sedan är det bara att stiga rakt ut på trottoaren genom den enda dörren.

Fast det har också hänt att ägare av trehjulingar har drabbats av pratical jokes och till exempel hittat sitt fordon inlyft mellan två träd. För de väger blott några hundra kilo.

Trehjulingarnas historia började i Europa på 50-talet. I de krigshärjade länderna började återhämtningen så sakta. Många ville ha bil, men få hade råd med det.

Jämsides med det fanns en gammal krigsindustri som nu var förbjuden att tillverka krigsmateriel. Flygplansfabriken Messerschmitt gick på lågvarv och jakten pågick efter vad som på modernt språkbruk skulle kallas alternativ produktion.

I Italien hade kylskåpstillverkaren (!) ISO designat en minibil Isetta, som tillverkats i ett mindre antal. De röda exemplaren av minibilen brukade av folk beskrivas som de rullande tomaterna.

I München satt ledningen för att BMW tyngt av ekonomiska problem. Tyskarna köpte Isetta-licensen och började tillverka BMW Isetta med den egna MC-motorn i bilen. Första trehjulingen rullade ut på marknaden i april 1955 och samma år blev 12 911 lyckliga ägare till en Isetta till det facila priset 2 550 mark (vilket då motsvarade ungefär ett halvårs lön).

BMW beskrev själva fordonet så här:

"Den ideala lösningen för den som söker en kvick, lättmanövrerad vagn med låga driftskostnader som är lätt att parkera och får ordentlig plats i garaget".

Kvick? Jo, toppfarten angavs till 85 km/h.

Samma år – 1955 – kom den första Messerschmitten. Lite längre, och lite mer flygplansinspirerad, vilket inte var så konstigt, bilen ritades av flygplankonstruktören Fritz Fend. Han hade tidigare konstruerat ett speciellt handikappfordon. Nu kunde företaget ge sig ut på en större marknad.

Men faktiskt var Heinkel först på plan i Tyskland. En professor Ernst Heinkel, vars flygindustri hade bekymmer, hade varit på bilmässa i Italien och fått ögonen på ISO's trehjuling. Heinkel utvecklade ett fordon som var lättare än Isettan, men som kom ut på marknaden först 1956. En viktigt skillnad mot Isettan var den fasta styrningen, ratten satt inte i dörren som på BMWs trehjuling.

Trehjulingarna blev en succé och fick efterföljare i Tyskland och andra länder. De var billiga att köpa, att äga och köra. Och det räckte i de flesta länder med MC-körkort för att köra dem.

Isettan och Messerschmitten fick faktiskt också en svensk efterföljare, en

Världens snabbaste trehjuling.

licenstillverkad Fulda. Den gjordes av de svenska cykelfabrikerna Fram och King som gick samman och runt 1956 började tillverka FKF (Fram King Fulda) i Hälsingborg.

411 svenska trehjulingar tillverkades innan fabriken brann ned. Och runt 200 lär ha klarat sig undan skrotning.

När de billiga småbilarna, som "hundkojan", "VW-bubblan" och andra slog igenom försvann trehjulingarnas nisch.

Många gick till skroten. Men en del räddades till eftervärlden, och i Svenska MC-bilklubben finns nu runt 500 fordon som vårdas ömt av medlemmarna.

Varje år brukar klubben ordna Trollhätteträffen, som 2007 firar 25-årsjubileum. Då kommer trehjulingar och deras ägare från Sverige, övriga Norden, och ibland folk från Tyskland eller Storbritannien. Och då kan häpna trollhättebor får se upp emot 50 trehjulingar ge sig ut på "rally".

Någon gång slår MC-bilklubben sig ihop med klubbar ute i Europa, och tar trehjulingen ut på Europavägarna.

Men då brukar det kallas för microbilar. Är det någon skillnad mot MC-bilar?

– Nej, det har väl blivit det svenska namnet. Internationellt talar man om microcars. Det går en gräns vid 425 kubik, och bilarna får inte vara tillverkade efter 1965. Inga BMW 500 eller 600 i de här sammanhangen i alla fall, säger Lars Gustafsson.

Och sällan eller aldrig har väl ett lika hovsamt och fridsamt MC-gäng funnits som detta.

– Jo, det är glada miner där vi far fram. Många kommer fram och berättar om sina egna minnen av bilarna.

Men vad är det som lockar en 51-årig snickare i Trollhättan att sätta sig i en BMW Isetta årsmodell 1962?

– Från början var det nostalgin, de minnen man hade av bilarna. Sedan är det enkelheten, de här bilarna är enkla att skruva med och de tar ingen plats. Och så är bilarna fulsnygga på något sätt. De sticker ut lite, säger Lars Gustafsson.

Och så är det naturligtvis fartkänslan?

– Jo du, det är en total fartupplevelse. Ute på landsväg kan man komma upp i 75-80 km/h. Då går det undan. Då är det fart och tjusning!

Frågan är väl snarare vilka bilar det finns att bli nostalgisk över från nutid.

– Jag köpte min Isetta 1978, då var den bara 16 år gammal men kändes ändå som en riktig antikvitet. Jag vet inte vad man skulle samla på för bilar i dag som är 16 år gamla. Gamla japanska bilar kanske, men de flesta tidiga har väl rostat bort…

Som med allt annat har det naturligtvis gått business i småfordonen. På en auktion på Christie´s ropades till exempel en Messerschmitt FMR TG 500 Tiger in för motsvarande 375 000 kronor.

BMW hann tillverka hela 161 728 Isetta fram till 1962.

Heinkel slutade tillverkas i Västtyskland redan 1958, när upphovsmannen Ernst Heinkel avled. Men tillverkningen flyttades till Irland och pågick fram till 1965.

Fulda eller Fuldamobilen blev så småningom en fyrhjuling och tillverkades fram till 1961. 1964 blev också Messerschmittens sista tillverkningsår.

Men trots att trehjulingarna varit borta från nybilsmarknaden i över 40 år omhuldas många av sina ägare och kommer att rulla länge än. Det finns rent av nytillverkning av vissa reservdelar, och MC-bilklubbarna brukar ordna reservdelsloppisar.

Speciellt Messerschmitten tycks falla filmskapare i smaken. En sådan spelar en central roll i Terry Gilliams "Brazil" liksom i Galenskaparnas "Hajen som visste för mycket".

Messerschmitt har också blivit ett uttryck för en dum och dryg förståsigpåare. Ursprunget lär vara en sketch i tv-programmet Nöjesmassakern som gick på SVT i mitten av 80-talet:

– Du är en sån messerschmitt!

– Besserwisser heter det.

– Ja, där ser du!

dag till Katedralskolan i Uppsala. Under kanske en månads tid.

Snart nog var jag en mindre stolt innehavare av (för det handlade nog inte om ägande) en blå Renault 4 L, en 27 hästkrafter stark bekantskap som inte ens en nybliven körkortsinnehavare som jag med bästa vilja i världen kunde uppfatta som sportig. Däremot billig i drift. Allt medan mamma och pappa fått ny smak för prestige; en superfin Saab 99 -72 med automatlåda återfanns på garageuppfarten. En racer, visade det sig, utrustad med den svenskbyggda tvålitersmotorn som nog räddade Trollhättefabrikens rykte efter flera årsmodeller med opålitliga engelska motorer i den "bredaxlade svensken".

Att inte nämna min storebrors fordonsägande och bilmekande i denna veva känns snålt. Många av mina mil på svenska vägar hade aldrig tillryggalagts utan hans bistånd, främst givet i form av råd och dåd och en hel del rostjagande. Vad gäller bilval har vi dock sällan mötts, kanske ett stort misstag från min sida.

De cyklande reklampelarna

Märken. Vi drogs till dem som flugor till ett kakfat om sommaren. Vi tog våra cyklar och stack dit ett gäng. Så stod vi där innanför dörren och sa:

– Har ni några klistermärken?

Mannen, för på denna tid var det verkligen bara män som jobbade på bensinstationer, stirrade på oss. Möjligen var han stressad, hade bråttom att komma ut och hjälpa en kund med tankningen eller att putsa av vindrutan. Sådant gjorde nämligen bensinstationernas anställda i denna forntid.

Kanske var han fullt upptagen med att läsa, eller åtminstone titta i, senaste numret av FIB-Aktuellt eller Lektyr som låg bakom disken.

Hade vi tur fick vi klistermärken i stället för en utskällning.

IC, som sedan hette OK, och numera OKQ8, hade nästan alltid klistermärken, men deras var samtidigt minst åtråvärda. De häftigaste hade Koppartrans, men de fanns nästan aldrig. I alla fall inte för oss.

Koppartrans hade en logga som bestod av bokstaven K i form av ett lejon. Allt var i gult på svart botten utom den röda lejontungan.

I modern tid har ett jeansföretag upptäckt dragningskraften i Koppartrans logga. Fast ska denna tjusiga symbol komma till sin rätt ska det finnas en doft av bensin runt den.

Nästan lika häftiga var Mobils märken. De hade en logga med en häst med vingar. De var också mycket svåra att komma över.

Esso dög också. Speciellt efter att de introducerade sin reklamkampanj "En tiger i tanken". Då översvämmades marknaden av klistermärken, men det dök också upp en massa andra reklamprylar som de delade ut, som piltavlor, badbollar och sådant.

BP hade trista klistermärken men snygga nyckelringar. Samma var det med Caltex.

Nynäs hade inget av inget. De var alltid fel.

Uno-X hade bara bensin, men fick bevisligen också till en halvhyfsad nyckelring.

Klistermärkena var så viktiga att man till och med kunde välja begagnad cykel utifrån vilka klistermärken den redan bar. Det var så jag fick mitt Koppartransmärke.

På så vis kunde en begagnad cykel bli lika mycket värd som en ny. Både ungar och föräldrar blev nöjda. Och en äldre cykel med rätt märken och det som av någon anledning kallades Stockholmsstyre kunde se rätt schysst ut.

Några som aldrig knusslade med klistermärken var kampanjen för omläggning till högertrafik. Därifrån kunde man få hur många H-märken som helst.

Våra cyklar såg efter ett tag ut som den värsta annonsplats där vi for runt. Vi var själva näst intill levande reklampelare. Vi var den första generationen som insåg att frågan om rätt varumärke var en fråga om liv eller död, eller åtminstone mellan att vara godkänd och icke-godkänd.

Fast det var långt innan Gulf för evigt förpassades ned i den underjordiska tanken, och svenska bilister utbildats i hur man ska uttala Q8 som "Kjuaaiit".

Storebror blev tidigt Saabentusiast, eller ska vi säga mer förlåtande vad gäller Saab än andra märken. I grund och botten anser han nog att alla bilar är mer eller mindre skräp. Men hans svaghet för Saab V4 är klart dokumenterad ännu i dag; på hans rymliga tomt i södra Sverige återfinns tre, fyra V4-or (ingen i körbart skick).

När han träffade sin blivande fru vid 70-talets ingång så körde hon en Volvo Amazon. Och då är vi tillbaka på det här med hur bilar egentligen styrs.
”Amazon styr man inte, den styr man emot”, deklarerade storebror - varefter den blivande hustrun strax fick finna sig i att i stället ratta en kuggstångsstyrd Saab V4, en bil som föraren styr. Och sedan en till, och ännu en till, och...

Själv gillade jag Amazonen, höll noga reda på hur grill och skyltbelysning modifierades årsmodell för årsmodell. Och när Volvo 144 lanserades 1966 tyckte jag mig se framtiden, förpackad i ett stycke teknisk perfektion.

Så tyst den gick, så snabbt värmen kom, vilka stora glasytor, en hypermodern bil för svenska folket! Minns hur jag som ung orienterare fick ta plats i en sprillans ny 144, inköpt av en idrottsledare, och njuta av komforten under färden ut till femkilometersbanan. Tufft att stiga ur och i kylan byta om till tunna tävlingskläder, bara för att än en gång villa bort sig i skogen. ▶

Största bilmärkena 1974

(antal registrerade bilar):

1.	Volvo	635 832
2.	Volkswagen	393 626
3.	Opel	301 433
4.	SAAB	285 980
5.	Ford	227 948
6.	Mercedes-Benz	94 864
7.	Renault	74 225
8.	Peugeot	72 152
9.	BMC*	62 355
10.	Fiat	42 442

** Inklusive Austin, Jaguar, Land Rover, Leyland, MG, Morris, Rover, Triumph*

Klart märkligt var hur jag, åtskilliga år senare, satt bakom ratten i en då några år gammal 144, ägd av en klasskompis pappa, och i gott och väl 110 knyck blåste på hela vägen från Uppsala till Göteborg. Denna vänliga pappa, älskare av klassisk musik, lät mig, hans son och ytterligare en klasskompis låna Volvon för att åka till Götet och se brittiska glamrockarna Slade spela på Scandinavium, musikanter som inte stod högt i kurs hos bilägaren.

Jag hade då haft körkort i kanske tre, fyra månader.

Minns hur en omkörning vid Vara mycket väl hade kunnat ända med att mitt och mina kompisars vara då var nära att ända, trots att vi färdades i redan då relativt säkra Volvo. Huh!

Huh! må man även säga om Volvos egen ”omkörning” några år senare in på 70-talet; köpet av Dafs personbilstillverkning. Tänk under vilka krumbukter Volvofolket strax därefter lanserade ”Rem-Johan”, Volvo 343. Bilen var redan färdigutvecklad av holländarna - som givetvis hade försett den med den steglösa transmissionen som byggde på ett virrvarr av remmar i ”växellådan”.

Volvo hade inget annat val än att kalla bilen för ”Volvo”... Tufft.

343-äventyret är det nog många som minns, mer undanträngt är däremot minnet av den modell som rimligen är Volvos mest kortlivade: Volvo 66. Bilen ärvdes även den av Daf och hade remrullat på europeiska vägar under en rad år under namnet Daf 66.

Av någon anledning lades den inte ner direkt efter Volvos övertagande. Tvärtom, jag minns en då uppmärksammad annonskampanj för ”Lillremmen” med rubriken: ”Från noll till 160 på ettan”. För så var det, holländarnas remteknik betydde i praktiken att bilen hade blott ett växelläge. Och 160 knyck var förstås bilens topphastighet.

Volvos marknadsförare hade kunnat lägga till en rubrikrad till i annonsen: ”Från noll till 160 med backen”. Eftersom kraftöverföringen fungerade likadant när backläget var ilagd i den redan då klart omoderna bilen.

Det sägs att skickliga förare har roat sig med att testa huruvida 160 knyck bakåt med 66:an var möjligt att behärska. Hoppas att de i så fall befann sig på avlyst bana och att deras livförsäkringar var vederbörligen uppdaterade.

I mitt arbete som bilälskande reporter vid en av Sveriges större morgontidningar kom jag för några år sedan i kontakt med en garvad veteran som under åtskilliga decennier troget tjänat ett av de större importmärkena i vårt land. Jag ska inte avslöja vilket, bara vidareförmedla vad han anförtrodde mig:

– Förr om åren har det varit lite si och så vad gäller kvaliteten på en rad av de modeller vi sålt till våra kunder. En del bilar var rent ut sagt farliga, sade han medan vi på slingriga vägar njöt av en mycket potent bil med ytterst få likheter med det som ovan beskrivits.

Jag kände mig föranledd att fråga om jag hade hört rätt. Farliga bilar, sade du det? undrade jag uppfordrande.

– En del var farliga. Och det var tufft ibland att argumentera för att de inte var det.

Körturen i den hypermoderna bilen var över, jag satte mig i min Toyota Tercel 1987 och körde hem. Och insåg att även den var klart modern, säker och miljövänlig i jämförelse med i stort sett alla de ”fina gamla fordon” som här beskrivits. Frånsett lillebrors lådbil. ■

Kalle Holmberg

Mack utan magi

Har någon på evigheter sett unga grabbar flockas runt en bensinmack? Annat än för möjligheten att de säljer folköl utan leg-kontroll?

Mackarna har mist sin magi. Och det är förståeligt, för vem kan känna något alls inför en OKQ8 eller Statoil-mack? Mer än ilska över ett hutlöst bensinpris, eller ilska inför att macken är fylld av så mycket varm korv, mjölk, schampo och annat att det inte finns plats för torkarblad eller isskrapor?

Slutsatsen är föga överraskande: Det var bättre förr. Annat förr.

Säger inte att allt var bättre förr. Men bensinstationerna och bensinbolagen var det definitivt.

Vem kan känna spänning och fascination inför en Preem-station?

Annat var det med Koppartrans, Gulf, Esso och Caltex. Det inte bara doftade bensin, det var en värld helt präglad av motorernas villkor. Krävande, som en Amazon i uppförsbacke.

Här snackar vi märkeslojalitet innan ordet ens var uppfunnet. För en nybliven bilägare som såg hade Gulf-bensin i tanken trodde benhårt att bilen skulle gå i två eller fler bitar om den fick till exempel BP-bensin i samma tank.

Och myterna odlades av bensinbolagen som på den tiden inte jamsade med att sälja el eller livsmedel. "In med en tiger i tanken" bara, en skvätt Esso-bensin, så skulle bilen gå fortare än rallyföraren Tom Trana hann tänka.

Min farsa hade av olika skäl anledning att i sitt jobb sluta avtal med bensin- och oljebolag om leveranser av olja till ett antal bostadsområden.

En kväll hade han träffat en representant för Esso, och kom hem och fyllde hela pojkrummet med Essos "Tiger i tanken"-prylar. Badbollar, märken, nyckelringar, små flaggor och allt vad det var.

Bäst gillade jag nog piltavlan. Där var tigerns nos det som annars är bulls eye.

Fast eftersom farsan var något slag lokal potentat för det som kallades IC, Inköpscentralen, så tankade vi familjebilen där. Genomtrist! Tråkigare bensinmärke fanns inte, till och med BP var häftigare. Kanske till och med Nynäs.

Men när vi flyttade till ett nytt hus och det fanns en Gulf-mack precis nedanför var lyckan total.

Av någon anledning favoriserade stadens raggare också just Gulf, vilket innebar att vi hade första parkett för det som försiggick när raggarna skulle tanka sina bensinslukande amerikanska 50-talsåk.

Det som hände i baksätena var i och för sig ofta mer spännande än själva tankningen.

En sommarkväll var det Midnattssolsrallyt. Det skulle passera vårt hus, strax intill Gulfmacken på Hjovägen i Skövde. Familjen samlades tidigt på balkongen för att ha utsikt över den vägsträcka som skulle passeras. Hur vi visste vilken bil som Tom Trana skulle komma i minns jag inte, men det var en vit Volvo Amazon.

Plötsligt såg vi i ögonvrån att en vit Amazon kom i den lätta uppförsbacken mot Garpaparken. Ungefär fyra sekunder senare var allt över.

Men jag hade sett Tom Trana och hans bil! Efter det vet jag precis hur det måste kännas för invånarna i någon liten fransk by när Tour de France passerar.

Inte behövde Tom stanna och tanka heller.

Många år senare hamnade jag i värmländska Deje och gick in på en bensinstation där. Vilket bensinbolag som drev stationen har jag glömt. Men i butiken sålde de östtyska termosar. På plåthöljet fanns något slags skottrutigt mönster. Jag undrar fortfarande varför jag inte köpte en.

En termos är definitivt helt OK att sälja på en bensinstation. Speciellt om den är östtysk. Men inriktningen på att bensinstationerna är dygnetruntöppna butiker har definitivt medfört att stationerna tappat sin charm.

Utan bensinnostalgin hade aldrig Galenskaparnas "Macken" blivit den succé den blev på 80-talet. Stiger vi in på en mack hoppas vi springa på en man i skitig, blå overall som just stigit ut från verkstan och torkar händerna på trassel och utgår från att vi vet precis vad vi vill ha. Precis som Roy på "Macken".

Din-X

Ett skånskt bensinbolag i den mindre skalan som startades 1961.

Shell

Enda av de gamla storbolagen som finns kvar. Hette ursprungligen Svensk-engelska Mineralaktiebolaget men bytte 1939 namn till AB Svenska Shell. 1957 tog The Shell Petroleum Co Ltd över samtliga aktier i bolaget. AB Svenska Shell köpte 1959 hälften av aktierna i Koppartrans Olje AB. Fem år senare – 1964 – köpte de den resterande delen av Koppartrans.

Gulf

1937-1983 såldes kedjan till Q8. Q8 – Kuwait Petroleum – drevs som fristående bolag till 1999 då det gick samman med OK.

Koppartrans

Koppartrans AB bildades 1947 av Stora Kopparberg AB och rederiet Transatlantic. Ena halvan av bolaget såldes till Shell 1959, och resterande del 1964. Mest ihågkommet är Koppartrans för sin fantastiska logotype (Snacka om K-märkt!) som ritades av göteborgaren Sten Kindgren. Sten Kindgren är också mannen bakom högertrafikens H-symbol.

FINA

Belgiskt bolag som kom in i Sverige 1955. 1979 såldes det till statliga SP, Svenska Petroleum, som tio år senare gick upp i OK.

Texaco

Texaco – Texas Company AB startades 1921 och var i första omgången verksamt fram till 1947 då det såldes till Caltex. Caltext var ett samarbete mellan Texaco och Standard Oil. Caltex Oil AB var verksamt mellan 1947 och 1967, då det såldes tillbaka till Texaco. Texaco såldes 1995 till Preem. Preem köpte samtidigt även de flesta OK-stationerna i södra Sverige. Bolaget ägs av shejk Mohammed Al-Amoudi.

Murco

Bolaget – Svenska Murco Petroleum AB – startades 1960 och växte snabbt i Norrland genom köp av Uno-X stationer där. Existerade som varumärke fram till 1975. Fast bolaget ägdes från 1970 av BP.

Bensinbolagens öden

BP

Det nationella bolaget startades 1922 under namnet Svenska Bensin och Petroleum AB, och ägdes av internationella BP, som till en början stod för Best Persian, senare British Petroleum. 1993 såldes bensinkedjan till Uno-X och Statoil.

Nynäs

Startades av Axelsson-Johnsonkoncernen med huvudkontor och raffinaderi i just Nynäshamn 1930. Delar av Nynäs finns kvar verksamt i oljebranschen, men bensinkedjan såldes till Shell 1981.

Mobil

Var verksamt på den svenska marknaden i 30 år, mellan 1955 och 1985. Såldes till Norsk Hydro.

Esso

Kom in på svenska marknaden under sitt "riktiga" namn Standard Oil of California Company 1931, men bytte namn till Esso 1939. Amerikanska Standard Oil blev så småningom Exxon. Esso var verksamt fram till 1985 då kedjan såldes till norska Statoil.

IC

Stod för Bilägarnas InköpsCentral och bildades 1926. Hette IC fram till 1969 då det blev OK, Oljekonsumenterna. Fast redan 1945 hade det bildats en Sveriges Oljekonsumenters Riksförbund (OK), där IC och andra kooperativa organisationer ingick. OK:s vidare öden uppvisar en rätt krånglig bild. Delar av den kooperativa kedjan såldes till Preem, delar av den gick samman med Q8 1999.
OK ekonomisk förening med 1,3 miljoner medlemmar, äger 50 procent av OK-Q8 AB. 50 procent ägs av ett statligt kuwaitiskt bolag, Kuwait Petroleum International.
Förutom OK ekonomisk förening finns det ytterligare sex OK-föreningar i Sverige. Dessa är inte delägare i OK-Q8 AB, men samarbetar under detta varumärke.

Uno-X

Startades 1959 av Arne Sandberg, med huvudkontor i Skövde. Bolaget såldes 1967 till engelska Burmah Oil, via svenska Castrol. Uno-X köpte 200 små stationer av BP på 80-talet. 1996 köpte Norsk Hydro Uno-X-kedjan, men en del stationer med Uno-X-skylten finns kvar, även om de numera samverkar med Norsk Hydro.

Brittiska bilar

om det var i lilla skalan

Marknaden koncentrerades tidigt. Redan på 60-talet dominerades den helt av tre stora bilfabriker. Och om brittiska biltillverkare fick det allt kärvare i den större skalan, så var de helt klart marknadsledande i den lilla skalan 1:43. Där kunde bara danskarna hota dem.

Handlade det om bilmodeller, eller leksaksbilar, var det brittiska Dinky Toys och Corgi Toys som gällde. Fast inte minst på nordiska marknaden var danska Tekno en stark uppstickare och utmanare. Annars fanns bara småputtarnas Lesney.

Tekno

Vid sidan av de två stora britterna fanns det också en dansk på modellbilsbanan. "Dansk Legetøjs industri" hade startat 1928 i en källare i Vanløse och gjorde plåtleksaker. Det gick så pass bra att man kunde flytta till en större fabrik 1932 och ta firmanamnet Tekno.

Under krigets restriktioner tvingades de slå sig in på att tillverka leksaker av trä i stället för lättplåt, men det gjorde också att de testade att göra gjutna leksaker. Steget var inte långt till att göra modellbilar och den första Teknobilen gjord i zink kom på marknaden 1946.

Det gick bra, så bra att man rent av expanderade till Sverige med ett Svenska Tekno i Malmö. I skiftet 50- och 60-tal producerades runt en miljon bilar per år, varav två tredjedelar gick på export, framförallt till de nordiska länderna och Västtyskland.

1967 dog Andreas Siegumfeldt, som hade grundat och drivit företaget i nära 40 år. Familjen tog över en tid, men valde efter tre år att sälja företaget till danska leksakstillverkaren Algrema. De ville flytta tillverkningen till Jylland och började bygga en fabrik i Hjørring som öppnade 1971. Men väldigt få av medarbetarna från Köpenhamn valde att flytta med, och kvaliteten blev därefter. Ett år senare stängdes tillverkningen. Varumärket Tekno liksom verktygen för tillverkningen såldes till ett holländskt företag som främst var inriktat på reklamprodukter. Inte så underligt eftersom Tekno redan under sin glans dagar utmärkte sig för att göra "reklamfordon" för olika varumärken.

Lesney

Lesney startades 1947 av de två ungdomsvännerna Leslie Smith och Rodney Smith och var tänkt för en mer tyngre industriell inriktning. Men en förfrågan om de kunde göra delar till en leksakspistol fick dem på andra tankar. Leslie och Rodney plankade helt enkelt en av Dinky Toys modeller och hade tagit sin in på leksaksmarknaden. Fast Rodney trodde inte riktigt på den nya inriktningen och lämnade företaget.

Bilarna var små, i skala 1:64, tillräckligt små för att få plats i fickan, ungefär som en ask tändstickor. Mycket riktigt kom också Matchbox att användas som varumärke för de små bilarna från Lesney.

Det gick bra i många år, men 1982 hade problemen hopat sig och Lesney Toys gick i konkurs. Varumärket Matchbox såldes till Universal Toys. Ungefär samtidigt gick Dinky Toys av banan, och det nya företaget köpte dess varumärke. Med Lesneys och Dinkeys tillgångar i bagaget skapade Universal Toys en Dinky Collection. 1992 såldes företaget vidare till Tyco Toys, och fem år senare köptes hela deras leksakstillverkning av Lesneys tidigare hårdaste konkurrent Mattel.

Den ursprungliga Lesneyfabriken fanns i Homerton i östra London, men 1990 flyttades tillverkningen i Rugby i West Midlands.

slog allt

Corgi Toys

Bakom Corgi Toys fanns Mettoy Company, och bilarna tillverkades i Swansea. Även de hade börjat med leksakstillverkning på 30-talet.

Namnet Corgi kom från den brittiska hundrasen, som också fanns med i företagets logotype. När de dök upp i butikerna 1956 var de koncentrerade på de då många brittiska bilmodellerna, som Ford Consul, Austin Cambridge, Hillman Husky och Morris Cowley. Vid starten gjorde de naturligtvis en stor poäng av att deras bilmodeller hade fönster, för att distansera sig mot Dinky. Andra innovationer som tillskrivs Corgi är det revolutionerande drivsystemet (om man backade bilen bakåt kunde den köra framåt av sig själv), liksom öppningsbara dörrar och de diamantliknande strålkastarna.

Nu startar också jakten på att hänga på nyheter. När Läderlappen dyker upp i serieform och som tv-program gäller det att vara först med bilmodellen. Samma sak med James Bond-filmerna.

Corgi var kanske också lite mer trendkänsliga än sin brittiska huvudkonkurrent Dinky. Under toppåren i mitten på 60-talet sålde Corgi runt 17 miljoner bilar per år.

James Bonds guldfärgade Aston Martin DB5 kom 1965 med en rad finesser: katapultstol på passagerarplatsen, utfällbara maskingevär i främre kofångare och utfällbart bakrutevisir som skulle skydda på beskjutning bakifrån. Självklart blev den Årets leksak i Storbritannien, och sålde strax under fyra miljoner exemplar.

1966 kom Corgi med en annan storsäljare: Batmobilen, som rent av sålde bättre än James Bondbilen. Till finesserna hörde en grej framtill som utfälld skulle kunna skära av saker, liksom en mindre granatkastaranordning baktill. Samma år kom Mannen från U.N.C.L.E:s 'Thrushbuster' Oldsmobile. Finessen här var att Napoleon Solo och Illya Kuryakin omväxlande kunde sträcka sig ut genom fönstret och skjuta.

Men i mars 1969 drabbades Corgi av sin största motgång någonsin. Vid en brand i fabriken i Swansea gick stora värden till spillo, men företaget återhämtade sig någorlunda och 1971 var produktionen igång igen i normal takt. Fast marknaden var inte den samma längre, och Corgi satsade mer och mer på samlarmodeller av klassiska bilar. 1989 tog amerikanska Mattel som gjorde Hot wheelsbilarna över och tillverkningen flyttades till Leicester, där Mattel sedan tidigare hade tillverkning. 1999 köptes Corgi på nytt av ett amerikansk företag, Zindhart, specialiserad på samlarföremål. Och som varumärke lever nu Corgi Classics vidare. De gamla bilmodellerna har också ett till synes evigt liv. Den James Bondsbil som 1965 kostade ett halvt pund säljs i dag på auktioner för 600-700 pund. Fast då ska den naturligtvis vara i "mint condition", i skick som ny, med kartong och allt.

Dinky Toys

Dinky Toys dök upp på scenen redan 1934, men syftet med bilarna lär från början ha varit att de skulle passa in som passiva statister i modelljärnvägsbyggen. Dinky Toys var en utväxt från Meccano Ltd, som gjorde de mekaniska byggsatserna.

Hemvisten för Dinky Toys var Liverpool, men det fanns också en fransk avläggare med tillverkning i Bobigny. Efter ett stillastående under andra världskriget gick produktionen igång igen 1946. Dock med vissa materialbrister, vilket bland annat ledde till att franska Dinky Toys hade bildäck helt i metall.

1956 mötte Dinky konkurrens i form av Corgi Toys. Och Corgi kom med en enorm produktutveckling: bilmodellerna fick rutor i plast som såg ut som riktigt glas. Dinky kunde kontra med rutor och inredning i bilarna först två år senare.

Nu satte en stor produktutveckling i gång på båda fabrikerna, med nyheter som fjädring på bilarna, möjlighet att styra framhjulen och andra finesser.

1963 hamnade Dinky Toys i händerna på företaget Tri-Ang, en brittisk tillverkare av modelltåg.

Fast säg det som varar för evigt. Ungarna blev allt kräsnare och småbilstillverkarna förmådde inte hänga med. Utförsvägen för Dinky började 1972 med stängningen av den franska tillverkningen. Den brittiska i Liverpool höll ut ända till 1980, men då var det ohjälpligt slut.

Drömbilen

I en folkhemsdröm passade den som hand i handske: en HSB-lägenhet med inte allt för hög insats, lagom till fotbolls-VM 1958 en tv-apparat som hela huset kunde samlas vid, och varor från Konsum-butiken på hörnan. Ibland i lösvikt, levererade i påsar med grönt tryck och ett litet celluidfönster som visade vad de innehöll.

Fast kronan på verket var det som stod ute på gatan: PVn.

Det började med 40-talsbilen PV 444. Svart, med bakruta i två sektioner.

Men fortfarande var det lite för dyrt med bil för en vanlig familj.

I början av 60-talet och med PV 544 (1958-65) började drömmen bli nåbar.

Kanske ska Amazonen beskrivas som vår generationsbil. Fast då hade farsan redan avverkat två PV.

Och det fanns aldrig lika stor ömhet i hans anblick av Amazonen som en gång den första PVn.

En ömhet som föddes ur bildrömmen, lika stark som den första förälskelsen.

Per Albin Hansson formulerade drömmen om folkhemmet på 30-talet, och hade han vetat det hade han kunnat lägga till en rad om att det goda hemmets invånare även borde kunna göra utflykter i vad som skulle kallas en folkbil.

För tysken var det en VW-bubbla, för fransosen en Citroën CV, för italienaren en Fiat 600.

Men för svensken var det en PV som var nationsbilen, möjligen med några undantag i form av Saab 96. Vi rullade in i framtiden på dammiga grusvägar.

Och vi visste från reklamen: ”Volvos värde varar”.

Den 20 oktober 1965 kom den sista PVn av 243 996 ut från fabriken på Torslanda.

Men bilen lever ett evigt liv. Det gjordes nästan tre gånger så många Amazoner. USA:s förre utrikesminster Colin Powell tillhör dem som dyrkar Amazonen. Med den började Volvo sin resa ut i världen.

Ändå, mer av dröm paketerad i plåt och på fyra hjul, än i PVn har Sverige aldrig upplevt.

Och, som den inte helt lyckade bilföraren Ted Kennedy, en gång sade: ”and the dream shall never die...”.

N8534

1973

Nya bilmodeller:

VW Passat, Audi 80, Mazda RX-3, Renault 5, Peugeot 104.

JANUARI

01 Storbritannien, Danmark och Irland blir medlemmar i Europeiska unionen.

09 Danska regeringen fattar beslut om storflygplats på Saltholm som genom en planerad bro- och tunnelförbindelse ska betjäna både Själland och Skåne

11 Allmän föräldraförsäkring nyhet i regeringens budget

14 Tony Rosendahl, den siste av Kumlarymmarna (augusti 1972), grips i Uppsala.

20 Richard Nixon svär presidenteden för sin andra period som amerikansk president. Spiro Agnew blir vicepresident.

20 Läroverksadjunkten Alf Svensson väljs till kristdemokraternas partiledare

28 Vapenvila inträder officiellt i Vietnam

FEBRUARI

15 Gonorré har blivit svensk folksjukdom med över 30 000 fall per år

16 Beslut om att bilda PK-banken (sammanslagning av Postbanken och Kreditbanken)

20 "Terroristlagen" läggs fram, och ger bland annat polisen rätt till telefonavlyssning och postkontroll.

MARS

03 Chiles president Salvador Allende gör ett framgångsrikt parlamentsval och stannar på posten

21 500 miljoner ur AP-fonderna ska användas för köp av aktier i börsnoterade företag, avslöjar finansminister Gunnar Sträng. "Den största socialiseringsaktionen i Sveriges historia", säger folkpartiledaren Gunnar Helén.

28 Nytt grundlagsförslag presenteras som bland annat begränsar kungens makt

29 De sista amerikanska soldaterna lämnar Vietnam

APRIL

03 Sverige erkänner som första västland folkrepubliken Nordkorea

24 President Nixon knyts allt hårdare till "Watergateskandalen", inbrottet i det demokratiska partihögkvarteret visar sig ha gjorts på Vita husets uppdrag

26 Al Fatah och PFLP går samman under Yassir Arafats ledning

MAJ

02 Den hemliga svenska underrättelsetjänsten IB avslöjas av tidningen FIB/Kulturfront

07 Washington Post´s Carl Bernstein och Bob Woodward får Pulizerpriset för sina avslöjanden om Watergateskandalen

08 Indianbyn Wounded Knee kapitulerar efter 70 dagars belägring

22 Beslut om den andra stora utflyttningen av statliga verk

25 Richard Branson ger ut sin första LP på egna skivbolaget Virgin: Mike Oldsfields "Tubular Bells"

JUNI

01 Kraftigt höjda oljepriser genom nytt OPEC-avtal

06 Beslut om att ordensväsendet ska avskaffas i Sverige

12 Regeringen presenterar de s k Åmanlagarna, om förbättrat anställningsskydd.

30 President Nixon tillkännager att bombningarna av Kambodja, Laos och Vietnam ska stoppas senast 15 augusti.

JULI

03 David Bowie avslutar en konsert i London med att säga att detta är hans sista någonsin. Han förklarar senare att det avsåg hans alter ego Ziggy Stardust.

04 Amerikanska dollar noteras till 3:98 SEK, lägsta noteringen sedan 1949.

29 Frankrike spränger vätebomb vid Mururoaatollen

AUGUSTI

15 Nixon försöker i ett tv-tal på nytt förneka sin egen inblandning i Watergateskandalen

23 Norrmalmstorgsdramat – En bankrånare tar bankpersonal som gisslan efter ett misslyckats bankrån vid Norrmalmstorg. Efter fem dagar ger rånaren, Jan Olsson, upp.

SEPTEMBER

11 En militärjunta tar makten i Chile, och president Salvador Allende mördas.

12 Brittiska regeringen säger ja till en tunnel under Engelska kanalen

13 Volvo presenterar planera på att öppna en fabrik i USA som ska tillverka 100 000 bilar per år

15 Kung Gustaf VI Adolf avlider 91 år gammal

16 Bara runt 5 000 röster skiljer det socialistiska blocket från det borgerliga i valet. Efter en miss i grundlagen blir det lika röstetal för blocken i riksdagen: 175-175. Lika omröstningar får avgöras med lottens hjälp.

19 Carl XVI Gustaf tillträder som kung

OKTOBER

06 Krig mellan Israel och Egypten och Syrien. Strider vid Suez och Golanhöjderna.

10 Amerikanske vicepresidenten Spiro Agnew tvingas avgå efter att ha fällts för skattefusk

16 Norska Nobelkommitten utser USA:s utrikesminister Henry Kissinger och Nordvietnams Le Duc Tho till årets fredspristagare

23 Representanthuset beslutar att president Richard Nixon ska ställas inför riksrätt

NOVEMBER

03 De oljeproducerande arabländerna beslutar att minska sin oljeproduktion med 25 procent

14 Studentuppror i Aten. Militärjuntan inför krigslagar i landet.

22 Den svenska energisparkampanjen inleds

DECEMBER

06 Jan Guillou och Peter Bratt åtalas för spioneri

06 Regeringen presenterar ett krispaket inför energikrisen. Bland annat att bensinransonering ska införas.

06 Gerald Ford blir amerikansk president

13 Riksdagen säger ja till en bro- och tunnelförbindelse över Öresund, den nya storflygplatsen på Saltholm en järnvägstunnel mellan Helsingborg och Helsingör

Ny ord detta år:

■ Aktiefond, alkometer, ambiofoni, andrasortering, antistatisk, arbetsrotation, avkoda, biståndsland, blockpolitik, böj, danshak, distansundervisning, drömstart, elevassistent, flummig, greppriktig, gränssnitt, implantat, indata, kallras, kassaskåpssäker, kassettradio, konceptuell, konjunkturell, kontrollnummer, kopiator, kravallstaket, libero, live-show, mikrodator, nolltillväxt, närköp, paraplyorganisation, plack, rallycross, reggae, samåka, sexpack, smälla av, spotmarknad, studiomusiker, superdator, sweatshirt, synk, syokonsulent, taktisera, temadag, tokvänster, tågluffa, utdata, videogram och åsiktsregistrering.

Valutakurser i maj 1973:

1 pund kostade 11:28
1 dollar kostade 4:53
100 D-mark kostade 159:90
100 danska kronor kostade 73:10
100 finska mark kostade 116:95
100 norska kronor kostade 76:60

Vad vi såg på bio och tv:

■ **TV-serier:**
Din stund på jorden
Någonstans i Sverige
Columbo
Arvingarna
Pappas pojkar (Carl-Gustaf Lindstedt, Magnus & Brasse)
Scener ur ett äktenskap (Ingemar Bergman)
Hem till gården (Emmerdale farm)
Kojak

■ **Barn- och ungdomsprogram:**
Fem myror är fler än fyra elefanter
I mumindalen
De hemligas ö
Den vita stenen

■ **TV-teatern gav:**
Kvartetten som sprängdes
Kommer hem och är snäll
Näsan
Revisorn
Vem älskar Yngve Frej

■ **Film:**
Ebon Lundin (Per Oscarsson)
Emil och griseknoen
Här kommer Pippi Långstrump
Ska vi gå hem till dej eller till mej eller var och en till sitt? (Lasse Hallström)

■ **Utländsk film:**
American graffitti (George Lucas)
Blåsningen (The Sting) (George Roy Hill)
Exorcisten (William Friedkin)
Papillon (Franklin J Schaffner)
Pat Garett & Billy the Kid (Sam Peckinpah)

Vad vi lyssnade på:

Elton John "Crocodile Rock", "Goodbye Yellow Brick Road"
Blue Swede "Hooked On A Feeling"
Ricky Wilde "I Am An Astronaut"
Bob Dylan "Knockin' on Heaven's Door"
Redbone "We were all wounded at Wounded Knee"
Sweet "Block buster"
Lou Reed "Walk on the Wild Side"
ABBA "Ring, ring"
Roberta Flack "Killing Me Softly With His Song"
Pink Floyd "Money"
Nova (Malta) "Sommaren som aldrig säger nej"
David Bowie "Space Oddity"
Albert Hammond "It Never Rains In Southern California"
Alice Cooper "No More Mr Nice Guy"
Van Morrison "Brown Eyed Girl"
Hoola Bandoola Band "Vem kan man lita på?", "Keops pyramid"
Nationalteatern "Bängen trålar"

Nyheter detta år:

- Fritt valt arbete i skolan
- Oljekrisen – Energisparande
- Förbudet mot teater och danstillställningar på de stora helgdagarna upphävdes
- Rättshjälp införs
- Amningshjälpen
- Serietidningen Bamse
- 40 timmars arbetsvecka
- Kommunala monopolet på auktionsverk togs bort
- Första äventyrsbadet – Riverworld, USA
- Betal-tv (i Helsingfors)
- Månadens Bok
- Affärskedjan Hemtex
- Datalagen och Datainspektionen
- LTO – lagen om tillfälligt omhändertagande
- Twin Towers, World Trade Center i New York står klara
- Lokalradio (på försök i sex månader i Jönköping, Halland och Malmfälten)

1973-fakta:

- 29,8 procent av samtliga kvinnor hade förvärvsarbete
- 2 578 krogar hade utskänkningstillstånd (mot 12 000 25 år senare)
- Det fanns 41 000 hotellrum (mot 91 000 25 år senare)
- 594 av 1000 invånare hade telefon
- 339 av 1000 invånare hade tv
- 92 av 1000 invånare hade färg-tv
- En genomsnittlig trea hade en månadshyra på 527 kr
- Genomsnittliga priset för en stockholmsvilla var 153 000 kr
- Japanska bilar svarade för mindre än en procent av bilparken

"Vi vill genomföra en maktförskjutning inom företagen som ger löntagarna möjlighet att på ett nytt sätt hävda sina intressen i konflikten mellan arbete och kapital"

Ur LO:s lilla röda 1973

Att komma efter rekordgenerationen

Bosse Ringholm ville som ung radikal SSU-ordförande bland annat förstatliga bankerna och läkemedelsindustrin.

”Vad jobbar du med då?”

Stämningen var ganska spänd i Forum, Arbrås medborgarhus, våren 1976.

Den socialdemokratiska föreningen hade nomineringsmöte på samma plats som Folkets Hus en gång legat.

Eftersom folkrörelserna inte klarade av att klara sig på egen hand under 1960-talet och centern ofta styrde den lilla landsortskommunen blev det Forum. Vit mexitegel ersatte den gistna rödfärgade träkåk som kallades Folkan och som jag bara har ett vagt minne av.

Tydligare kan knappast utbyggnaden av det starka samhället illustreras. Det offentliga tog över det kollektiva ansvar som organiserats av ideella krafter.

Folkan hade blivit lika obsolet som Källers gamla bysmedja på tomten intill.

Vi som är födda i slutet av 1950-talet växte upp med allt fler kommunala tjänstemän. På Forum satt redan Ulf Arbinger, fritidsassistent med uppgift att hjälpa till att organisera den tid vi inte var i skolan.

Så småningom vande vi oss av med att skotta isbanan själva på vintern. Och efter kommunsammanslagningen i början av 1970-talet, när Arbrå blev en del av Bollnäs, blev det en kommunal uppgift att spola. Trots att Kurt Thalin, sporthandlaren med klart egenintresse av hålla banan i ordning, skött jobbet alldeles utmärkt.

Det var också då Arbrås municipalsamhälle med 3 500 invånare begåvades med en fyrfilig autostrada. Centrum förflyttades från Bondegatans genuina scenografi med träkåkar och järnskyltar till Storgatans ICA och Konsumlådor.

Simhallen som byggdes i samma veva var resultatet av samma tidsanda. Kommunkassan var välfylld och de pengarna skulle fan inte komma bollnäsborna till del. Däremot kunde de gärna få vara med och dela på driftskostnaderna som visade sig spräcka alla kalkyler. Kostnaden per bad i landsortssimhallar skulle ingen ansvarskännande ekonom eller kommunpolitiker acceptera. Likväl ligger de där som resultat av det euforiska tidevarv vi växte upp i.

Vi blev kommunaliserade. ”Proffsälskarna bakom jakarandaskrivborden tog över”, som Ove Rosengren från Hasselakollektivet skulle sammanfatta i slutet på 1970-talet.

Den utvecklingen skulle som sagt ha varit helt omöjlig om inte Sverige gått som tåget. Skattepengarna strömmade in i stats- och kommunkassorna. Våra föräldrar lönear-

Hanoi – julen 1972

Den 23 december 1972, mitt under de amerikanska bombningarna av Hanoi, gjorde Olof Palme som statsminister ett berömt uttalande i radio och tv:

"Man bör kalla saker och ting vid deras rätta namn. Det som pågår i Vietnam är en form av tortyr.

Det kan inte finnas militära motiv för bombningarna. Militära sagesmän i Saigon har förnekat att det skulle pågå en nordvietnamesisk uppladdning.

Det kan inte rimligen bero på vietnamesernas halsstarrighet vid förhandlingsbordet. Motståndet mot oktoberöverenskommelsen i Paris kommer – som New York Times påpekar – framför allt från President Thieu i Saigon.

Det man gör är att plåga människor, plåga en nation för att förödmjuka den, tvinga den till underkastelse inför maktspråk.

Därför är bombningarna ett illdåd.

Därav finns det många i modern historia.

De förbinds ofta med namn. Guernica, Oradour, Babij Jar, Katyn, Lidice, Sharpville och Treblinka.

Våldet har triumferat. Men eftervärldens dom har fallit hård över dem som burit ansvaret.

Nu finns ytterligare ett namn att foga till raden: Hanoi – julen 1972."

■ **Guernica** – stad i norra Spanien som den 26 april 1937, under spanska inbördeskriget, utsattes för bombning av tyska stridsplan och tusentals människor dödades.

■ **Oradour** – stad i Frankrike vars hela befolkning mördades och staden brändes ner av tyskarna den 10 juni 1944.

■ **Babij Jar** – en ravin i utkanten av Kiev. Under 29 och 30 september 1940 mördades här 33 000 ukrainska judar av tyska trupper.

■ **Katyn** – ett skogsområde väster om ryska Smolensk där våren 1940 runt 4000 polska officerare avrättades av ryska säkerhetstjänsten.

■ **Lidice** – ort nordväst om Prag. Den 10 juni 1942 arkebuserade SS-trupper samtliga manliga invånare över 16 år. Kvinnor och barn deporterades till koncentrationsläger.

■ **Sharpeville** – stad i Sydafrika. 21 mars 1960 öppnade sydafrikansk polis eld mot svarta demonstranter. 67 människor dödades och runt 180 skadades.

■ **Treblinka** – nazistiskt förintelseläger väster om Warszawa. Lägret existerade mellan juni 1942 och november 1943. Enligt uppskattningarna miste 900 000 människor livet i Treblinka.

betade mer och mer. Hemmafruarna blev allt mer sällsynta och hushållens inkomster steg trots att skatteuttaget också ständigt ökade.

Volvo PV blev Amazon, Saabs tvåtaktare blev fyrtaktare, småhusen växte som svampar ur backen. Den svartvita sjuttontummaren stod i början av 1960-talet i vardags-, eller "TV-rummet", om man hade plats. Jag minns hur vi smågrabbar fascinerat tittade på Winston Churchills begravning.

Och större blev det för de flesta. Alla som var kreditvärdiga på banken fick chansen att bo mycket billigare än de som bodde kvar i hyreslägenheten.

En del hade inte tillräckliga fasta inkomster och blev kvar i trevåningskåkarna i Svarvaren. Andra som skulle ha kunnat tog sig inte för att lämna hyreslägenheten och fick betala dyrt i längden.

Det var ränteavdragens förlovade tid och våra föräldrar som byggde hus visade sig ha bott gratis, en del till och med tjänade en rejäl hacka, när de sålde sina villor.

Det var utjämning med enhetsskola, men ändå motsättningar. Det var svarvarungarna mot villabarnen i krigen i Lillskogen bakom Godis, det gamla godtemplarhuset.

Det var arbetarnas barn mot ingenjörernas. Motor i den ekonomiska utvecklingen var nämligen Arbrå Verkstad. Ett företag som i sig är ett praktexempel på ägarkoncentrationen i näringslivet. ▶

Höger-toppen

År 2004 kom boken "Popvänstern" ut på Timbro, skriven av Erik Zsiga.

Uppenbarligen är ämnet internationellt för var musiken hör hemma debatteras också i USA. John J Miller, skribent på National Review har sammanställt en lista på de 50 bästa konservativa rocksångerna baserat på läsarnas åsikter. Här är de fem i topp:

1. "Won't Get Fooled Again" The Who.
"There's nothing in the streets
Looks any different to me
And the slogans are replaced, by-the-bye. . . .
Meet the new boss
Same as the old boss."

2. "Taxman" The Beatles.
"If you drive a car, I'll tax the street
If you try to sit, I'll tax your seat
If you get too cold, I'll tax the heat
If you take a walk, I'll tax your feet."

3. "Sympathy for the Devil" The Rolling Stones.
Egentligen rätt oklart varför, men National Review tycks anse att det finns en underförstådd kritik av kommunismen i låten.

4. "Sweet Home Alabama" Lynyrd Skynyrd.
En hyllning till de sydstater liberaler brukar förakta, konstaterar John J Miller, men också en känga åt Neil Youngs "Southern man".

5. "Wouldn't It Be Nice" The Beach Boys.
"Maybe if we think and wish and hope and pray
it might come true
Baby then there wouldn't be a single thing we
couldn't do
We could be married
And then we'd be happy."
Bröderna Wilson tar ställning för de amerikanska familjeidealen.

Symbolen för motstånd mot kärnvapen fick en vidare betydelse: peace, love & understanding.

På 1960-talet familjeägt, sedan ihopslaget med största konkurrenten i Sverige, sedan övertaget av en amerikansk multis, sedan Boliden och nu Sandvik. Under resans gång allt färre anställda, idag en spillra av vad fabriken en gång var i Arbrå.

Men då under storhetsåren på 1960- och 1970-talen spreds stenkrossar, siktar, dammluckor och snöplogar över Sverige och världen. De grabbar som inte ville fortsätta i skolan efter nian fick sommarjobb i verkstan och sedan var det bara att fortsätta. Precis som deras pappor gjort när jordbruket inte behövde så mycket folk längre.

Folk cyklade till jobbet och hann hem för att äta lunch. På ytan var det en idyll utan större motsättningar. Vi gick i samma klass oavsett bakgrund. Det goda folkhemmet tycktes förverkligat.

Men det var en illusion, åtminstone delvis. Motsättningarna fanns under ytan även bland barnen. Det kunde som sagt vara ganska hårda tag när kojor skulle byggas och rivas. Vunna territorier måste hållas till priset av näsblod och skrubbade knän. Och vilka man höll ihop med berodde i hög grad på vad pappa gjorde. Det var klassklamp i det lilla formatet, även om vi inte förstod det.

Det var också den motsättningen som låg under ytan på s-föreningens möte i Forum våren 1976.

Han som frågade vad jag gjorde var John Fröjd, ordförande i Metallklubben på verkstan. En kul liten farbror, vars mest framträdande drag var den enda framtand som tycktes finnas i munnen.

När man tänker tillbaka på kompisars föräldrar som skaffade löständer när de fick råd för att slippa besvär senare har det onekligen hänt en del.

De förhatliga flourtanterna och den brutala tandläkaren på skoltandvården betydde nog en hel del. Klassamhället syntes i munnen och börjar möjligen göra det igen, vilket politiker av alla kulörer upptäckt.

Pillemariske Fröjd verkade dock inte bry sig om sin enda framtand. Han visste naturligtvis mycket väl att jag gick på gymnasiet. Treårig humanistisk linje dessutom. Han visste också mycket väl att pappa var inköpschef på verkstan, att jag bodde i en hyggligt stor villa och aldrig skitat ner mig ens på sommaren i fabriken.

När jag svarade att jag gick på gymnasiet (vilket alla på mötet visste) kom omedelbart repliken:

"Är det då meningen att du ska peta ner fyra metallarbetare på listan?"

Nej, det var det naturligtvis inte. Arbrå s-förening hade fortfarande en egen lista i valet till Bollnäs kommunfullmäktige och över den bestämde i praktiken Metallklubben.

Det hjälpte inte att alla var oerhört glada över att SSU-klubben växt över alla breddar. Som mest var vi uppe i 56 medlemmar, betalande är väl bäst att understryka.

Det hjälpte inte heller att vi gått till mötet mangrant för att placera mig på valbar plats på listan. Enligt stadgarna hade alla utom jag varit med för kort tid för att få rösta. Kuppen gick inte att genomföra och gubbarna kunde andas ut. Jag hamnade på tiondeplats som ungdomskandidat.

"Ja, Victor Jara, du gav ord åt dom fängslades längtan till frihet
och åt dom plågades tro på en framtid där bara folket har makt
Och du gav styrka och mod åt dom förtrampades drömmar
Men mot dom rika och få sjöng du ut ditt förakt"

Hoola Bandoola Band
/Mikael Wiehe 1975

Efter militärkuppen i Chile den 11 september 1973 hamnade Latinamerika ännu mer i fokus. Och på skivtallriken hamnade Victor Jara, Quilapayun och Inti-Illimani.

Che Guevara, revolutionären från Argentina som blev en symbol.

Och lika bra var väl det. Efter valet fick jag ändå prova på kommunpolitiken så det räckte. Jag blev påläggskalv med mängder av uppdrag i styrelser och nämnder. När kommunalrådet inte kunde åka på konferens hände det att jag fick åka istället, mina 19 år till trots.

Jag var med och utredde SIA-skolans införande. Hamnade på kommunskolan i Sigtuna på en kurs där deltagarna skulle bestämma programmet själva. Sådan var tidsandan. Den flumskola som idag angrips häftig har onekligen sina rötter i 1970-talet.

Samtidigt var det inte så dumt att tillhöra den första kullen som fick gå i högstadiet när lärarna skulle börja rätta sig efter den senare så förkättrade läroplanen, LGR 69.

Visserligen blev mattekunskaperna ganska rudimentära med konstig mängdlära och häften som hette Hej matematik. Men var man någorlunda slängd i käften så kunde man glida genom utbildningen utan några större ansträngningar och ändå klara sig bra.

Cuba Libre pin.

Journalisthögskolan i början av 1980-talet var inget undantag från den regeln, snarare tvärtom.

Grupparbeten, vikten av att ifrågasätta och prioritering av muntlig framställning fostrade den tjattrande klass som idag märks överallt. Vårt sekulariserade samhälle har ett nytt prästerskap.

Dessutom hade vi som är födda i slutet på 1950-talet fördelen att vi kunde ta rygg på våra något äldre generationskamrater. De som tillhör de rekordstora barnkullar som föddes i euforin efter andra värdkriget och i början av 1950-talet.

Det är den rekordgenerationen som sett till att alltid få det bäst. Det är nog ingen tillfällighet att försämringarna i det nya pensionssystemet slår till för dem som är födda 1956 och senare. De som är lite äldre är många att se till att kapa åt sig i fortsättningen också. Var så säkra...

Men då när man växte upp var de som sagt bra att ha som vägröjare. Rekordgenerationen var de första tonåringarna som kunde ägna sig åt att slå dank och lyssna på rock. De var de första som kunde praktisera ett någorlunda fritt sexliv och gjorde det.

Vi något yngre lärde oss och gjorde likadant även när det gällde ifrågasättandet, uppkäftigheten och den politiska revolten.

Överhuvudtaget var det ganska bra drag då på 1970-talet över hela det politiska fältet. Centerungdomarna, som hade dubbelt så många medlemmar i Arbrå eftersom det var billigare att komma in på deras diskotek om man var medlem, kallades Åsa-Nisse marxister. De unga folkpartisterna under Per Garthon krävde löntagarmakt.

"School's out for summer
School's out forever
My school's been blown to pieces"
School's Out, 1972 Alice Cooper

BUSARNA FICK GÅ I TP

Till allt det andra som skulle hända under våra barn- och ungdomsår skulle vi också utbildas. Skolan var under dessa år en inrättning där inget hade hänt på lång tid, men där en massa saker nu skulle hända samtidigt. Ofta hängdes förändringen upp på ett ord eller en förkortning. Här är en liten guide till det skolsystem som gav oss ny matematik och mängdlära.

Basenhet: Samma sak som klass.
Centralt läromedel: Betydde lärobok.
FVA: Fritt valt arbete. På högstadiet fick eleverna ägna två timmar i veckan åt någon typ av hobbyverksamhet.
Hemklassrum: Betydde att större delen av lektionerna skulle hållas i ett och samma klassrum.
IC: Ingvar Carlsson, utbildningsminister i 70-talets början.
Kvartssamtal: Den pinsamma stund en eftermiddag/kväll när föräldrarna skulle komma till skolan för att prata med läraren om hur man klarade skolan.
LGR: Läroplan för grundskolan.
LGY: Läroplan för gymnasieskolan.
Lockout: I februari 1971 gick SACO ut i strejk och arbetsgivarna svarade med lockouter. Vad som var vad visste vi inte riktigt, men en hel del lektioner ställdes in. Vi blev djupt besvikna på de lärare som tillhörde TCO och inte omfattades av konflikten.
Lägerskola: "Eleverna får under några veckor i internatform studera i ny miljö, så att storstadsbarn får komma ut på landet och landsbygdsbarn in till städerna" Enligt Focus 1974.
MUT: Målbestämning och utvärdering. Betydde ungefär att eleverna skulle lära sig något i skolan.
OBS: Obs-klinik, observationsklinik. Här hamnade elever som till och med var för stökiga för att gå i en TP-klass.
OÄ: Orienteringsämnen.
Pryo: Praktisk yrkesorientering. Tre studiebesök i årskurs 8 och två veckors praktik i årskurs 9. Pryotiden innebar att man vistades på en arbetsplats och där fick springa och köpa kaffebröd.
PUKAS: Den studieordning som genomfördes på universiteten från 1969, som byggde på UKAS, med vissa ändringar (PUKAS – Olof Palmes revision av UKAS).
Relativa betyg: Betygen skulle ange om eleverna var sämre, bättre eller ungefär lika duktiga som sina jämnåriga i samma årskurs i hela landet (enligt fördelningsskalan 1: 7 procent, 2: 24 procent, 3: 38 procent, 4: 24 procent, 5: 7 procent).
Resurstimme: "Antalet lärartimmar i en klass som överstiger antalet elevtimmar". Vad? Jo, antingen blev klassen indelad i halvklasser eller så fanns en extra lärare i klassen.
SECO: Sveriges Elevers Centralorganisation. Ett försök att samla eleverna i en "fackförening". De mest aktiva Secomedlemmarna sitter i dag på olika politiska positioner.
SIA: Skolans inre arbete. Man talade om SIA-skolan. Vad det var eller om det infördes är ganska oklart.
SISK: Samarbete i skolan. Försök från SÖ med större skoldemokrati.
Stencil: Blåfärgad, näst intill oläsligt papper kopierat med spritstencil som allt mer skulle få ersätta de traditionella läroböckerna.
SYO: Studie- och yrkesvägledning.
SÖ: Skolöverstyrelsen. Ibland kom det till och med inspektörer från SÖ, vilket ledde till ett mindre nervsammanbrott hos lärare och rektorer.
Tillvalsämne: Ett av följande ämnen: franska, tyska, ekonomi, konst eller teknik.
TP: Teknisk- praktisk. I en särskild klass samlades skolans alla busar, och fick i stället för katederundervisning ägna sig åt att svarva saker eller laga bilar.
TTF: Timme till förfogande, Varje klass med självaktning utövade utpressning mot lärarna att få ledigt denna timme.
UKAS: Ett betänkande från Universitetskanslersämbetet 1968 om hur högskoleutbildningen skulle se ut i framtiden
USSU: Utredningen om sexualundervisningen i skolan. I väntan på att skolan skulle agera idkades i stället självstudier i produkter från H:son förlag.
Ämnesklassrum: Betydde att det fanns särskilda salar till vissa ämnen, som fysik och biologi. Vissa tekniskt avancerade skolor fick en särskild inlärningsstudio (IS). Där skulle eleverna sitta i bås och lyssna på engelska fraser och upprepa dem.

Visserligen missade vi som var lite yngre revolten 1968, men vänstervågen levde kvar. För sista(?) gången diskuterades de grundläggande maktförhållandena mellan arbete och kapital. Löntagarfondsdebatten var så het att Bollnäs socialdemokratiska arbetarekommun fick låna in studiecirkelledare från vänsterpartiet som fortfarande hette kommunisterna.

Inte underligt att partiledningen med Olof Palme i spetsen var bekymrade, liksom det privata näringslivet. På fullt allvar talades det om arbetarmakt. Pappers avdelning 15 i Iggesund ordnade studieresor till Jugoslavien för att studera arbetarägda företag. Långt innan de centrala löntagarfonderna blev verklighet köpte fackklubben aktier i det egna företaget för att få inflytande.

Det var det ena spåret i vänstervågen, självförvaltningen, att de arbetande skulle ta saken i egna händer. Liksom att medborgarna skulle få inflytande över skolor, vårdcentraler och Gud vet vad. Vi fick vara med om gillessocialismens sista dödsryckningar.

"Skillnaden går inte längre mellan socialism och kapitalism utan mellan socialism och etatism (statskapitalism)", föreläste en av självförvaltarnas främsta företrädare ▶

Världsbilden förändrades, och det ganska radikalt mot hur den hade sett ut tidigare.

Sid 15: Då demonstrerade man för 8 timmars frihet

AFTONBLADET

Grundad 1830 av LARS JOHAN HIERTA

Tel. 08/22 62 00 xxxx B 116 Onsdag 30 april 1975 Vardagar 1 krona

30 april 1975: Vietnam-kriget äntligen slut

SAIGON HAR KAPITULERAT

SAIGON (TT-AFP), AP, Aftonbladet) Saigon-regimens president Duong Van Ming tillkännagav i morse att regimen gått med på villkorslös kapitulation.

Han beordrade Saigonarmén att upphöra med fientligheterna och vädjade till FNL-sidan att göra detsamma.

Kapitulationen tillkännagavs i ett radiotal till nationen vid 3.30-tiden svensk tid i morse.

— Vi är här för att överlämna makten till er för att undvika blodsutgjutelse, sade Minh.

— Republiken Vietnams (Saigon-regimen) politik är en freds- och försoningspolitik som syftar till att spara vårt folks blod. Jag uppmanar alla soldater att upphöra med krigshandlingarna och stanna på de platser där ni befinner er.

— Jag kräver också att PRR:s soldater upphör med striderna och stannar på sina poster.

VÄDJADE I RADIO: LYD ORDER!

I samma sändning i Saigonradion vädjade general Nguyen Huu Hanh, biträdande generalstabschef, till alla generaler, oficcerare och soldater på alla nivåer inom Saigonarmén att lyda Minhs order.

— Alla befälhavare måste vara beredda att samarbeta med PRR i syfte att genomföra vapenvilan utan ytterligare blodsutgjutelse, sade han.

Under gårdagen och natten till i dag försökte Minhs speciella sändebud vicepresidenten Nguyen Van Huen och regeringsbildaren Vu Van Mau förhandla med PRR-delegationen som ständigt befinner sig på Tan Son Nhut-flygplatsen utanför Saigon.

De gjorde två besök där men kom tillbaka med oförrättat ärende.

EN MILJON DÖDA

Men i och med morgonens meddelande har Minh satt punkt för tre årtionden av krig i Vietnam, ett krig som har krävt över en miljon människoliv.

Saigon-officerare förklarade efter meddelandet om kapitylation att man inte hade något annat val. Kapitulationen kom bara några timmar efter att alla amerikaner evakuerats utom en handfull journalister.

Saigonbefäl klagade över att evakueringen orsakat panik inom armén och att många höga officerare och de flesta inom flygvapnet hade flytt och lämnat Saigon vidöppen för FNL-förbanden.

PRR:s KRAV: AVGÅ!

Någon reaktion har ännu inte hunnit komma från PRR, som tidigare krävt villkorslös kapitulation inklusive följande krav:

- Att alla amerikaner skulle lämna landet.
- Att Saigonregeringen skulle avgå.
- Att Saigonarmén skulle upplösas.

VIETNAMKRIGETS SISTA DAG

Sidorna 2, 6 och 7

Mitten: Aftonbladets Peter Knopps bildreportage

Saigons soldater kastar vapnen

Nu kastar Saigonsoldaterna sina vapen. Den nye Saigon-presidenten Duong Van Minh gav i morse svensk tid sina styrkor order att lägga ned vapnen och förklarade att regimen går med på villkorslös kapitulation.

BROSTRÖMS MÅSTE BETALA 285 MILJONER

för att bli förstatligade

Sidan 9

POLISUPPBÅD BEVAKAR MALMÖ I DAG

Tyskfalande mannen ringde igen till Aftonbladet — nya hot

Sista sidan

Månadens svensk

LENNART GEIJER, 66

som spelade en huvudroll i dramat på västtyska ambassaden

Sidorna 12 och 13

58 000 amerikaner dog i Vietnamkriget. Men totalt dog närmare en miljon beväpnade soldater i kriget, och 2-5 miljoner civila.

Mona Sahlin (då Andersson) hade redan som 16-åring åsikter om det mesta.

Kenth Högström, sedermera alldeles för tidigt bortgången socialdemokratisk riksdagsman.

På den andra kanten fanns statssocialisterna som krävde mer centralstyrning och i sin mest extrema form ville förstatliga de 200 största företagen. Förvirringen var total om vad det egentligen var för vänstervåg som gick över landet.

Olof Palme levde exempelvis i föreställningen att självförvaltarna var någon sorts bolsjeviker som ville införa ett sovjetsystem i landet. Inget kunde ha varit mer fel. I själva verket var den vågen en ganska frihetlig, individualistisk strömning.

De som kom att kallas förnyare är också de som haft lättast att acceptera den liberalisering som blev facit efter det radikala 1970-talet.

Själv lämnade jag då politiken och blev journalist. Jag var för mycket rabulist för att inordna mig i en partifålla. Jag såg allt för många desillusionerade aktivister och funktionärer för att vilja riskera att bli en själv. Bättre då att bli betraktare och granskare.

Just den ökade individualism är säkert också en förklaring till partiernas kris. Medlemsantalet faller och på många håll dör bokstavligen föreningarna ut. Partiväsendet har inte förmått att anpassa sig till de ifrågasättande, självständigt tänkande individer som det moderna samhället fostrar.

Det blev så småningom väldigt påtaglig när omsvängningen blev total. Plötsligt var det högern som ställde tidens frågor. Löntagarfonderna gick så småningom definitivt i graven och arbetsgivarna i SAF drev ”satsa på dig själv”. Socialdemokraterna regerade, men marknaden och liberalismen segrade.

Vi fick våldsamma diskussioner om privat barnomsorg. Men Pysslingen genomfördes. Vi fick fritt skolval och friskolar. Vi fick privat drivna vårdcentraler och ett och annat privatägt sjukhus. Valutaregleringen hävdes och kronan släpptes fri. Statliga verk blev bolag. Ämbetsmän förvandlades över en natt till direktörer med mångdubbla löner och fallskärmar. Det blev avregleringar och konkurrensutsättning.

Låg inflation blev det allt överordnade målet och arbetslösheten har fastnat på en nivå som vi på 1970-talet inte kunde föreställa oss våra vildaste fantasier.

Demonstrationer kunde äga rum på de mest märkliga platser.

FNL-märket. Enligt myten skulle ett ”äkta” märke vara tillverkat av aluminium från ett nedskjutet amerikanskt bombplan.

Lars Engqvist – långt, långt innan han blev minister och landshövding.

Synen på Mellanösternkonflikten började förändras. Och palestinasjalen blev en mode- och vänstersymbol.

Samtidigt ökar reallönerna, de som har jobb får det bättre och bättre. Klyftorna ökar lika mycket när socialdemokraterna styr som när de borgerliga får chansen.

Sverige blev som vilket västland som helst. Den svenska modellen finns bara i högtidstalen.

Kvar är dock det starka samhällets fundament: Att välfärden ska betalas solidariskt via skattsedeln.

Den uppfattningen har numera alla inklusive ”de nya moderaterna”. Men i vilken form vård, skola och omsorg ska produceras har i princip ingen betydelse.

Även om motståndet mot privat vård och friskolor lever kvar i vänstern, inte minst i valretoriken.

Kanske kan man säga att vi som växte upp under 1960- och 1970-talen har fått vara med om en historisk kompromiss.

Borgerligheten har accepterat att höga skatter ska garantera att alla får en hygglig trygghet, istället för att var och en ska ta hand om sig själv.

Den omfördelningen har blivit så allmänt omtyckt att ingen har något att vinna på att ifrågasätta den.

Å andra sidan har vänstern fått lägga alla ambitioner att göra något åt de grundläggande maktförhållandena i samhället på hyllan. I en globaliserad värld är de meningslösa.

De politiska motsättningarna har reducerats till hur folk ska få det så bra som möjligt. Vilka metoder och system som är bäst för att uppnå det gemensamma målet om medborgarnas drägligast möjliga tillvaro.

Större visioner än så har varken Mona Sahlin eller Fredrik Reinfeldt. Pragmatikerna och samhällsingenjörerna har definitivt tagit över. Det blir tryggt, men andefattigt.

Det har varit en lång resa från Forum i Arbrå våren 1976. Klasskampen lyser med sin frånvaro, saknad av få. ■

Anders Jonsson

Knappen. En politisk kampanj började alltid med en knapp. Utan knapp kände sig vänstern (och ibland även högern) naken.

Tre starka bilder i medvetandets album

Tre bilder från 60- och 70-talet som etsat sig fast, omöjliga att glömma, och så påverkat vår generations världsbild.

Saigon, 1 februari 1968

Polischefen i Saigon för ut Nguyen Van Lem, en tillfångatagen FNL-soldat på en gata och avrättar honom med pistol. Händelsen utspelas under den så kallade Tetoffensiven.

Kameran följer händelsen från det att soldaten ställts upp fram till det han ligger blödande och döende på gatan.

Saigons polismästare, Nguyen Ngoc Loan, avrättade den misstänkte FNL-anhängaren utan att tänka på att fotografen Eddie Adams, som arbetade åt NBC och AP, står bredvid. Adams belönades 1969 med Pulitzerpriset för bilden och tv-bilderna. Efter Vietnamkrigets slut flydde polismästaren till USA där han drev en pizzeria. I juli 1998 avled Nguyen Ngoc Loan av cancer i sitt hem i Virginia. Fotografen, Eddie Adams, avled i september 2004 efter en lång och framgångsrik karriär.

Václavplatsen i Prag, 19 januari 1969

Den unge studenten Jan Palach häller bensin över sig själv och tänder på. Ett öppet självmord i protest mot den sovjetiska invasionen av Tjeckoslovakien.

Efter att Alexander Dubcek utsetts till generalsekreterare i Tjeckoslovakiska kommunistpartiet 1968 inledde han försöken med att reformera kommunistpartiet och den tjeckoslovakiska staten, en process som kallats Pragvåren. Den sovjetiska invasionen som inleddes den 21 augusti 1968 satte definitivt stopp för reformeringen och Dubcek avsattes. En ny Moskvatrogen regim tog över. Jan Palach självmord var en protest mot den sovjetiska invasionen. Redan några veckor efter invasionen hade en polsk jurist och veteran från polska motståndsrörelsen, Ryszard Siwiec, bränt sig själv till döds i Warszawa i protest mot invasionen i grannlandet.

Begravningen av Jan Palach den 26 januari 1969 utvecklades till en massprotest mot den nya regimen med deltagande av en halv miljon människor.

En månad efter Jan Palachs självmord följdes han av ännu en protesterande student, Jan Zagic, som den 25 februari tände eld på sig själv vid Václavplatsen.

Framför nationalmuseum i Prag finns i dag ett minnesmärke över Jan Palach och Jan Zagic.

Byn Thon Gia Huyn i sydvästra Vietnam, 2 juni 1972

Amerikanska bombplan har fällt napalmbomber över byn och byinvånarna som försökt skydda sig undan attacken är nu på flykt. Den lilla nioåriga flickan Phan Thi Kim Phuc har träffats av brinnande napalm och springer gråtande mot en fotograf.

”När vi närmade oss byn kunde vi se de första flyende människorna. Jag tänkte ”Herre Gud” när jag plötsligt såg en kvinna vars vänstra ben var svårt bränt av napalm. Sedan kom en kvinna bärande på ett litet barn som hade dött, sedan en annan kvinna med ett barn vars hud var på väg att falla av. När jag tog bilder av dem hörde jag ett skrikande barn och såg en liten flicka som tagit av sig alla sina brinnande kläder. Hon skrek till sin bror som fanns till vänster om henne. Just före napalmen släpptes ned hade sydvietnamesiska soldater ropat åt barnen att springa, men det fanns ingen tid att hinna undan”, berättade fotografen Nick Ut i en intervju 1999.

Nick Ut kommer ihåg att flickan skrek ”Nong qua, nong qua” (för varmt, för varmt) när hon sprang förbi honom. Nick och en annan korrespondent hällde vatten på henne, och tog henne och hennes skadade bror till ett sjukhus i Cu Chi. De följande åren fick hon gå igenom ett flertal operationer både i Vietnam och Tyskland.

– Jag sprang en kilometer på vägen, sen föll jag ihop. Jag minns ingenting förrän jag vaknade på sjukhuset. Två dagar senare hittade mina föräldrar mig där. Alla på sjukhuset trodde att jag skulle dö, berättade hon för Aftonbladets Gunnar Fredriksson 1985.

Phan Thi Kim Phuc emigrerade till Kuba och därifrån till Kanada. Hon lever i dag med sin familj i en förort till Toronto, Ontario, och driver en stiftelse för att stödja barn som blivit krigets offer och hon är hedersambassadör för Unesco.

Bilden av Kim Phuc bidrog ytterligare till att skärpa opinionen mot Vietnamkriget. Den kom att spela en så stark roll att president Richard Nixon rent av spekulerade i att medierna skulle ha arrangerat bilden och händelsen

Marx, Mao och Myrdal

insänt:

Har Du något på hjärtat, som Du vill att andra läsare skall få ta del av så skriv till Frihet, Box 1311, 111 83 Stockholm.

Studentförbundet vrider galet! Gå med i SSU

Socialdemokratiska studentförbundet presenterade för en tid sedan, bl. a. i sin tidning Libertas, teckningen med rubriken "Vrid åt vänster!" Viljan att vrida SAP åt vänster illustreras av en hand, en skiftnyckel samt en deformerad tapp med påskriften SAP.

Att hand och skiftnyckel skakar våldsamt framgår av vibrationerna i dess omgivning. Om detta beror på rädsla inför uppgiften eller annat framgår inte i den till teckningen anslutna texten.

Man säger sig vilja vrida åt vänster. Men detta kommer inte att lyckas!

Dels är skiftnyckeln felvänd, vilket innebär att den kommer att skadas vid hård belastning. Tyngden faller på den rörliga delen, som då skulle brista. Dessutom fattar handen verktyget allt för nära käftarna, vilket medför att verktygets konstruktiva kraft inte kan utnyttjas. Det gäller dessutom att inte vrida tappen för långt åt vänster, eftersom den då lätt kan tappa fästet i det underlag den är avsedd att sitta fast.

Detta är enkla fakta, som vi på verkstadsgolvet känner till. Kontakten med praktiskt arbete har skapat den insikten.

Vill man åstadkomma något med de instrument man skaffat, gäller det att inte använda verktygen så att man förstör dem. Dels gäller det att använda rätt verktyg. I det ovan nämnda exemplet hade en rörtång varit i särklass effektivast beroende på tappens form.

Om studentförbundet haft bättre kontakt med sina förvärvsarbetande kamrater i SSU så hade valet av verktyg och sättet att använda det säkert blivit ett annat.

Kort sagt, kom med i SSU!

SSU-are på verkstadsgolvet

Aldrig har så få hörts så mycket och verkat som så många. De revolutionära marxisterna och maoisterna var aldrig särskilt många i Sverige. Men jämfört med sin storlek så hördes och syntes de mycket.

De var helt enkelt flitiga. I likhet med andra sekter uppmuntrade de sina medlemmar att ägna all sin lediga tid åt gruppens verksamhet, ibland till och med mer än så.

De höll möten och diskuterade och skrev resolutioner och uttalanden. De demonstrerade, gav ut tidningar eller skrev och spred stencilerade flygblad med tättskriven text. De uppmanade till strejker och elevprotester.

Men i allmänna val spelade de aldrig någon större roll. Vänstern bortanför det dåvarande VPK fick som mest 0,5 procent av rösterna i riksdagsvalen 1970 och 1973.

KFML som senare blev SKP svarade för toppnoteringen 1970 när de fick 0,4 procent. Det innebär 21 238 röster. Enligt uppgift hade partiet vid samma tid 2 300 medlemmar.

Fast i den allmänna debatten kunde det se ut som de var betydligt starkare i slutet på 60- och början på 70-talet.

Ibland kallas det för ´68-vänstern. Men vad var det som hände då egentligen?

Under senare delen av 60-talet utökade USA sitt militära engagemang i Vietnam. Protesterna mot USA:s anfallskrig växte över hela världen, i Sverige främst genom DFFG, De Förenade FNL-grupperna.

De lokala FNL-grupperna stod utanför Systemet och samlade in pengar till FNL och sålde Vietnambulletinen. Men FNL-grupperna blev för många också inkörsporten till de nya vänstergrupperna.

Majrevolten 1968 i Frankrike inspirerade den nya vänstern. Den hade börjat med omfattande studentdemonstrationer i Paris, men fick efterföljare på de franska arbetsplatserna. En våg av strejker och fabriksockupationer lamslog landet och fick rent av president de Gaulles regering att vackla.

Många studenter som deltog i den svenska kårhusockupationen 1968 trodde att samma sak skulle hända i Sverige. Studenterna skulle visa vägen i revolten, och arbetarna skulle följa efter.

Men kårhusockupationen upplöstes efter några dagar och det blev inga landsomfattande protester.

Fast vänstervågen var inte över för det. Det märktes inte minst på trängseln på Stockholms gator på 1 maj 1969.

Förutom de traditionella partierna, socialdemokrater och kommunister, demonstrerade det kinesiskt inspirerade KFML, syndikalister och olika anarkistiska grupperingar.

Och det alternativa Röd front uttryckte i än högre grad tidsandan. Enligt dem som var med bestod det av: "En rad radikala solidaritetsrörelser för Vietnam, Södra Afrika, Latinamerika, Tjeckoslovakien och Black Power [som] trängdes med byalagsaktivister, värnpliktsvägrare, u-landsföreningar och alternativrörelser mot konsumtionssamhället och social utslagning."

Gamla och nya tänkare lyftes fram och

hyllades. För en del var det Kinas Mao, för andra Marx, Lenin och Trotskij. Fast tolkningarna gick ofta isär, när uppfattningarna var olika på stormötena kunde det utmynna i att den redan lilla gruppen splittrades i minst två.

Hos både segrarna och förlorarna resulterade det i nya "medvetandehöjande grupper". För nya anhängare skulle invigas i den rätta vägens tänkande.

Det var aktion, demonstration eller ockupation. Men allt för ofta förslösades all energi på dogmatism och sekterism.

Att vänstergrupperna fick så pass stor betydelse berodde säkert till en stor del på att en rad kända kuturpersonligheter anslöt sig till det nya.

Sara Lidman och Jan Myrdal skrev romaner, rapportböcker och debattartiklar som alla läste och skulle förhålla sig till.

Konstnärer som Channa Bankier och Carl Johan de Geer gjorde affischerna till demonstrationer och möten.

Den revolutionära rörelsen behövde både dokumenteras och skaffa sig utåtriktade instrument för att nå "massorna".

Filmcentrum producerade film, Narren och Fria Proteatern spelade teater. I de större städerna kryllade det av bokcaféer som spred den "medvetna" litteraturen. Och ute i Waxholm riggades inspelningsapparaturen för att spela in de medvetandegörande sångerna, och proggmusiken på Musiknätet Waxholm.

En Vietnamdemonstration i Stockholm hade sitt självklara slutmål utanför den amerikanska ambassaden vid Gärdet. Lundaforskaren Kim Salomon brukar berätta om FNL-gruppen i Örebro. I brist på lämplig amerikansk måltavla för sin demonstration bestämde de sig för att avsluta den utanför KappAhls.

Det gick några år, och det mesta tynade ut. En del av de gamla vänsteraktivisterna blev journalister, andra blev män och kvinnor i staten, andra blev helt vanliga människor som går på föräldramöten och skaffar villa i förorten.

Var det inte Karl Wennberg, då kulturchef på Aftonbladet, som skrev att "Utgången av 70-talet beror på hur vänstern förmår hantera sin besvikelse"?

Det var i alla fall Janne Josefsson som vid samma tid skrev boken "Behöver vänstern gå i terapi?".

Förkortningarnas värsta tidsålder:

1967 bildades **KFML**, Kommunistiska Förbundet Marxist-Leninisterna, som en utbrytning ut **VPK**, som på kongressen samma år bytt namn från **SKP**, Sveriges kommunistiska parti. Vänsterkändis: Gunnar Bylin, Bo Gustafsson, Sköld Petter Matthis. Gillade: Kina.

KFML(r), Kommunistiska Förbundet Marxist-Leninisterna (revolutionärer), blev resultatet av en utbrytning ur KFML 1970. Från början hade de sitt starkaste fäste i Göteborg. Vänsterkändis: Frank Baude, sångaren Dan Berglund, skådespelaren Sven Wollter. Gillade: Sovjet under Stalin, Albanien.

1969 bildas det trotskistiska **RM**, Revolutionära marxister, och 1970 Bolsjevikgruppen i Lund. De går samman till **RMF**, Revolutionära Marxisters Förbund i januari 1971, och byter 1975 namn till Kommunistiska Arbetarförbundet, **KAF**. I riksdagsvalet 1973 fick RMF 1 300 röster.

En annan trotskistisk riktning verkade inom socialdemokratin, samlad i tidskriftsföreningen Offensiv bildad 1973. Detta var en inbrytning snarare än en utbrytning ur socialdemokratiska ungdomsförbundet **SSU**. Deras hemliga verksamhet gick under namnet **TISA**, Tendensen inom svensk arbetarrörelse. Vänsterkändis: Sture Nordh, **TCO**-ordförande.

MLK, Marxist-Leninistiska Kampförbundet, bildades 1970, som en utbrytning ur **VPK**s ungdomsförbund **VUF**. Vänsterkändis: Gudrun Schyman.

Rebellrörelsen växte fram i Uppsala och existerade en kort tid 1968. De var extremt Kinatrogna, och deras ständigt upprepade favoritcitat av Mao var "Bonderörelsens nuvarande uppsving är en väldig tilldragelse".

FK, Förbundet Kommunist, bildades som en utbrytning ur MLK. Vänsterkändis: Anders Carlberg, Fryshuset.

Svenska Clartéförbundet var en ungdomsorganisation på vänsterkanten som blev en inkörsport för många av de andra grupperna, främst KFML.

FAM, Förbundet Arbetarmakt, anarkistisk gruppering startad 1973.

Och **SKA**, Svenska Kommunistiska Arbetarförbundet, **MLF**, Marxist-Leninistisk Fraktion, och en massa andra. För att sedan inte tala om alla stöd- och aktionsgrupper, som till exempel **KRUM**, Förbundet för Kriminalvårdens Humanisering.

Tidningarna: Mullvaden (RMF), Gnistan (KFML/SKP), Vietnambulletinen (DFFG), Stormklockan (MLK), Proletären (KFML®), Rödluvan (Röd ungdom), Arbetarmakt (FAM)

INNEHÅLLER 10 LITER=
10 ST
NORMALPAKET
PRIS ENDAST:
EKONOMIPAKET
för tvättstugan
NYA
Surf
NU
ännu bättre
till maskintvätt
!

Vilken husmor kunde klara sig utan en flaska Dilutin i städskåpet?

Vår kemiska ungdom

Ingen Al Gore, inga power-pointpresentationer, inget klimathot. Däremot allt fler och allt underligare kemikalier och ämnen, både på oss, i oss och runt oss. På tidigt 60-tal var miljön liksom inget problem ännu.

Några kanske hade läst Rachel Carsons ”Tyst vår” från 1962, den första av många väckarklockor i miljöfrågan.

Enda miljöinsatsen var när vi som skolbarn blev utkommenderade till någon skogsdunge att plocka skräp. ”Håll naturen ren” hade lanserats av Svenska Naturskyddsföreningen 1962, och vi fick leta glasspapper och ölburkar.

Den första rejäla svenska väckarklockan var när Hans Palmstierna kom med sin bok ”Plundring Svält Förgiftning” 1967. Samma år bildades Statens Naturvårdsverk. Två år senare den första miljöskyddslagen.

En del som gjordes var omedvetet miljömedvetet. Långt innan allt såldes i plåttub, plastflaska eller glasburkar med omöjlig form hade senapsförpackningen ett näst intill evigt liv.

När senapsburken var tom diskades den ur och fick tjänstgöra som dricksglas. Den lite rundade formen passade utmärkt att dricka saft ur. Likadant var det med geléglasen, fast de var lite mindre.

Det var då det.

Jämsides med att miljömedvetandet började växa fram hade förpackningsindustrin bestämt att alla förpackningar skulle gå direkt ned i sopnedkastet.

Och i en tid när den kemikaliska användningen växte lavinartat brydde sig inte så många om hälsoriskerna. Ogräs bekämpades med DDT, det stod en flaska Dilutin i städskåpet och vi som växte upp på 60-talet har nog alla en sträng av märkliga kemiska produkter begravda i kroppen.

Skiftet 60- till 70-tal betydde också en förändring i synen.

DDT förbjöds tidigt 70-tal, PCB 1972, hormoslyr (som gjordes av BT Kemi i Teckomatorp) förbjöds 1977, och samma år fick eternitfabriken i skånska Lomma slå igen.

Fast allt skedde under motstånd. Någon gång på tidigt 70-talet ställde sig en skogsdirektör inför tv-kamerorna och drack en kopp hormoslyr.

Den första mediala miljödebattören Björn Gillberg brukade kontra. Som när han inför tv-kamerorna tvättade sin vita skjorta i gräddersättningsmedlet Prädd.

Men rätt tidigt insåg man att lim nog innehöll en del farliga saker. Barn och ungdom borde således skyddas från dessa produkter.

Utom Björnklister.

Björnklistret var så ofarligt att det till och med gick att äta.

Att det gick att äta betydde naturligtvis inte att man nödvändigtvis skulle äta det, men det gjorde vi.

Klistret hade en speciell doft, som lär påminna om blåsyra. Smaken var däremot ganska neutral.

Som klister betraktat var det däremot en katastrof.

Björnklister såldes i runda gröna plastburkar med vitt lock. Inne i burken fanns det en speciell behållare för en vit plastpaddel, med vilken man skulle stryka ut klistret.

Men för att fästa krävdes det rätt mycket klister. När det torkat var det som om det satt en stenhård kaka bakom det klistrade, som något som bakats med allt för mycket mjöl.

Torkade gjorde också klistret i burken. Eftersom det innehöll en hel del vatten i stället för andra lösningsmedel var det i stort sett bara användbart när det var färskt och nyinköpt. Sedan krympte innehållet ihop i en del av burken. Omöjligt att forma, omöjligt att klistra med.

Björnklistret gjordes av Barnängens Tekniska Fabrik, och försvann så småningom, åtminstone som varumärke. Fast ett liknande klister finns faktiskt kvar i Italien under namnet Coccoina.

Coccoina finns till salu även i svenska specialbutiker för konstnärer, grafiker och reklamateljéer. Vad de nu använder det till?

Wall of shame i Herrljunga och tre skott i Nyköping

Det är något lätt tragiskt över ett hotell som framhåller det faktum att en av Sveriges mest kända brottslingar greps där som en anledning att besöka stället. Så är det i alla fall med Gyllene Kärven i Herrljunga. På hotellets hemsida uttrycker man det så här:

"Det hotellet är mest känt för är fångatagandet av Clark Olofsson år 1976 då han satt i våran matsal och åt middag och drack "grogg" när polisen kom efter rånet i Göteborg. Detta kan man läsa allt om på våran "Wall of Shame" där samtliga tidningsutklipp från den händelsen hänger. Varför inte sitta på Clark's stol och avnjuta en middag och låta dig tas hand om våran duktiga personal."

Obestridligt är att Clark Olofsson greps på hotellet 24 mars 1976.

Då hade han varit Sveriges mest kände brottsling i tio år.

Clark föddes i Trollhättan 1947, men framåt tioårsåldern hade familjen, bestående av honom, mamman och två systrar, flyttat till Göteborg efter faderns död. 15 år gammal gick Clark till sjöss.

Hemma igen hamnar han som det hette "i fel kretsar" och gör sig skyldig till småbrott. Det blev ungdomsvårdsskola för Clark 1964. Men Clark rymmer och gör sig skyldig till nya brott. I februari 1966 döms han till tre års fängelse. Men redan samma vår rymmer han från fängelset i Tidaholm.

När han sitter på häktet i Nyköping träffar han första gången Gunnar Norgren.

"En typisk biltjuv, tänkte jag när jag såg min rumskompis.

– Vi ska visst bo ihop ett tag, sa jag. Jag heter Norgren och har åkt fast på en förfalskningshistoria. Har du stu it bilar?

– Det också. Men nu sitter jag för att jag slog ned några snutar utanför Hellbyfängelset", berättar Gunnar Norgren och deras första möte i boken "De tre skotten".

Clark tar nu efter rymningen kontakt med Gunnar Norgren, som frisläppt från sitt straff prövat på den smala vägen i hemstaden Nyköping:

"Efter ett par veckor på tomgång uppsökte jag Charles Westerberg & Co [familjeföretaget där sonsonen, talman Per Westerberg (m) grundlade sin förmögenhet] och frågade om det fanns arbete åt mig. Det fanns och jag fick genast börja. Firman tillverkar elektrisk armatur.

Förtjänsten var inte så dålig men jag vantrivdes med arbetskamraterna. Bara en vecka stod jag ut".

När Olofsson hör av sig bestämmer de sig för att realisera rånarplaner de diskuterat på häktet och kåken. Norgren beger sig till Göteborg:

"Olofsson hade sprit hemma och vi blandade genast var sin grogg. Sedan började vi diskutera planerna på att skaffa vapen. Hela dagen gick vi igenom detaljplanerna. Emellanåt satt vi tysta och lyssnade till Beatles på skivspelaren. På kvällen kom Olofssons flicka hem och lagade mat åt oss. Sen tittade vi på tv.", skriver Norgren.

Den 29 juli 1966 händer det som är inledningen på Clark Olofssons liv i offentligheten. Han och Norgren gör inbrott i en sportaffär i Nyköping, för att stjäla ett tält och lite andra saker. Två poliser upptäcker inbrottet och försöker gripa de två männen. När polismannen Ragnar Sandahl försöker tillkalla förstärkning skjuts han ned av Norgren.

Jakten på de två unga brottslingarna följs av hela den svenska befolkningen. Polisinsatserna tycks vara som störst där Olofsson och Norgren inte befinner sig. När de i själva verket befinner sig i Stockholm upprättar polisen vägspärrar i Göteborg.

Själv sitter jag i baksätet på en Volvo Amazon som tvingas stanna till inför jättelånga köer in mot Göteborg. Min bror ska iväg till England och ska flyga från Torslanda. Men ska vi hinna med de här köerna? På bilradion spelar de "Strangers in the night" med Frank Sinatra. När vi väl kommer fram till polisspärren lyser några poliser in i bilen med ficklampa och kontrollerar bagageutrymmet.

Norgren och Olofsson tar sig så småningom till Göteborg. Men det är en snårig väg dit. Under flykten från Nyköping tillbringar de först flera dagar i Stockholm, där de bland annat rånar en bank på Östermalm. När de tar sig till Göteborg gör det det via Visby. Först med färja från Nynäshamn till Visby, sedan därifrån till Oskarshamn, och så med tåg därifrån till Göteborg.

Men efter bara några dagar där grips först Gunnar Norgren den 16 augusti.

Clark Olofsson håller sig undan på rymmen i en månad. Han grips på kvällen den 25 augusti i Grimmaredsskogen i Västra Frölunda. Polisen har haft telefonavlyssning på Clarks 20-åriga flickvän och fått reda på att de ska träffas i skogen. Två polismän utklädda till orienterare griper Clark Olofsson. Han döms till tio års fängelsestraff, vilket mildras i hovrätten till åtta år.

Ur De Tre skotten:

"Försvarsadvokaten sade till Gunnar Norgren:

– Om du kunnat vrida klockan tillbaka och börja om, vad skulle du då företa dig?

Norgren:

– Det är svårt att säga. Men att Olofsson och jag möttes var otur. Det var som att blanda två speciella kemiska ämnen. Vid förening åstadkommer de en explosion."

1979 släpptes Gunnar Norgren, och har sedan dess levt ett anonymt liv i Norrköping.

Den 4 februari 1969 rymmer Olofsson på nytt. Denna gång grips han i Frankfurt på väg till Kanarieöarna. Men redan efter jakten 1966 är han inte vilken Clark eller Olofsson som helst. Clark Olofsson har blivit vår första mediebrottsling. Det är lite stjärnstatus över honom, och tidningarna skriver om en brottsling som de aldrig gjort förr.

Från någon av alla sina rymningar intervjuas han direkt i Kvällsöppet. Och tonen i rapporteringen är allt annat än fördömande.

Som i Expressen den 14 februari 1971:

"När Clark inte pluggar på sin studentexamen på en av Kumlafängelsets två studieavdelningar kämpar han för sina medfångars rättigheter och framtid.

Han är inte vad man säger en 'välanpassad' fånge utan oknäckt, klarsynt och framåt. Dagligen möter han och hans kamrater – liksom alla andra människor som revolterar mot etablerade system – ett massivt motstånd från anstaltshierarkin."

1973 blir Clark Olofsson inblandad i det så kallade Norrmalmstorgsdramat när rånaren Janne Olsson, som tagit gisslan, kräver att Olofsson ska föras till bankvalvet. Olofsson åtalas efteråt för delaktighet.

Den 20 mars 1975 genomförs en fritagning av Clark Olofsson från Norrköpingsfängelset med hjälp av en lastbil. Han är efter det på rymmen i ett år.

Efter flera rån i Sverige och Danmark lokaliseras han av belgisk polis och omringas utanför Bryssel den 15 januari 1976. Men han lyckas skjuta sig ur polisspärren.

Olofsson lyckas hålla sig undan länge, men i mars är han tillbaka i Sverige och den 24 mars rånar han Handelsbanken i Göteborg. Rånarbytet är på 930 000 kronor, det dittills största i Sverige. Clark flyr österut i bil och lyckas passera ännu en vägspärr.

På en bensinmack i Ucklum i Västergötland stannar han till och köper en bensindunk och ett paket ris.

Klockan 22.30 sitter han avslappnad på Gyllene Kärven i Herrljunga och dricker grogg. Han har blonderat håret och satt på sig glasögon för att förändra sitt utseende. Men polisen har fått upp spåret efter honom och kan gripa honom inne på krogen.

I hans bagage hittar de 230 000 kronor av rånarbytet. De resterande 700 000 har inte återfunnits. Dunken? Ja, teorin är att han stoppade pengarna i dunken, att riset skulle hålla fukten borta, och att allt grävdes ner någonstans.

Under den fortsatta fängelsetiden studerar han på journalisthögskolan, och 1980 gör han praktik på tidningen Arbetaren. De som jobbade med honom då berättar att han var relativt flitig, men att han definitivt var den ende på redaktionen som kom i en ny Mercedes till jobbet.

Lördags-EXPRESSEN
S★
– den har / STING
VARDAGAR 50 ÖRE
SÖNDAGAR 60 ÖRE
5 öre högre pris på tåg och båtar
LÖRDAGEN DEN 30 JULI
1966 nummer 202 från starten 7674
Tel: Sthlm 22 48 00
Tel: Riks 08/22 48 20

● – Ligger gamla människor med varann?

Repliken är typiska för yngre människor. De tror att kvinnans sexuella behov och begär upphör med klimakteriet och att mannens könsdrift slocknar efter 60.

Det är en oerhörd missuppfattning!

– Vi måste göra klart för oss att fysisk kärlek inte längre bör betraktas som ett privilegium för unga människor och att sexualtabut för gamla bör avskaffas så snart som möjligt, hävdar Expressens medicinske expert BERNT BERNHOLM i en artikel i dag. Med den artikeln inleder han en högintressant artikelserie Mittuppslaget

EXTRA

HAN

OCH HANS KAMRAT

JAGAS

av hela Sveriges polis

för skotten i Nyköping

□ Ett av de största polisuppbåden på länge jagade natten till lördagen de två misstänkta för skottdramat i Nyköping, då kriminalassistent Ragnar Sandahl sårades livsfarligt. Poliser avbröt eller uppsköt frivilligt sina semestrar för att delta. Offsetbiträdet Hans Gunnar Christian Norgren, 23, Nyköping, är en av de två misstänkta. Hans fingeravtryck har påträffats vid den källare där kulsprutepistolskotten föll. Han är i sällskap med en 19-årig, ännu så länge anonym yngling. Norgren har döpts till "mannen med pekfingret". Hans vänstra pekfinger saknar yttersta leden. SIDAN SEX

ALLT OM VM-

finalen på Sporten i dag och i Bild-Extra i morgon!

SEX efter SEXTIO

PROSTITUERAD

vill betala skatt som erkänd

YRKESKVINNA!

SIDAN 9

Men någon användning yrkesmässigt för kunskaperna fick han knappast. På 80-talet flyttade han till Belgien och bytte namn till Daniel Demuynck. Fast återigen gjorde han sig skyldig till nya brott i Sverige som han dömdes för.

Senast i raden av domar är den från 1999 när rätten i danska Fredrikssund dömer honom för att ha smugglat in 49 kilo amfetamin i Danmark till 14 års fängelse. 2005 frigavs han från det danska fängelset.

Fast ingen tror väl att den sista delen i historien om Clark Olofsson ännu är skriven.

Jan Olsson, gisslanstagaren från Norrmalmstorgsdramat, lever i dag i Bangkok, Thailand.

I en AP-text skriven om Olofsson 1976 uttalar sig en annan person som så småningom skulle bli beryktad – Ebbe Carlsson – om Olofsson:

"Olofsson är en mediaskapelse. Men jag måste också medge att han är modig, duktig och intelligent".

Här sitter Gunnar Norgren, 36 kilo, och tynar bort i sin fängelsecell. På det här sättet har han nu blivit "vårdad" i åtta år, skriver hans kamrat Clark Olofsson i den här SE-artikeln.

Polismordet han dömdes för

■■ Sommaren 1966 var Gunnar Norgren 23 år och Clark Olofsson 19 år. Båda hade dystra bakgrunder och fängelsevistelser bakom sig. Vid ett inbrott i Nyköping överraskades de av polisman Ragnar Sandahl. Norgren sköt mot honom med en kpist och dödade honom.

Ett jättelikt polisuppbåd jagade dem. De båda ynglingarna hann med ett bankrån i Stockholm innan de greps. Clark Olofsson höll sig undan ända till augusti. Då han togs av två poliser i Göteborg avlossades ett skott från hans pistol.

■ Norgren dömdes till 12 års internering (lagens strängas för polismordet och Olo 10 års internering för mor Hovrätten sänkte Olofsso till 8 år.

Gunnar Norgren rym Västervik i juni 1968 o ner en polis med en s

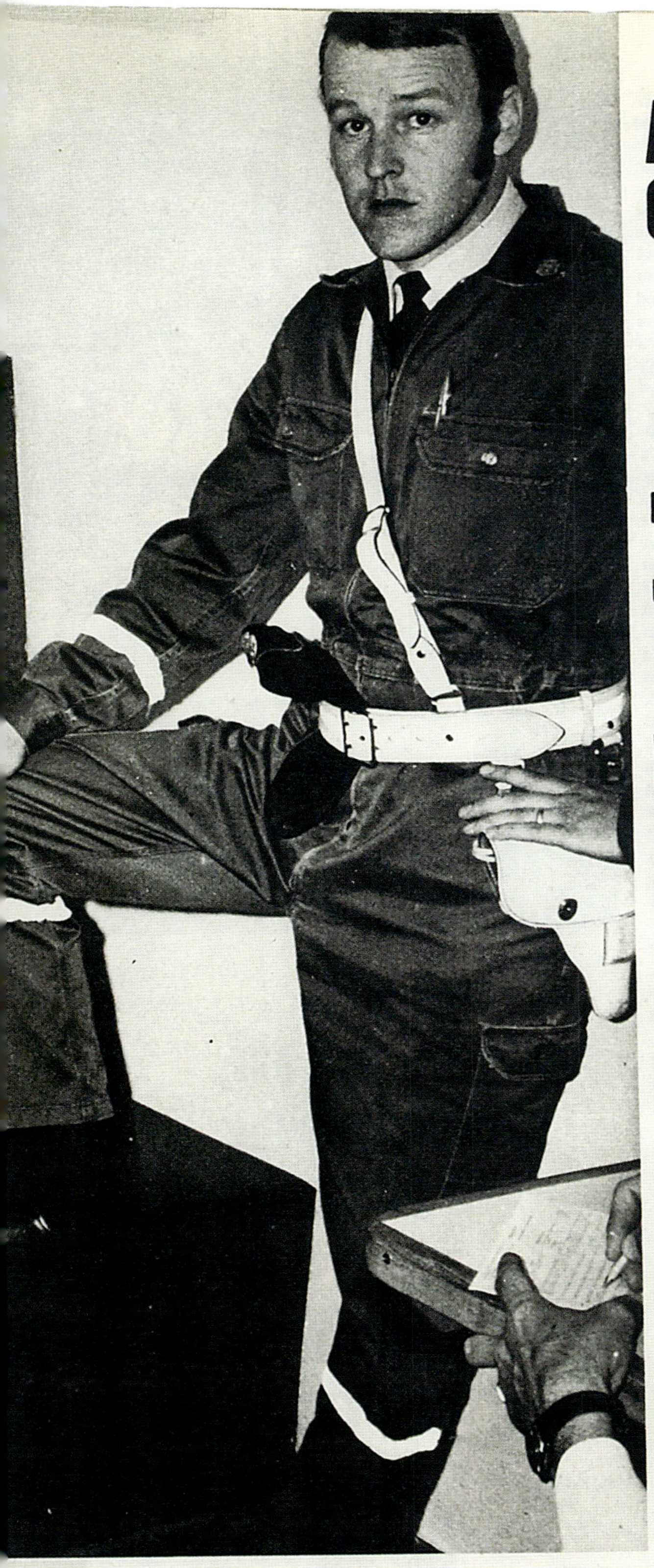

Av Clark Olofsson

Jag förstår inte att han ännu lever!

reps efter ett dygn och fick i ovember samma år för andra ången 12 års internering. Somnaren 1971 rymde han igen vid n permission men var fri bara i 7 timmar.

Clark Olofsson rymde vintern 969 till Spanien och greps efter några månader i Frankfurt. 1972 rymde han igen från en öppen anstalt i Bohuslän, och försvann på nytt utomlands, men återvände. I augusti 1973 blev han medelpunkt för intresset kring bankdramat vid Norrmalmstorg. Tingsrätten förlängde hans straff med ett år, men hovrätten friade honom.

■■ Gunnar Norgren har blivit "vårdad" i över åtta år av den humana svenska kriminalvården. Det finns 36 kg Gunnar Norgren kvar att förstöra, 36 pinade och torterade kilo. Kriminalvården är väl stolt över resultatet av den effektiva vårdapparaten, eller "daltet" som det kallas bland människorna som ännu inte är häktade.

VÄND!

Ur Se, nr 3, 1975.

Säter, Svarten och säkerheten

Frisören tittade på oss och man kunde riktigt se att han njöt av att sitta inne med en bra nyhet.

– Han är här nu igen. Svartenbrandt. Han kom sent i går kväll.

Jag och två kollegor gjorde reportage om Säters sjukhus. Det var i mitten av 80-talet och stora förändringar väntade i psykvården. Men sjukhusområdet i Säter var fortfarande ett samhälle i sig. Och självklart fanns där en frisör. Vi hade just frågat om han någonsin klippt Svartenbrandt. Givetvis hade han det, och nu satt Lars-Inge Svartenbrandt här igen sedan några timmar, på Säters fasta paviljong.

Nej, jag fick aldrig träffa Svartenbrandt, trots att vi senare också besökte fasta paviljongen. Men närmare än så har jag aldrig kommit.

Mytbilden om denne en av Sveriges absolut mest kända brottslingar tog sin början i augusti 1972.

I augusti 1972 rymde 15 av landets då mest ökända brottslingar från Kumlaanstalten. Bland rymmarna fanns Lars-Inge Svartenbrandt, de båda kassaskåpsexperterna "Bosse Dynamit" Wickman och "Kalle Kanon" och Tony Rosendahl.

Kumlafängelset, med plats för 435 fångar, invigdes 1965 och betraktades som det absolut rymningssäkra fängelset.

Dåvarande generaldirektören för Kriminalvårdsstyrelsen, Torsten Eriksson, gick ut i pressen och lovade 1 000 kronor ur egen plånbok till den fånge som lyckas rymma över den sju meter höga muren.

Det dröjde bara två år tills den första rymningen kom. Men den allra mest spektakulära var den som ägde rum från Kumlabunkern 1972.

Natten till den 19 augusti strax efter 02.00 på natten låser en fånge upp dörrarna till cellerna på säkerhetsavdelningen. Det är lille "Kalle Kanon" som lyckats undgå inlåsning på kvällen, då han i stället gömt sig i ett skåp. Fast tre av de fångar som får celldörrarna upplåsta bestämmer sig för att stanna kvar inne på fängelset.

Ännu fanns det inga bevakningskameror på Kumla, men en avlyssningsutrustning. Rymmarna kletar smör i den så nattpersonalen på centralvakten inte ska höra vad som händer.

Sveriges största dagstidning

EXPRESSEN

Tel. Sthlm 22 48 00
Tel. Riks 08/22 48 20

1972 nummer 225 från starten 9317

MÅNDAGEN DEN 21 AUGUSTI

– den har STING

Vardagar 75 öre • Söndagar 1 krona

EXTRA

• AMBASSADMÖRDARNA TOGS AV POLISHUND

VI GER OSS!

☐ Hunden Nicke fick de båda ambassadörsmördarna Miro Barecik och Andelko Brajkovic att ge upp i natt. Då polishunden stormade fram mot dem skrek de förtvivlat:

— Ta bort hunden. Vi ger oss. Vi har inga vapen.

■ Bosse Wickman greps i en dramatisk biljakt där en polisbil till slut krockade ned Wickmans bil i diket. Denne hade en kniv bredvid sig i framsätet. Men också han gav sig utan strid.

— Det här var väl bra reklam för en humanare kriminalvård, sa han leende.

• Bosse Wickman, 30 — gripen.

• Miro Barecik, 21 — gripen.

• Andelko Brajkovic, 25 — gripen.

Sånt är livet

EN FJÄRDE RYMMARE INRINGAD

☐ Vid Gårdsjö — nära den plats där Wickman greps — sattes vid lunchtid ett stort pådrag in. Man tror att man ringat in en fjärde rymmare — bankrånaren Lars Inge Svartenbrandt.

☐ Jakten på de övriga tolv rymmarna fortsätter nu i hela Mellansverige. Flera polishelikoptrar sätts in på de platser där man vet att rymmarna är.

☐ I Ludvika-trakten jagades några rymmare sedan de gjort inbrott i en livsmedelsaffär för att proviantera.

Sidorna sex, sju och mitten

• Polismannen Carl-Gunnar Häljebo och polishunden Nicke från Mariestad grep de båda ambassadörsmördarna. Det var Nickes första stora uppgift som polishund. I de båda jugoslavernas bil låg massor av sprängämnen.

Foto: ROLF CARLSSON

Med hjälp av saker de försett sig med inne på fängelset lyckas de 15 ta sig över muren.

En av de största rymmarjakterna i svensk historia drar igång. Kvällstidningarna visar bilder på alla 15 rymmarna och säljer tidningar som aldrig förr.

Den 20 augusti stjäls tre bilar ur ett garage, och en taxichaufför i Kumla kör helt ovetande en av rymmarna från Kumla till Skövde. Men samma kväll grips de två första rymmarna, Miro Baresic och Andjelko Brajkovis, som året innan mördat Jugoslaviens ambassadör i Sverige. En tredje grips den 21 augusti i Gårdsjö på gränsen mellan Örebro och Skaraborgs län. En fjärde grips samma dag vid en korvkiosk i Hova.

23 augusti tar Svartenbrandt och en annan rymmare två kvinnor som gisslan i en stuga vid Ölsjön. De tar en taxi därifrån till Lindesberg, och grips där.

En efter en plockas de in. Den 15 januari 1973 – efter fem månader – grips den siste av dem, Tony Rosendahl.

Rosendahl frigavs 1974 och började arbeta som frilansjournalist.

I När Var Hur 1976 är det han som skriver avsnittet om kriminalpolitik. "Ett fängelsesystem där 80 procent av fångarna, dvs de fångar som dömts till straff överstigande ett år, ständigt återkommer för att avtjäna nya straff kan inte sägas vara särskilt effektivt" skriver han där.

Tillsammans med Maja Ekelöf (städerskan som skrev "Rapport från en skurhink") skrev han boken "Brev". Han skrev också en del åt tidningen Lektyr. I dag är han pensionär och bor i Uppsala.

Lars-Inge Svartenbrandt, som i dag heter Lars Ferm, är i dag 62 år och har suttit inne 41 år av sitt liv.

THE
UNDERGROUND
WILL TAKE OVER
LUNDS KONSTHALL
FEBRUARY
69
REVOLUTION MEANS REVOLUTIONARY CONSCIOUSNESS
POSTER BY
STURE JOHANNESSON & EUGÈNE DELACROIX
PERMILD & ROSENGREEN

Sekter, effekter och defekter

Först trodde alla på samma sak och gick åt samma håll. Sedan skulle alla gå i olika riktningar.

På 60-talet lyssnade alla på samma sak, tyckte samma sak och ville göra revolt mot vuxenvärlden och det bestående.

På 70-talet blev det sekter, effekter och defekter. Det var maoistiska, kommunistiska eller marxist-leninistiska grupper. Det var EAP, TM och UFF, det var scientologi, Hare Krishna, Skogsnäskollektivet eller Uri Geller som böjde skedar. Eller det var Jesus-rörelsen: Jesus kommer. Det var Moon, och då talar vi inte om The Who´s trummis.

Men som riktigt unga fann vi bara en udda sekt: Maranata.

Maranata dök upp i början av 60-talet som en utbrytning ur Pingströrelsen. Där pingstkyrkorna satsat söndagskollekten på att bygga stora kyrkor spände Maranata i stället upp tält och ordnade möten som fick det att fladdra i tältduken.

Uri Geller fick stor uppmärksamhet när han böjde skedar "med tankekraft". Andra ville böja till hela världen, oavsett om det var maoister, Moon eller Maharishi Mahes Yogi.

Predikanten Målle Lindberg blev Maranatas mest kontroversielle predikant. Han förenade Gud och showbusiness. Inne i tälten bjöd han mer show än de religiösa möten de besökande någonsin upplevt.

Målle brukade ha ett gäng elgitarrister på scen, självklart var det väckelsesång och rätt ofta trissades stämningen upp så att någon svimmade i publiken.

Ibland blev det raggarupplopp utanför och polisen fick kallas dit. Att Målle Lindberg också hade för vana att ta in mer än en kollekt, ibland upp till fyra under särskilt lyckades möten, gjorde att ryktet gick om en religiös miljonaffär.

Skattemyndigheten slog till mot Maranata och Målle, som till slut drabbades av ett nervöst sammanbrott.

Efter att ha varit borta från scenen i ett par år drog Målle igång en egen religiös grupp i Göteborg.

Men Maranata levde kvar. 1973 tog Maranata över Gamla Bro, ett tidigare allaktivitetshus inne i Stockholms centrum, på just Gamla Brogatan. Gamla Bro har beskrivits som ett socialt experiment. Andra hävdar att det var mest drogexperiment.

Här fanns "Pilgrimshem", Maranatas eget hotell. Så småningom flyttade Maranata ut hela sin verksamhet till en gammal skola strax intill Solvalla, och där finns de kvar än i dag.

Utan "Pop-Målle" och utan grundaren Arne Imsen, men med andra kändisar. Det var här Christer Pettersson, fälld i tingsrätten men sedan friad i hovrätten för Palmemordet, levde i en paviljong sista året innan han dog.

På 60- och 70-talet kunde man också möta folk som ville ställa frågor till dig om livet. De tillhörde Scientologerna, och den som ville fick följa med till deras center på Kammakargatan. Numera sitter tidningen Metro i lokalerna.

Scientologerna byggde allt på den amerikanske science fiction-författaren L Ron Hubbards tankar och böcker. De gick ut på att våra själar var ockuperade av utomjordiska själar.

Målle Lindberg blandade elgitarrer och religiös förkunnelse i Maranatatälten på 60-talet. När Maranata kom till byn visste man att det skulle hända saker – både innanför och utanför tältet. Om det inte var nyfrälsta som svimmade i tältet var det raggare som bråkade utanför.

Ett tag var Tommy Bloom från göteborgska 60-talsbandet Tages scientologpastor.

Scientologerna dök upp i Sverige 1967. Sex år senare kom de gul- eller orangeklädda människorna som sjöng: hare, hare, hare, hare, hare krishna, hare krishna…

Inte hade de svaren. Men sökandet hade bara börjat. Sökandet efter klokskap, vetskap, sanningen om livet.

The Beatles reste tidigt på besök hos Maharishi Mahes Yogi i Indien. Den gamle farbrorn satt i tv och plingade i en liten klocka. John, Paul, Ringo och George såg beundrande på. Men efter några månader var det bara George som var intresserad.

Transcendental meditation, TM, skulle ge svaren trodde en del. Andra blev mer fyllda av frågor när den unge israelen Uri Geller i tv-studion böjde skedar. "Med tankekraft", hette det.

Uri Geller slog igenom på allvar 1973 och han böjer skedar än i dag. Han lär ha köpt Elvis Presleys barndomshem i Tennesse.

Men den stora, grundläggande frågan är nog lika obesvarad då som nu: Vad ska jag tro på?

Hare Krishna Hare Rama

1974

JANUARI

01 Sveriges indelning i 278 storkommuner börjar gälla

02 Elransonering i Sverige

04 IB-avslöjarna Jan Guillou och Peter Bratt döms till ett års fängelse

08 Bensinransonering i Sverige

30 Bensinransoneringen upphör, men priset höjs med 23 öre litern till 1:45 för 97/98 oktan

FEBRUARI

01 Ronald Briggs, den ende tågrånaren från 1963 som fortfarande är på fri fot, grips i Brasilien.

12 En statlig utredning föreslår att inrikesflyget ska flyttas från Bromma till Tullinge

21 En Sifoundersökning visar att 93 procent av ungdomar mellan 16 och 24 år vill bo i villa eller småhus

MARS

04 Fynd av olja och gas görs efter provborrningar på södra Gotland

10 En japansk soldat som är övertygad om att kriget fortfarande pågår upptäcks på ön Lubang i Filipinerna

APRIL

06 ABBA vinner Eurovisionsschlagerfestivalen med Waterloo

25 Fredlig revolution i Portugal

26 Statliga dataindustriutredningen föreslår 380 miljoner i statligt stöd för att svensk dataindustri ska kunna konkurrera med utländsk

MAJ

26 Ronnie Peterson segrar i Monacos Grand Prix

29 Riksdagen antar en lag som ger kvinnor rätt till abort under graviditetens tolv första veckor

JUNI

16 Björn Borg vinner som 18-åring franska öppna mästerskapen, och tar emot segerpremien på motsvarande 110 000 kronor

JULI

01 Myndighetsåldern sänks till 18 år

01 Lagens om anställningsskydd (LAS) börjar gälla

07 Västtyskland besegrar Holland med 2-1 i finalen i fotbolls-VM

19 Krig mellan turkar och greker på Cypern

24 Högsta domstolen tvingar Nixon lämna ut 64 hemliga bandinspelningarna från Vita huset till Watergateåklagarna

AUGUSTI

08 Richard Nixon avgår som USA:s president efter Watergateavslöjandena

09 Vicepresident Gerald Ford svär eden som USA:s 38:e president

14 Närförläggningsutredningen lägger fram sitt förslag och förordar bland annat ett kraftvärmeverk i Haninge utanför Stockholm

SEPTEMBER

09 Johnssonkoncernen vill bygga Sveriges största oljeraffinaderi i Nynäshamn

16 Gerald Ford förklarar att 28 000 Vietnamdesertörer kan få amnesti om de underställer sig två års arbetsplikt inom sjukvården

OKTOBER

05 "Kampen mot atomkraften", en aktionsgrupp mot kärnkraft, inleder protestvecka.

30 Muhammad Ali återtar världsmästartiteln i tungviktsboxning genom att slå George Foreman i en titelmatch i Zaires huvudstad Kinshasa

NOVEMBER

13 Riksdagen antar ett förslag om att företagens övervinster ska kapas genom att 15 procent avsätts till investeringsfonder

28 John Lennon uppträder tillsammans med Elton John på Madison Square Garden i New York, vilket blir hans sista liveframträdande.

DECEMBER

03 Alkoholpolitiska utredningen föreslår stopp för alkoholreklam, och att ett treprocentigt öl ska ersätta mellanölet.

17 Ingemar Stenmark tar sin första världscupsseger i specialslalom

Vad vi såg på bio och tv:

TV-serier:

Albert & Herbert
Engeln
Bröderna
Rikets affärer
Rockford tar över
De tre från Haparanda
Dave Allen
Fleksnes fataliteter (Rolf Wesenlund)

Barn- och ungdomsprogram:

Emil i Lönneberga
Doktor Krall
Rulle på Rulseröd

TV-teatern gav:

Domaren
Erik XIV
Gustav III
Karl XII
Mahagonny

Film:

Anita – ur en tonårsflickas dagbok
Dunderklumpen
Fimpen (Bo Widerberg)
En handfull kärlek
Porr i skandalskolan
Rännstensungar
Det sista äventyret
Thriller – en grym film
Vita Nejlikan
Världens bästa Karlsson

Utländsk film:

Avlyssningen (Francis Ford Coppola)
Chinatown (Roman Polanski)
Emanuelle (Just Jaeckin)
Gudfadern II (Francis Ford Coppola)
Vi som älskade varann så mycket (Ettore Scola)
Det våras för Frankenstein (Mel Brooks)
Den store Gatsby (Francis Ford Coppola)

Vad vi lyssnade på:

ABBA ”Waterloo”
Mouth & MacNeal ”I See A Star”
Harpo ”Sayonara”
Marvin Hamlisch ”The Entertainer”
The Rubettes ”Sugar Baby Love”
Terry Jacks ”Seasons In The Sun”
John Denver ”Annie's Song”
Cher ”Dark Lady”
David Bowie ”Diamond Dogs”
Eric Clapton ”I Shot The Sheriff”
Mike Oldfield ”Tubular Bells”
Kraftwerk ”Autobahn”
Lynyrd Skynyrd ”Sweet Home Alabama”
Billy Swan ”I can help”
Barry Manilow ”Mandy”
Demis Roussos ”Forever and ever”
Ola Magnell ”Påtalåten”
Pugh Rogefeldt ”Bolla och rulla”
Ragnar Borgedahl ”Hum, hum från Humlegården”
Nationalteatern ”Livet är en fest”, ”Jack the Ripper”

Nyheter detta år:

- Arbetsmarknads- och Bostadsdepartementet
- Frisbee
- Maktlös kung genom ny regeringsform
- Förtroendemannalagen
- Krigsmakten bytte namn till försvarsmakten
- Kriminalvårdens humanisering
- DAF-cupen, senare Dex-cupen och World cup i bandy i Ljusdal ordnas första gången
- Brottsförebyggande rådet
- Dataspelet Pong
- Intersport-kedjan
- Bengt Johansson byter namn till Bengt Djupbäck (mer känd som Jokkmokks-Jokke)
- Benämningen kronan avskaffas, i stället ska staten användas
- Pärmar får en internationell standard för var hålen ska sitta
- Första rollspelet, ”Dungeons and Dragons”
- Siba öppnar sitt första varuhus

Nya ord detta år:

Andrahandsbutik, atomsopor, barnomsorg, basmat, bullerplank, destruktionsanläggning, engreppsblandare, föräldraförsäkring, föräldrapenning, hotbild, hårdrock, inglasa, japp, kassettdäck, knappa in, konsistensgivare, kramgo, krutpaket, mogendans, moratorium, mångkulturell, omsorgsvård, patientförsäkring, politikerförakt, positionera, primalskrik, primärvård, räknedosa, sjöfylleri, störig, telefonsluss, tolkningsföreträde, toppstyrd, valium, varselljus.

En skymt av världen

Svenskarnas vanligaste resmål utanför Norden 1971:

1. Spanien 237 000 2. Italien 68 000
3. Storbritannien 22 000 4. Österrike 15 000
5. Jugoslavien 12 000 6. Tunisien 12 000
7. Rumänien 9 000

DC-7C:an som stod ute på asfaltplattan skulle ta oss ut i stora världen. Bulltofta utanför Malmö var grått och molnigt när vi lämnade Sverige. Men i Italien sken solen hela tiden. Vattnet var varmare och saltare än allt annat jag upplevt. Glassen var underbar, Coca-colan nästan gratis och en kväll fick man äta så mycket kyckling man orkade samtidigt som det var maskerad. Varje morgon väcktes man av den runde och glade mannen som gick runt och sålde munkar. Man fick äta munkar till frukost!

Det liksom allt annat var fantastiskt i Riva del Sole intill den lilla toscanska byn Castiglione della Pescaia. Jag fick smak för världen.

Charterresorna hade just börjat på allvar 1963. Länderna i södra Europa hade ännu inte skaffat sig en infrastruktur för att ta hand om turisterna från norr. DC-7C:an fick landa på ett militärflygfält i Grosetto.

Inte heller den svenska infrastrukturen fanns. Familjen fick packa in sig i Amazonen och resa från Skövde till Malmö för flyget ner. En resa som tog en evighet. Propellerplanet flög på låg höjd ner genom Europa, en resa som tog en evighet den också. Men fördelen var att man åtminstone kunde titta ut genom fönstret. Se Alperna i fullt dagsljus från ovan.

Interrailkortet kom 1972, för att fira internationella järnvägsfederationens 50-årsjubileum. Men det slog väl ut och fortsatte. Första året kunde man använda kortet i 21 länder, däribland faktiskt Östtyskland, Polen, Ungern och Jugoslavien.

Det spreds ett rykte på planet att Anita Björk var med på planet. Vem hon var visste jag inte, men jag insåg att det var stort. ”En känd skådespelare” fick jag förklarat för mig, men eftersom hon inte fanns med på rollistan till ”Villervalle i Söderhavet” var jag rätt nollställd.

Italien bjöd på sol och bad, underlig, fast god mat med massor av röd tomatsås. Makaronerna såg inte alls ut som hemma. Fast farsan var mer imponerad av den röda sås som fanns i runda flaskor inbäddade i ett slags korghölje. Kianti, försökte han härma uttalet. Han lärde sig också uppskatta en svart vätska, ”Färne Brancka” kallade han den, och påstod att den var väldigt bra för magen.

Som turister var vi fortfarande lite exotiska. Allra helst jag, en lintott som hade blondare hår än till och med Anita Ekberg.

De italienska tanterna klemade med mig och bjöd på bakelser. Är man sex, på väg att bli sju, kan man bli både smickrad och irriterad över sådant.

För mig och andra blev i alla fall den första utlandsresan som att öppna en ny bok som innehöll hela världen. De tidigare sommarresorna till Varberg bleknade plötsligt. Till och med färjeturen Varberg – Grenå fick något gråak- ▶

Största resmålen för charterturisterna 1973:

1. Spanien 403 455. **2.** Grekland 94 407 **3.** Italien 67 564. **4.** Storbritannien 42 146 **5.** Frankrike 26 290. **6.** Österrike 21 283 **7.** Cypern 18 375. **8.** Portugal 16 350 **9.** Tyskland 15 477. **10.** Tunisien 14 037.

Jag ville först inte tro på Naturmetoden...

...NU HAR DEN LÄRT MIG ENGELSKA!

Min insats var en lektionstimme om dagen – mitt utbyte kan jag inte mäta i pengar!

Jag är nog född med misstro i blodet.

Ta bara det här med engelskan.

Jag har alltid velat lära mig engelska. Jag har faktiskt också försökt flera gånger. Men – jag kom aldrig igång riktigt. Jag tappade lusten när det blev för mycket gloslugg och grammatik. Man fick ju aldrig någon riktigt levande kontakt med engelska språket!

Men så en dag sade en vän till mig:

"Du borde försöka med Naturmetoden"

Jag skrattade misstroget. Visst hade jag sett Naturmetodens annonser. Och visst hade jag läst att Naturmetoden kunde lära en engelska mycket snabbt.

"Inget glosplugg", stod det i annonserna. "Ni får lära er engelska med bara en lektionstimmes läsning om dagen".

Det låter för otroligt, tänkte jag.

Men så en kväll hände någonting

Jag var ute med en flicka som arbetar på kontor. Vi gick på bio och som vanligt var det en massa av den roliga dialogen i filmen som jag inte förstod. Den var ju på engelska.

Att hon hade det största nöjet av filmen upptäckte jag snart.

Efteråt drack vi kaffe på ett konditori, och hon berättade om spännande saker som hon hade läst – på engelska. Jag kände mig ganska enkel.

"Var har du egentligen lärt dig engelska?" frågade jag på hemvägen.

"Jag är nästan frestad att säga att det har kommit av sig självt!", var hennes svar. "För jag har lärt mig engelska med Naturmetodens hjälp."

Då kapitulerade jag

Nästa morgon var det jag som tog fram en sax och letade reda på en tidning med Naturmetodens kupong.

Därmed hade jag tagit det första steget. Och jag överdriver inte när jag säger att det var bland det klokaste och mest givande jag har gjort i hela mitt liv.

Med Naturmetoden blev det ju ett rent nöje att lära sig engelska!

Ja, faktum är att jag tänker fortsätta och lära mig franska också med Naturmetoden, nu när jag är helt klar med engelskan.

För nu kan jag äntligen engelska

Jag trodde först inte på Naturmetoden. Men nu har den verkligen mitt fulla förtroende. Och en sak vill jag gärna säga: Om ni längtar lika mycket efter att kunna engelska som jag gjorde – då borde ni skaffa er upplysningar om Naturmetoden nu genast.

Ni som redan är duktiga på engelska kan gott göra mig sällskap i den franska kursen. (Dessutom har Naturmetoden nu även en modern kurs i italienska.)

LÄS GRATIS-BOKEN OM NATURMETODEN
- innan du bestämmer dig.

Den berättar ingående om NATURMETODENS unika undervisningsmetod. Redan efter första lektionen kan du grunden för ett enkelt samtal. Om du redan har grunden i språket lär du dig snabbt att konversera.

Sänd mig genast gratis boken om NATURMETODEN. Jag är intresserad av:

- ☐ ENGELSKA
- ☐ TYSKA
- ☐ FRANSKA
- ☐ ITALIENSKA
- ☐ SPANSKA
- ☐ LATIN
- ☐ SVENSKA

Mitt namn och adress:

____

____

____

Frankeras ej Naturmetoden betalar porto

NATURMETODEN
Svarspost 201153900
241 20 ESLÖV

Kontakt: Tel: 0702-840083. Fax: 0413-18537
www.naturmetoden.se E-post: info@naturmetoden.se

Annonsen som aldrig byttes ut

"Jag är nog född med misstro i blodet". Inledningsmeningen är en svensk klassiker. Frågan är om den kanske är en av de mest upprepade meningarna någonsin i svenska media?

Ända sedan 60-talet har Naturmetoden år ut och år in gjort reklam för sina språkkurser i svenska tidningar, och de har gjort det med samma annons.

– Vi ändrar inte en vinnande häst. Folk ändrar på alldeles för mycket nuförtiden, säger Boze Sjöholm, Naturmetodens ägare.

"Vittnesannonsen" illustreras med en yngre man som sett likadan ut sedan 60-talet. Möjligen har överanvändning av annonsoriginalet gett honom ett lite hårdare drag runt ögonen. Texten är också den samma, där mannen berättar om biobesöket med "en flicka som arbetar på kontor", och som visar sig utmärkt väl förstå engelska.

Hemligheten stavas naturligtvis Naturmetoden.

– Jo, vi har många kunder som kommer tillbaka. De har känt igen annonsen, och berättar att de köpte en kurs i engelska på 60-talet. Nu vill de kanske lära sig spanska, säger Boze.

Man kan tycka att de flesta skulle kunna engelska i dag, att just de kurserna inte lockar så många.

– Vad är många? Ja, de flesta i dag kan ju engelska. Men en del vill bättra på kunskapen. Och vi har en stor målgrupp bland de äldre, de har tid och vill repetera engelskakunskaperna.

Annonserna är de samma, mannen en fantasifigur skapad på 60-talet liksom själva historien i texten.

– Vi har testat andra utformningar på annonsen, men vi säljer mycket bättre på den här.

Annat har ändrats. Nu finns kurserna på CD eller kassett. Från början var de på skiva. Själva kursmaterialet som sådan har funnits på svenska marknaden sedan 40-talet.

Boze Sjöholm kom själv in i branschen 1975, och 1978 tog han över Naturmetoden. Det betydde också att företaget flyttade från Götgatan i Stockholm, där de hade haft kontor, till Eslöv.

Nu är de inget jätteföretag, på heltid är det Boze och hans fru Anna-Kerstin som sköter det, men de tar in folk ibland.

– Kurserna ska ju uppdateras regelbundet.

De språk man kan lära sig är de vanliga, engelska, tyska, franska, spanska, italienska, svenska men också latin.

– Men till latinkursen finns det inget ljudmaterial. Och det mest populära är fortfarande engelskan, utan tvekan.

Det är väl som den aldrig åldrade mannen i annonsen säger: "Om ni längtar lika mycket efter att kunna engelska som jag gjorde – då borde ni skaffa er upplysningar om Naturmetoden nu genast."

Biljettpriser på Linjeflyg 1972:

Tur och retur Stockholm-Göteborg 280 kr
Tur och retur Malmö – Kiruna 804 kr
Tur och retur Malmö – Göteborg 232 kr

Biljettpriser på SJ, andra klass:

Tur och retur Stockholm – Göteborg 157 kr
Tur och retur Malmö – Göteborg 107 kr
Tur och retur Malmö – Kiruna 312 kr

tigt över sig. Här fanns ju en värld att upptäcka!

Samma generation hade knappt hunnit bli torr bakom öronen förrän vi stack ut på språkresor till England eller tågluffade runt i Europa. Vi reste!

Och innan dess hade vi fått åka med på ännu någon charterresa. Nästan var man kom var allt fortfarande så nytt att det knappast ännu var färdigt. På resan till Pula i Jugoslavien flera år senare var vårt hotell i och för sig klart. Men alla hotell runt omkring höll fortfarande på att byggas. Turisterna kryssade genom byggarbetsplatserna för att ta sig till badplatsen. Hela personalen på hotellet tycktes komma från Tjeckoslovakien.

Men vi fick smak för det, resandet. Ville man ha riktigt kul kunde man åka med Club 33. De började ordna resor på 60-talet för de som var under 33 år.

Andra, som min bror, skulle resa till England, för att som det hette ”utveckla språkkunskaperna”. Många kom tillbaka hem och hade i alla fall fått en utvecklad syn på öl, alkohol, hasch och sex. Min bror hade utvecklat så bra språkkunskaper att hans brevkamrat kom till oss – tre år i rad.

1972 började SJ sälja tågluffarkortet, eller Inter Rail-kortet. Var man under 27 kunde man resa runt

Ryggsäcksturismen tog fart i och med Interrail på 70-talet. Fast numera åker ryggsäckarna oftast betydligt längre sträckor.

CHARTERHISTORIA

1954
Den 6 april lyfter en DC3 från Bromma flygplats med resmål Hamburg. Flygchartern var född.

1956
Vingresor etableras, först som arrangör av bussresor. Två år senare började de sälja flygcharter.

1961
Fritidsresor startas som lanserar en ny semesterform: semesterlägenheten.

1962
Club 33 Ungdomsresor startar med resor ”för dig mellan 18 och 33 år”.

1963
Resebranschen gläds åt att semestrarna förlängs från 3 till 4 veckor.

1965
Vingresor lanserar de egna Sunvinghotellen.
Samma år kostar en resa till Mallorca från 295 kronor.

1971
Charter på långdistans till bland annat Gambia och Ceylon.

1973
Den första oljekrisen drabbar resandet starkt när OPEC-staterna chockhöjer oljepriset.

1976
LO och TCO går i spetsen för en Spanienbojkott.

1980
Lasse Åbergs film Sällskapsresan.

Italien '63

▶ på kortet i en månad, se det man ville av Europa och bo på järnvägsstationer och vandrarhem. Vad SJ och de andra tågbolagen inte var medvetna om var att de därigenom satte en bestämd tidsgräns för hur länge man var ung. Fyllt 27 år? Sorry, "To young to die, to old to rock´n´roll" för att tala med Ian Anderson och Jethro Tulls ord.

Men det var chartern som först öppnade dörren till stora världen. Själva ordet charter lär komma från latinets chartula som betyder litet blad. I den här meningen snarast att betrakta som ett dokument som innebär ett avtal om en transport under en viss tid till ett bestämt resmål.

Allt populärare blev det, 1962 såldes det 133 000 charterresor i Sverige, 1967 var de uppe i hela 700 000.

Nu växte också reseföretagen som svampar ur marken; som Europaresor, Reso, Paddans Resebyrå, Spaintours, Scandinavian Touring, Stjärnresor, Ungdomens resebyrå, Atlasresor, Saga, Royal Tours, Spies och Tjæreborg, förutom då Fritidsresor och Vingresor, som trots ägarförändringar existerar fortfarande.

När resebyrån som jag pryade på skulle skicka ut årets nya resekatalog ▶

Praktisk och behändig på resan
– rakapparaten för den resvane.

Främsta svenska turistmålen 1968:

Västtyskland 663 667, Spanien 334 437, Italien 320 000, Frankrike 180 000, England 107 523, Österrike 94 731, Schweiz 71 190, Holland 60 000, Jugoslavien 55 419, Belgien 50 082

var det en gigantisk postsändning. Fast vissa specialkunder fick till och med katalogen personligen levererad. En alldeles speciell kund i Järpås hörde till den senare kategorin.

I dag sägs turism och besöksnäringen vara världens största industri. Vi är lika vana resenärer till Thailand, New York eller Indien som till Borås, Borlänge och Bankeryd. Och är vi inte i Thailand eller något annat exotiskt land ska vi iväg på ”city breaks” och på tre-fyra dagar uppleva allt i en storstad. Och unga människor är inte tågluffare i en månad i Europa, utan backpackers i ett år i Asien eller Amerika.

Filmen ”Sällskapsresan” satte så småningom en viss töntstämpel på den gamla charterresan med dess grisfest och välkomstdrink. Men visst innehöll den ett uns sanning. Några år senare hörde jag talas om en man från Dalarna som hade ett sällsynt dåligt ölsinne. Han beställde en tvåveckors charterresa till Mallorca, men hade ett lite för kraftigt intag av fria drinkar redan på resan ner. När han också bestämde sig för att bråka med de trevliga flygvärdinnorna fick kaptenen nog och förvarnade den spanska polisen om hans ankomst.

Framme i Palma de Mallorca möttes mannen direkt av spansk polis och den enda solglimt han såg under två veckor var den som kunde leta sig in i en mörk häktescell någonstans på ön. Med eskort till flygplatsen sattes mannen på planet hem efter två veckor, och hans Spanienvistelse är sedan dess ett återkommande samtalsämne i hembyn.

Fast en liten skymt av världen fick han. ■

Janne Sundling

– Ett tidsfördriv för kvällen
vid tältet eller i husvagnen.

Badmode 1966

1975

Antalet fångar på svenska fängelser var 1975 ca 3 800, varav 40 kvinnor. 2006 var det i genomsnitt 4 818 fångar, varav 247 kvinnor. En fånge placerad på Kumla 1975 kostade 230 kr per dygn. Motsvarande kostnad 2006 är 1 900 kronor per dygn (sluten anstalt).

JANUARI

16 Rekordvarmt i Göteborg +9,8 grader, och extremt varmt även i mellersta och södra Sverige.

■ Avskedandet av strejkande hotellstäderskor i Skövde leder till sympatistrejker bland städare på flera håll i landet under januari

FEBRUARI

03 Fem elever i Tidaholm döms till 100 kronor i böter efter att ha smädat en lärare

11 Margaret Thatcher väljs till torypartiets ledare i Storbritannien

20 Riksdagsbeslut om att införa 24 lokalradioområden inom Sveriges Radio från 1977

21 Tre av expresident Nixons medarbetare döms till fängelse på mellan två och ett halvt och åtta år.

MARS

07 Två japaner som misstänks vara medlemmar av terroristorganisationen Röda armén och planerat ett attentat grips i Stockholm

22 Schlagerfestivalen genomförs för första gången i Sverige. En alternativfestival ordnas samtidigt.

APRIL

07 De svensk-danska planerna på en Öresundsbro läggs på is tills vidare

16 Norrbottens Jernverks styrelse meddelar att Stålverk 80 ska byggas för en kostnad av cirka 5,6 miljarder kronor

17 Oljefeber på Gotland där 20 000 liter olja pumpats upp under två dygn

20 Olof Palme kallar i ett tal den tjeckoslovakiska kommunistregimen för "diktaturens kreatur"

24 Den västtyska ambassaden ockuperas av "Kommando Holger Meins", en grupp ur den västtyska terroristorganisationen Rote-Armee-Fraktion, och de tar tio personer som gisslan. Två personer dödas under ockupationen, och några får allvarliga skador när en sprängladdning detonerar.

30 FNL:s och Nordvietnams trupper marscherar in i Saigon och regeringen kapitulerar. Sverige erkänner Sydvietnams provisoriska revolutionära regering PRR.

MAJ

20 Kärnkraftverket Barsebäck tas i bruk

28 (S) driver med stöd av (m) igenom ett riksdagsbeslut om att ytterligare två kärnkraftsreaktorer ska startas förutom de redan beslutade elva

JUNI

05 67,2 procent av britterna röstar för att landet ska vara kvar i EG

15 35 år gammal gör Pelé comeback som fotbollsspelare i New York Cosmos

19 FN:s kvinnokonferens öppnas i Mexiko, under internationella kvinnoåret.

JULI

01 Förbud mot utomhus- och trafikreklam för tobak

01 Innehållsdeklaration för alla färgade tillsatser i livsmedel, och förbud mot färgtillsatser i vissa livsmedel, t ex vaniljglass eller ketchup.

08 Fotbollslegenden Lennart "Nacka" Skoglund avlider

23 Miljövårdare stoppar SJ:s besprutningståg på olika platser

AUGUSTI

10 En myntliga avslöjas på Svartsjölandet. Tio ton växelmynt har smälts ned och sålts för silvervärdet.

12 Planer på att ge ut en ny affärstidning inom Bonniers – Dagens Industri

SEPTEMBER

20 7 000 personer demonstrerar mot Davis cupmatchen mellan Sverige och Chile i Båstad

27 Fem spanska män avrättas trots omfattande protester

OKTOBER

01 Barnbidraget höjs till 1800 kronor per år

22 "Sjukhusspionen" avslöjas. En Säpo-agent ska ha spionerat på anställda på Sahlgrenska sjukhuset.

29 LKAB drar tillbaka sin ansökan att få bryta uran i Ranstad, söder om Skövde

NOVEMBER

16 Enligt en Amnestyrapport finns det minst 10 000 politiska fångar i Sovjet

20 General Franco avlider i Spanien

DECEMBER

11 Trots att Datainspektionen sagt nej får Det Bästa tillåtelse att bygga upp ett dataregister med 3,5 miljoner svenskar och deras konsumtion

22 En utredning föreslår en femte semestervecka från 1977

Vad vi såg på bio och tv:

■ **TV-serier:**
Gäst hos Hagge
Tjocka släkten
Lära för livet
Barn- och ungdomsprogram
Kalles klätterträd
Vilse i pannkakan (Staffan Westerberg)
Pojken med guldbyxorna
Sagan om Karl-Bertil Jonssons julafton

■ **TV-teatern gav:**
Fällan
Trollflöjten (Ingmar Bergman)

■ **Film:**
Champagnegalopp
Fem dagar i Falköping
Giliap (Roy Andersson)
En kille och en tjej (Lasse Hallström)
Släpp fångarne loss, det är vår! (Tage Danielsson)
Ägget är löst! (Svenska Ord)

■ **Utländsk film:**
Gökboet (Milos Forman)
Hajen (Steven Speilberg)

Vad vi lyssnade på:

Vikingarna "Du gav bara löften"
Ann-Christin Bärnsten "Ska vi plocka körsbär i min trädgård"
Thorleifs "Gråt inga tårar"
Eagles "One Of These Nights"
Sweet "Ballroom Blitz"
10cc "I'm Not In Love"
Pugh Rogefeldt "Små lätta moln"
Sweet "Ballroom Blitz"
Queen "Killer Queen"
Bachman-Turner Overdrive "You Aint Seen Nothin' Yet"
K.C. and the Sunshine Band "That's The Way (I Like It)"
Rod Stewart "Sailing"
ABBA "Mamma mia", "SOS"
Bob Marley "No woman, no cry"
Pink Floyd "Shine On You Crazy Diamond"
George Baker Selection "Paloma Blanca"
Hot Chocolate "You Sexy Thing"

Nya ord detta år:

■ Allergisanering, alpinist, bakfylla, barnledig, betablockerare, biogas, bouzouki, controller, delpension, dystopi, fingerspetskänsla, freak, graffiti, hålltid, internutbildning, krisa, kärnavfall, lagspel, ljudkuliss, lotto, läktarvåld, löntagarfond, manschauvinist, pappaledig, parallellslalom, personkonto, play-off, power play, rymdfärja, sensiträning, servicelägenhet, solfångare, spoiler, spröjsad, syskongrupp, söndagspappa, trygghetslarm, tugg, utbildningsklyfta, utskåpning, utslagen, video, vindsnurra, wallraffa.

"Åtskilliga fängelser kan läggas ner och bara ett fåtal behövs för att skydda samhällsmedborgarna från våldsmän"

Justitieminister Lennart Geijer 1975

Nyheter detta år:

- Den religiösa edsavläggelsen avskaffas
- Per Ahlmark blir folkpartiledare
- Altair-datorn
- Förbud mot tillverkning, försäljning och innehav av hembränningsapparater
- Calmettevaccinationerna (mot tuberkulos) av nyfödda upphörde
- Betamax lanseras som Sonys videosystem
- Bilbälte obligatoriskt i framsätet
- Pripps förstatligas
- Elitserien i ishockey
- Eurokommmunismen
- Gothia Cup genomförs första gången
- Kvinnocentrum bildas i Göteborg, en föregångare till kvinnohusen
- Microsoft Corporation startas i Seattle av Bill Gates och Paul G. Allen
- Scanraff i Lysekil tas i bruk
- Engångsrakhyveln
- Brödinstitutets reklamkampanj "Socialstyrelsen vill att du äter 6–8 brödskivor om dagen"
- Svenska Petroleum AB, nytt statligt oljebolag
- Volkswagen Golf

Pripps förstatligas

CHOKLADKOLA
Rival
MARABOU
Marabou
DIXI
Marabou
MARABOU
RIO
MARABOU
LAKRITSKOLA
nigger
MARABOU

Kult-folk

När denna boks förbundskapten, Janne Sundling, ställdes inför uppgiften att ta ut det lag som skulle beskriva mellangenerationen II B:s uppväxt var det en tuff uppgift. Här handlade det inte om att hitta skildrare, vilka som helst. Utan det måste vara ett handplockat rutinerat gäng som ställts inför de allra hårdaste upplevelserna och träningen. De skulle ha ätit Björnklister, gråtit över Ronnie Hellströms miss mot Italien 1970, trimmat mopeder och svalt litervis med flour. Det krävdes män som var uppfödda på en järnrik kost av Kalaspuffar, Merry och norska LYS-tabletter med spritsmak. Som inte tvekade att ta Des Moroney i hand eller ge sig ut på en lång bilfärd i en Amazon iklädda banlontröja och terylenebyxor. Som bakfulla på mellanöl vaknat i solgasset på en campingplats i Gagnef till tonerna av Beatles vita dubbel-LP. Han sökte tekniska tuffingar som fostrats i de allra hårdaste träningsmiljöerna vare sig det var FNL, SKP, FVA, ABBA, SIA, DKW eller Club 33. Han gav sig ut på jakt – och fann Kultlandskapets eget dream-team!

JANNE SUNDLING

Född 1956. Född i Borås och uppväxt i Skövde. Frilansjournalist som bland annat skrivit böcker om Skövdebor och snus. Bekännande nostalgiker, som hävdar att det inte var bättre förr - men annat förr. Blev trots insända frimärken på 60-talet nekad inträde i Fantomenklubben. Såg som ung "dödsryttaren" William Arne uppträda i en MC-tunna på en grusplan intill Ryavallen.

BENNY STENBERG

Född 1958 i Falköping, uppväxt i (IFK) Skövde. Driver en liten reklambyrå och ett ännu mindre bokförlag. Manchester Uniteds seger i Europacupfinalen 1968 fick mig att förstå vad som är viktigt i livet. Anser dock att fotbollshistoriens vackraste mål gjordes av Carlos Alberto i VM-finalen 1970.

JONAS JONSSON

Alldeles för ung (född 1982). Uppväxt i Skövde. Grafisk formgivare och Elvisfan som även gav form åt Janne Sundlings tidigare bok om Skövdebor. Kopplar inte längre namnet Koppartrans till kläder och anser inte att det var bättre förr. Åtminstone inte än.

THOMAS HARRYSSON

Född 1953. Fotograf uppväxt i Skövde. Ser hellre framåt än bakåt men det hindrar inte att han blir nostalgisk av alla prylar han fotograferat. Har kvar sina favoritbilar av märket Corgi Toys och hade en modelljärnväg med namnet Fleischmann. Har gått i skolan på lördagar. Hans kompis storebror köpte en Amazon av Tom Trana.

NIKLAS LINDSTEDT

Född 1961 i Stockholm. Jobbar i dag som journalist på SKTF-tidningen, och redaktör för Social Qrage. Hans sista bild i samlaralbumet Ishockey 69/70 var Lennart "Tigern" Johansson i Brynäs.

LARS NYLIN

Född: 1958, Alnö, Sundsvall. Gör i dag: skivbolagsdirektör, frilansande sportjournalist, översättare.Såg Timrå IK för första gången hösten 1966. Motståndare: Teg med Kjell-Rune Milton. Jag var fast. Livsförändrande upplevelse: GIF Sundsvall-Liverpool sommaren 1971. Debutant i de röda: en viss Kevin Keegan från Scunthorpe.

PER WIKSTRÖM

Född i Västerås 1957. Viktigaste meriter: Hade kvarterets största samling av sprängtråd, som bärgats från miljonprogrammets byggprojekt. Kunde säga "Dave, Dee, Dozy, Beaky, Mick and Tisch" utan stakningar. Svaghet: Saknade "jänkeroder" (riktigt högt cykelstyre). Styrka: Visste hur man blandade svartkrut och sprängde brevlådor. I dag: trebarnsfar som är rätt nöjd med livet. Skriver böcker, gör TV-reportage och repeterar med rockbandet.

ANDERS JONSSON

Född 1957 i Arbrå, Hälsingland. Politisk reporter och krönikör på Expressen, tidigare inrikeschef på Ekot. Minns särskilt en förfest hos Monica Törnell innan en Pugh Rogefeldtkonsert på Berget i Söderhamn. Där gick sedan strömmen och Pugh drog hur han hittat en guldgruva akustiskt i 20 minuter. Har simmat till en Bob Marleykonsert på Grönan.

KALLE HOLMBERG

Född 1954 i Uppsala. Webbredaktör på Dagens Nyheter. Tidigare lokalreporter i plåtpressandets Olofström, på Albinsson och Sjöberg, Oslokorre på DN, och titt som tätt, motorreporter. Såg Springsteen på Konserthuset i Stockholm 1975, men tyckte 10cc var bättre. Efter att ha jagat rost på en Peugeot 504 -72 och öst in pengar i en Alfa Romeo 164 -89 har jag hittat hem till en Toyota Tercel -87 som bara går och går.

Foto

Aftonbladet Bild: sidan 175
BMW: sidan 141
Carlsberg Sveriges arkiv hos Centrum för Näringslivshistoria: sidan 5
Cloetta Fazer AB: sidorna 6, 88, 102 och 103
Hufvudstadens arkiv hos Centrum för Näringslivshistoria: sidorna 76 och 77
Kapp-Ahl: sidan 71
Kraft Foods arkiv hos Centrum för Näringslivshistoria: sidan 188
Pressens Bild Scanpix: sidorna 66 och 174
Stiga Sports AB, Magnus Hellstrand: sidan 62
Sveriges Järnvägsmuseum: sidan 179
Volvo Personvagnar AB: sidorna 131, 137, 139 och 151

Tack!

En rad personer har bidragit till att denna bok kommit ut. Det är samtidsetnologer som sparat eller hittat de unika kvarlevorna från "vår" tid. Det är människor som kommit med minnen, iakttagelser och tipsat om saker de kommer ihåg som vi hade glömt. Förutom de personer som medverkar som gästskribenter vill vi rikta ett tack till alla de andra som gjort Kult möjlig. Under arbetets gång har vi ganska ofta haft anledning att för kollar och inspiration använda oss av främst dessa sajter: www.nostalgiacentral.com samt svenska och engelska Wikipedia. Tack för att ni finns! För åtskilliga uppgifter har vi också tagit hjälp av Nationalencyklopedin, både i bokform och i nätversionen.

Helena och Göran Larsson, Skövde
Jan Johansson, Skövde, www.samlaren.org
Magnus Vidin, Kungsör, www.puch.proboards81.com/index.cgi
Görel Hanser, www.monomusic.se
Anna-Lena Lodenius, Stockholm
Ann-Marie Skarp, www.piratforlaget.se
Stefan Larsson, Vellinge
Cloetta Fazer AB, www.cloettafazer.se
Vin & Sprithistoriska Museet, Stockholm, www.vinosprithistoriska.se
Stiga Sports AB, www.stigasports.se
Volvo Personvagnar AB, www.volvocars.com
Centrum för Näringslivshistoria, Bromma, www.naringslivshistoria.se